CATARATA

LABOR NOTES

Es un proyecto de comunicación y organización que ha sido la voz de los activistas sindicales que quieren devolver el movimiento al movimiento obrero desde 1979. A través de su revista, página web, libros, conferencias y talleres, promovemos la organización, estrategias agresivas para luchar contra las concesiones, alianzas con centros de trabajadores y sindicatos dirigidos por sus miembros. Labor Notes es también una red de miembros de base, dirigentes y activistas sindicales que saben que merece la pena luchar por el movimiento obrero. Fomentan las conexiones entre trabajadores de distintos sindicatos, centros de trabajadores, comunidades, industrias y países para fortalecer el movimiento, de abajo a arriba.

Alexandra Bradbury, Mark Brenner, Jenny Brown,
Jane Slaughter y Samantha Winslow

Cómo poner en marcha tu sindicato

LECCIONES DEL PROFESORADO DE CHICAGO

Traducción de Francisco Daniel Sánchez Vázquez
y Diego Ojeda Álvarez

COLECCIÓN INVESTIGACIÓN Y DEBATE
SERIE: LIBREPENSAMIENTO

PRIMERA EDICIÓN DE LABOR NOTES: ENERO DE 2014
SEGUNDA EDICIÓN DE LABOR NOTES: SEPTIEMBRE DE 2022
PRIMERA EDICIÓN DE CGT: NOVIEMBRE DE 2024

FUENCARRAL, 70
28004 MADRID
TEL. 91 532 20 77
WWW.CATARATA.ORG

CÓMO PONER EN MARCHA TU SINDICATO.
LECCIONES DEL PROFESORADO DE CHICAGO

ISBN: 978-84-1067-299-4
DEPÓSITO LEGAL: M-6.890-2025
THEMA: KNXU/LNHR/1KBB

Dedicado a los estudiantes de Chicago, a los educadores que les enseñan que un mundo mejor es posible, y a los lectores que aprenderán del ejemplo del CTU y saldrán a encender sus propios fuegos.

Hace poco más de un año, en las primeras asambleas generales de lo que hoy conocemos como Menos Lectivas, se nombró en repetidas ocasiones la huelga de profesores de Chicago, una huelga que había conseguido ganar en 2012. Tras más de 13 años encajando recortes en la educación pública madrileña, y la desafección generalizada tras el ciclo de movilización 2011-2012, el profesorado madrileño necesitaba referentes.

Gracias a un artículo publicado en *Cuadernos de Trabajo* en 2023, traducido al castellano por un enfermero, llegaba hasta nosotras la esperanza, la historia y lecciones de las maestras de Chicago que ganaron la batalla. En esas asambleas docentes de principio de curso de 2023 se tomó la decisión de apostar por el sindicalismo de base, deponer nuestras energías en construir poder en cada escuela, posibilitar un movimiento organizado y democrático capaz de llegar a una huelga "como la de Chicago". Las docentes no podíamos permanecer pasivas al son de unas directrices por parte de sindicatos burocratizados. Entendimos que somos nosotras las que tenemos el poder, y nosotras quienes nos debemos organizar.

Gracias infinitas a las maestras de Chicago que recogieron sus reflexiones, lecciones e historia en este manual, porque construyeron un horizonte para las docentes de Madrid. Gracias a CGT por hacer posible esta traducción al castellano, para que siga construyendo poder popular. Esperamos que este libro enriquezca las prácticas y los horizontes de tantas luchas como hizo y hace con la nuestra.

Escribimos estas líneas mientras tenemos entre nosotras a una de las maestras que impulsó la huelga que aquí se narra. Que siga creciendo la solidaridad internacional de la clase trabajadora.

Alicia del Río

Orientadora de la educación pública. Militante de CGT Enseñanza y Asamblea Menos Lectivas

ÍNDICE

NUEVA INTRODUCCIÓN
EN EL DÉCIMO ANIVERSARIO DE LA HUELGA

Si crees que tu sindicato necesita un impulso, tanto si eres un delegado sindical veterano como si acabas de empezar tu primer trabajo sindical, este libro es para ti.

Tu impulso ("este sindicato podría ser más fuerte y mejor, y quiero ayudar a cambiarlo") te convierte en parte de una larga tradición, lo que en Labor Notes denominamos cariñosamente el "ala alborotadora" del movimiento obrero.

Un principio básico nos une a los alborotadores: creemos que la democracia, es decir, la amplia participación de los afiliados y afiliadas en todos los niveles del sindicato, es el núcleo del poder sindical.

UN SOPLO DE ESPERANZA

La huelga de 2012 del Sindicato del Profesorado de Chicago (CTU, por sus siglas en inglés) no solo puso al sindicato en el mapa, sino que significó un soplo de esperanza para todo el movimiento obrero.

Escribimos este libro porque la historia de cómo las bases cambiaron el CTU proporciona un modelo para cualquiera que desee transformar un sindicato inoperante en una fuerza de lucha.

Cuando empezaron, su sindicato tenía los problemas comunes a todos los de Estados Unidos: liderazgo poco inspirador, afiliación inactiva, muy poca delegación, un empresariado muy duro, ninguna huelga en la memoria reciente, una sensación general de pasividad y desesperanza.

Sin embargo, pocos años después, 27.000 docentes del tercer distrito más grande del país se declararon en huelga durante una semana y media bajo el lema "Luchando por las escuelas que merecen los estudiantes de Chicago".

Si ellos lo hicieron, tú también puedes. Es así.

Sacamos lecciones que cualquiera puede aplicar. Estos activistas que formaron la Corriente de Educadores/as de Base (Caucus of Rank-and-File Educators, CORE) dentro del CTU triunfaron porque confiaron en sus compañeros y compañeras y pusieron la movilización de las bases en el centro de su labor organizativa.

No rehuyeron decir verdades duras, como que las escuelas de Chicago discriminaban sistemáticamente a los estudiantes negros y latinos. Pusieron el listón muy alto y prepararon una huelga, incluso cuando se suponía que los obstáculos legales la harían imposible.

YA NO ESTÁ SOLO

Diez años después, el CTU sigue siendo uno de los faros que guían nuestro movimiento, pero ya no está tan solo.

Una lista respaldada por el movimiento reformista de las bases de los Teamsters (Hermandad internacional de camioneros) se ha hecho con el liderazgo de ese sindicato internacional por primera vez en 25 años. Mientras escribo se preparan para una huelga nacional de UPS (United Parcel Service). Los miembros del sindicato United Auto Workers también se han ganado el derecho a elegir a sus máximos dirigentes, y un nuevo grupo se prepara para desafiar el dominio unipartidista.

Entre los educadores, la huelga de 2012 en Chicago desencadenó una oleada de organización que transformó el panorama.

Los activistas del CTU sabían que si seguían siendo el único clavo en lo alto, los derribarían a martillazos, así que priorizaron en su ayuda al desarrollo del resto de organizaciones. De este modo surgió una red de activistas con ideas afines: United Caucuses of Rank-and-File Educators (UCORE).

UCORE se convirtió en la escuela donde los sindicalistas de la docencia se enseñaban mutuamente a organizarse. Las mejores ideas se multiplicaron: negociación abierta, reivindicaciones más audaces, conexiones más profundas con familias y estudiantes activistas, acciones directas como el paro por enfermedad y la huelga de celo, y el crecimiento de los grupos de reforma sindical.

Las asambleas de educadores inspiradas en parte en Chicago ganaron poder en muchas ciudades, como Baltimore, Denver y San Antonio, y a escala estatal en Massachusetts y Hawái. Las asambleas efectivas crecieron incluso en estados rojos como Virginia, lo que subraya que el movimiento no se vio obstaculizado por un entorno político polarizado.

Las huelgas del profesorado volvieron con fuerza, no solo en ciudades como Seattle y Oakland, sino también en pueblos pequeños como Battle Ground (Washington) y Brookline (Massachusetts), donde la huelga es ilegal, pero los educadores la hicieron igualmente y consiguieron todas sus reivindicaciones.

Los veteranos reformistas tomaron el timón del segundo sindicato de docentes más grande del país, United Teachers Los Angeles, y organizaron una huelga que se inspiró en las lecciones obtenidas del trabajo del CTU y aún fue más allá.

Los educadores de Minneapolis asestaron un golpe a la justicia racial con una huelga de tres semanas que unió al profesorado (en su mayoría blancos) y a sus ayudantes (en su mayoría personas de color). Consiguieron su principal reivindicación: un importante aumento del mísero salario que percibían los ayudantes.

SIN UN FINAL DE CUENTO DE HADAS

La COVID golpeó duramente a los educadores y puso a prueba la fuerza de su organización. En Nueva York, los miembros del Movement of Rank-and-File Educators salvaron miles de vidas organizando una huelga por enfermedad que obligó a un alcalde reacio a cerrar las escuelas en marzo de 2020.

Las luchas estallaron en todo el país, primero para cerrar las escuelas y después para establecer las condiciones de reapertura. Estas batallas fueron agotadoras en todas partes, pero los sindicatos que contaban con bases eficaces obtuvieron mejores resultados a la hora de obligar a sus distritos a priorizar la seguridad de los docentes, el personal y los alumnos. Las bajas por enfermedad fueron más elocuentes que las palabras.

El CTU, en los años transcurridos desde la primera publicación de este libro, ha visto avances y retrocesos, más huelgas y nuevas batallas con nuevos alcaldes. Se podría escribir otro libro entero.

Sin embargo, hay algo que merece la pena estudiar sobre la historia que se destila en estas páginas: las luchas y los triunfos del CORE y el CTU durante estos años de formación, que siguen siendo el mejor ejemplo del siglo XXI de transformación sindical bien hecha.

ACERTAR A LA PRIMERA

El "ala alborotadora" sigue siendo minoritario en los sindicatos estadounidenses. Pero estamos creciendo.

En 2022, los trabajadores y trabajadoras recibieron otra inyección de esperanza: ganaron las elecciones para sindicalizar un enorme almacén de Amazon en Long Island y cientos de tiendas Starbucks. En estos esfuerzos de base lograron vencer a los más duros rompesindicatos que el dinero podía comprar. La fiebre sindical empezó a extenderse a otras marcas y otros sectores.

Como telón de fondo tenemos la escasez temporal de mano de obra, en toda la economía, que ha intensificado la carga de trabajo, al tiempo que ha endurecido la columna vertebral colectiva de los trabajadores y trabajadoras, contribuyendo a un modesto resurgimiento de la huelga en el sector privado, que va desde las fábricas a las minas del carbón, pasando por las enfermeras y los equipos de rodaje.

Tanto si eres un veterano sindicalista como si formas parte de la nueva generación de trabajadores sindicalizados, en este libro encontrarás abundantes consejos prácticos, empezando por los momentos iniciales, cuando el profesorado se unió y decidieron que, si su sindicato no luchaba contra el jefe, al menos tenían que mostrar cómo se hacía.

Quizá entiendas que esto no es muy distinto de crear un sindicato desde cero. Ellos y ellas acabaron cambiando tanto su lugar de trabajo como el sindicato.

Bienvenidos y bienvenidas a quienes tienen la oportunidad de crear un sindicato democrático desde el principio aprendiendo de las experiencias de quienes les precedieron. Este libro les ayudará.

ALEXANDRA BRADBURY
Editora de Labor Notes

PRÓLOGO

EL PROFESORADO DE CHICAGO TE MUESTRA CÓMO HACERLO

Me convertí en activista cuando enseñaba historia en Lincoln Park High y mi director empezó a despedir a delegados sindicales.

Primero despidieron al profesor que era mi mentor y luego a mi mentor sindical, nuestro bibliotecario. Yo no tenía plaza fija, estaba asustada y acababa de iniciarme en el trabajo sindical. Tras estas pérdidas, necesitaba hacer más, aprender más y sacudirme los miedos.

Por suerte, en 2008 me uní a un pequeño grupo de educadores idealistas —profesores veteranos y nuevos sindicalistas— para formar el CORE. Nos propusimos defender la educación pública en Chicago. Formamos un grupo que se haría con el liderazgo del Sindicato del Profesorado de Chicago en 2010 y lideraría su primera huelga en 25 años.

¿Cómo hemos llegado al punto de hacer una huelga de nueve días? ¿Por qué las líneas de batalla están tan claramente trazadas en Chicago cuando se trata de escuelas públicas?

El movimiento obrero siempre ha sido "inspiración y lucha, gente corriente que transforma el mundo y se transforma a sí misma en el proceso", como escribió el sindicalista Joe Burns en su libro de 2011 *Reviving the Strike* ("Reviviendo la huelga"). Pero nuestra agrupación había caído en la misma trampa que la mayoría de las organizaciones sindicales de las últimas décadas: el compromiso y la colaboración con la patronal. Nuestro sindicato había protegido la seguridad laboral básica y había mantenido el flujo de modestos aumentos, pero no habíamos hecho lo suficiente para oponernos a la destrucción de las escuelas públicas.

Se cerraban los centros de nuestros hijos. Nuestros afiliados perdían su empleo. El antisindicalismo había llegado a dominar el diálogo nacional y local sobre la reforma educativa con un único objetivo: la reforma de la educación.

La educación se centraba en la calidad del profesorado y en los exámenes estandarizados. Las voces de los educadores experimentados se estaban perdiendo.

Aunque nuestros líderes sindicales se pronunciaron en contra del cierre de escuelas y de su sustitución por concertadas, nunca se hizo valer todo el poder de los afiliados. En lugar de hablar de lo que es mejor para los estudiantes, nuestro sindicato aceptó hasta cierto punto la premisa de que el mal profesorado eran el principal problema.

"Sabemos que la colaboración funciona", dijo el anterior presidente de nuestro sindicato en un discurso pronunciado en 2009 en el City Club de Chicago, cuyos miembros estaban detrás de políticas destructivas como el bombardeo de clausuras escolares. El sindicato aceptó probar la remuneración por méritos.

Cuando el CORE accedió a dirigir el CTU en 2010, asumimos la tarea de convertirnos en la institución líder del movimiento por la justicia educativa. El sindicato tenía que cambiar el debate público, incorporando las voces de sus 27.000 afiliados.

El alcalde Rahm Emanuel y sus amigos empresarios habían creado la fórmula perfecta para provocar la huelga docente, echándoles la bronca y sacándolos de una profesión que amaban; cerraban escuelas públicas año tras año y las sustituían por concertadas no sindicadas que expulsaban a los niños a diestro y siniestro; desplazaban a los estudiantes por la ciudad en medio de la pobreza y la violencia; añadían días al calendario escolar para hacer más pruebas estandarizadas en lugar de una enseñanza más rica; por último, decían a los docentes que tendrían que trabajar hasta seis semanas más sin cobrarlas.

Después de todo eso, los afiliados y afiliadas no estaban dispuestos a callarse. Cuando votamos a favor de la huelga, recuperamos nuestro poder como sindicato. Dijimos que ya no teníamos miedo.

Nuestros aliados vieron que no solo luchábamos por aumentos salariales. Estábamos decididos a cambiar el debate sobre la educación pública para centrarlo en nuestros estudiantes. En el momento álgido de la huelga, una encuesta reveló que la mayoría de la ciudad y el 66% de las familias de alumnos de las escuelas públicas de Chicago nos apoyaban frente al alcalde. Las cifras eran aún más altas entre los negros y los latinos que entre los blancos.

La huelga no logró todos los objetivos educativos expuestos en nuestro manifiesto "Las escuelas que merecen los alumnos de Chicago", pero despertó a la ciudad —y al país— a algunas de nuestras verdades. El diálogo sobre la educación pública ya no puede limitarse a suponer que el profesorado es el problema y que no existen otros. Las familias ya no serán actores pasivos cuando se trate de políticas que afectan a sus hijas e hijos. Y hemos demostrado que los sindicatos de docentes no son meras organizaciones proteccionistas, sino que pueden ser una fuerza progresista a favor de la justicia educativa.

Según un reciente informe de la revista *Hechinger* sobre educación, la satisfacción laboral del profesorado es la más baja de los últimos 25 años. Creemos que este malestar puede convertirse en acción. Después de que los miembros del CTU salieran a los piquetes, asistimos a una oleada de huelgas docentes en Illinois. Estamos siendo testigos del despertar de los sindicatos de profesores de todo el país.

Seguimos sufriendo ataques violentos en Chicago, con casi 50 escuelas clausuradas en 2013. Cuando se anunciaron los cierres, miles de familias, estudiantes, docentes y miembros de la comunidad llenaron las audiencias para defender apasionadamente sus escuelas. Los estudiantes están creando sus propias organizaciones y pasando a la acción.

La huelga no se hizo de la noche a la mañana y no construyó por arte de magia las escuelas en las que todos los profesores y profesoras queremos trabajar, pero demostró que podemos luchar con más fuerza e inteligencia y ganar.

Jen Johnson

Jen Johnson fue profesora durante diez años. Ahora trabaja para el CTU en la evaluación del profesorado.

1. POR QUÉ ESTE LIBRO Y CÓMO UTILIZARLO

La imagen de decenas de miles de docentes en huelga y de sus aliados marchando por las calles de Chicago fue una inyección de moral muy necesaria para un movimiento obrero decaído.

Durante más de una semana, en septiembre de 2012, el Sindicato del Profesorado de Chicago se enfrentó al alcalde Rahm Emanuel y a las élites políticas y financieras de la ciudad, consiguió un empate en la mesa de negociación y ganó ampliamente en la batalla por los corazones y las mentes de la ciudad.

Es demasiado fácil caer en el pesimismo sobre lo que son capaces de hacer los trabajadores y trabajadoras, sobre si los sindicatos siguen teniendo poder o si las huelgas siguen siendo viables. Pero en la huelga quizá más impresionante desde el paro de UPS en 1997, los educadores de Chicago demostraron que sigue siendo el arma más poderosa de los trabajadores.

En el proceso, el CTU puso patas arriba la idea convencional de que los empleados públicos y los contribuyentes están inevitablemente enfrentados. En ambos grupos, el verdadero enemigo supone apenas el 1%. Los docentes tacharon a las escuelas públicas de Chicago de ejemplo de *apartheid* educativo y hablaron abiertamente de las desigualdades raciales del plan del alcalde, demostrando que los sindicatos pueden abordar de frente cuestiones sociales espinosas y aun así ganarse el apoyo de sus bases y de la opinión pública.

UN SINDICATO DIFERENTE

Igualmente importante es el hecho de que la experiencia del CTU muestra cómo un sindicato burocrático y corriente puede transformarse con la combinación adecuada de organización de las bases, trabajo duro y confianza en la democracia.

Los líderes del CTU llegaron al poder en 2010, arrastrados por un enérgico movimiento reformista, el CORE. Una vez en el poder, los grupos reformistas suelen parecerse a sus predecesores. Sin embargo, el CORE había sentado unas bases más firmes que la mayoría.

Durante años, antes de ser elegidos, los activistas del CORE habían predicado con el ejemplo: organizaron al profesorado para luchar contra el cierre de escuelas, se opusieron a las políticas punitivas y trabajaron codo con codo con las familias y las organizaciones comunitarias.

Este libro cuenta cómo estos activistas transformaron su sindicato desde la base y construyeron una huelga que iba más allá de lo básico.

MANUAL PRÁCTICO

Creemos que el mayor valor de *Cómo poner en marcha tu sindicato* es el de un manual de acción. Utilizando el mismo estilo que ha hecho de nuestros *Manuales para creadores de problemas* un recurso para los activistas, mostramos cómo actuaron ellos para que cualquiera pueda aprender a hacerlo en su propio sindicato y en su lugar de trabajo.

Explicamos en detalle el modelo de organización del CTU, en tareas que van desde hablar con los compañeros y compañeras de trabajo hasta crear alianzas comunitarias duraderas, votar para decidir una huelga, y mucho más. Aquellos que quieran organizar un *caucus* o una campaña de contratación encontrarán aquí cómo hacerlo.

Antes de sumergirnos en la historia del CTU, en el capítulo 2 preparamos el terreno describiendo el daño que las fuerzas de la reforma educativa corporativa hicieron a las escuelas de Chicago. Los capítulos 3 y 4 muestran cómo se forjó el grupo del CORE en las batallas contra el cierre de escuelas y cómo se presentó a las elecciones y las ganó.

El capítulo 5 detalla la laboriosa tarea de reconstruir el sindicato desde la base, en cada centro escolar: cómo se reorganizó internamente el sindicato para conseguir que participaran más miembros. El capítulo 6 describe el trabajo con organizaciones comunitarias y el capítulo 7 cuenta las lecciones aprendidas de la lucha en muchos frentes a la vez en los dos años anteriores a la huelga. En estas luchas, el sindicato redujo los ataques contra el profesorado al 1%.

El capítulo 8 describe la campaña contractual de un año que precedió a la huelga, incluida la votación de esta y la de la huelga práctica, y el capítulo 9 muestra la asombrosa autoorganización que las bases y las familias se procuraron durante la propia huelga.

El capítulo 10 cuenta lo que el CTU ganó y perdió en el acuerdo. El capítulo 11 describe cómo el CTU hizo valer su victoria para mantener los empleos en el año posterior a la huelga. El capítulo 12 resume lo peor de toda la experiencia.

Consulta el glosario y la cronología si hay algún término que no te resulte familiar o si necesitas ayuda con las fechas: el CTU libraba muchas batallas al mismo tiempo. Y lee el apéndice sobre el panorama nacional de la reforma educativa si quieres entender por qué los multimillonarios y los políticos están tan interesados en atacar a los educadores.

También hemos resumido las lecciones esenciales al final de algunos capítulos.

2. A QUÉ SE ENFRENTABAN

La victoriosa huelga del profesorado de Chicago es aún más importante si se compara con la montaña de críticas vertidas sobre los empleados públicos sindicados en los últimos años y el agresivo esfuerzo nacional, financiado por multimillonarios y alabado en los medios de comunicación, para controlar las escuelas públicas.

Desde Washington a Hollywood, el profesorado y sus sindicatos han sido señalados como los principales culpables de los problemas de nuestras escuelas públicas. Los autodenominados reformistas de la educación impulsan las escuelas privadas concertadas y están decididos a acabar con los sindicatos si se interponen en su camino.

En los últimos tres años, los docentes han sufrido cambios más profundos en sus condiciones de trabajo y en su imagen pública que en las tres décadas anteriores. Desde 2010, el profesorado de muchos estados ha sufrido ataques a los fundamentos de su trabajo. Entre ellos, la eliminación o el debilitamiento de la seguridad en el empleo (comúnmente conocida como titularidad), la vinculación de las evaluaciones del profesorado a los resultados de los estudiantes en los exámenes estandarizados y la instauración de la remuneración por méritos, también vinculada a menudo a los resultados de los alumnos y alumnas en los exámenes.

Hasta hace poco, los sindicatos habían respondido de forma vacilante e incoherente. Precisamente porque el CTU tomó un rumbo distinto al de la mayoría de las agrupaciones del sector público y al de su propio sindicato nacional, los trabajadores y trabajadoras de la educación de Chicago pudieron defenderse mejor y ganarse el apoyo público para su causa[1].

1. Para un análisis detallado de la agresión nacional a escuelas y docentes, véase el apéndice.

LA ZONA CERO DE LA AGENDA EMPRESARIAL

El director ejecutivo de las escuelas de Chicago entre 2001 y 2009 fue Arne Duncan, ex jugador profesional de baloncesto. Desde el principio, Duncan se había labrado su reputación como reformador de la educación en el molde empresarial. En 1996 puso en marcha una escuela concertada cuyo objetivo era enseñar a los alumnos técnicas de gestión financiera. Abrazó con entusiasmo la competencia entre escuelas impuesta por el programa de George Bush No Child Left Behind ("Que ningún niño se quede atrás"), iniciado en 2001.

Gracias a las medidas adoptadas anteriormente por el alcalde de Chicago, Richard M. Daley, y la asamblea legislativa de Illinois, cuando Duncan se convirtió en director general de las escuelas tuvo un gran margen de maniobra para aplicar su programa.

En 1995, la asamblea legislativa de Illinois aprobó una ley específica para Chicago: en los distritos escolares con más de 500.000 residentes, se suprimiría el consejo escolar electo. En su lugar, el alcalde nombraría al consejo. "Así que lo formaron banqueros, empresarios... quienes no tienen hijos en las escuelas públicas", explicaría más tarde Karen Lewis, presidenta del CTU.

La ley también establecía que el distrito de Chicago ya no estaba obligado a negociar con el sindicato el número de estudiantes por clase, la reestructuración o la creación de nuevas escuelas concertadas.

Al CTU le pilló desprevenido. Una fuerza reformista se hizo con el liderazgo del sindicato en 2001, pero solo pudo mantenerlo durante un mandato. A partir de 2004, Daley y Duncan impusieron en Chicago el plan Renaissance 2010 ("Renacimiento 2010"), un programa para el cierre de decenas de escuelas y la reconversión, según el cual se despedía a todo el personal del centro y luego estos tenían que volver a solicitar su puesto de trabajo.

Renacimiento 2010 cerró escuelas públicas sindicadas alegando que habían fracasado y abrió escuelas concertadas no sindicadas con fondos públicos. Entre 2001 y 2010, se cerraron 70 centros públicos de Chicago y se evaporaron 6.000 puestos de trabajo sindicados.

En 2009, el presidente Barack Obama nombró a Duncan secretario de Educación. Fue una señal clara de la postura del presidente y de la clase dirigente demócrata. Y dos años después, cuando Rahm Emanuel, jefe de Gabinete de Obama, se presentó a las elecciones a la alcaldía de Chicago, se trajo con él la misma política contraria al profesorado.

Durante su campaña a la alcaldía, Emanuel visitó una escuela concertada del suroeste con el director general de la cadena de escuelas concertadas UNO, Juan Rangel, y la calificó de "éxito increíble" por su jornada de ocho de la mañana a cinco de la tarde. Para perfilar su plataforma educativa, se reunió con Rangel, con la multimillonaria de los hoteles Hyatt, Penny Pritzker, y con los magnates del capital privado Bruce Rauner y Brian Simmons. Emanuel hizo de la prolongación de la jornada escolar y del año lectivo una pieza central de su plataforma, e inmediatamente después de obtener el cargo en febrero de 2011 se centró en las escuelas de Chicago y en el CTU.

APARTHEID EDUCATIVO

Muchos docentes estaban consternados por el entusiasmo de la ciudad por recortar recursos y cerrar escuelas. Sabían que las concertadas que sustituían a las públicas cerradas expulsaban a estudiantes con bajo rendimiento académico, discapacidades o antecedentes disciplinarios, o cuya lengua materna no era el inglés.

Y sabían que el racismo influía en las decisiones sobre qué escuelas cerrar. Casi todas las que se iban a clausurar o reformar estaban en barrios negros y latinos de bajos ingresos. "Los que enseñábamos en estas escuelas afroamericanas de bajos ingresos sentíamos que nuestros centros eran el objetivo", dijo Carol Caref, una profesora de matemáticas que más tarde dirigiría el Departamento de Investigación del CTU. "Nuestros niños tenían problemas para los que necesitaban ayuda, y en lugar de que Chicago Public Schools (CPS, por sus siglas en inglés) nos apoyara e hiciera lo necesario para protegerlos, nos socavaban, por ejemplo, al recortar los programas vocacionales en mi escuela".

Se mantuvieron y promovieron las escuelas concertadas y de matrícula selectiva (institutos de élite en los que los estudiantes compiten para ser admitidos). Tras la elección del CORE, el CTU denunció públicamente las políticas del consejo escolar como *apartheid* educativo.

De hecho, las matriculaciones bajaron en algunos vecindarios pobres porque los promotores inmobiliarios presionaban para que las familias abandonaran las viviendas públicas y se dispersaran por otros barrios. Además, Renacimiento 2010 se centró en muchas de las mismas zonas que el amplio Plan de Transformación —otro plan del alcalde Daley— o en las que el alcalde estaba demoliendo pisos públicos para sustituirlas por urbanizaciones privadas de ingresos mixtos, obligando a los residentes a mudarse en busca de caseros que aceptaran vales de vivienda.

En cuanto disminuía el número de alumnos, lo que permitía optimizar el tamaño de las clases, CPS retiraba al profesorado. "¡Por favor, que los docentes sigan en la casa!", decía Caref. "¡Necesitamos más adultos en el centro!".

La estrategia de Duncan, junto con la tibia respuesta del CTU, llevó a los activistas de la enseñanza a formar el CORE y a presionar para hacerse con el control del sindicato.

EN CIFRAS

Educadores

El CTU es el tercer sindicato de profesores más grande de Estados Unidos. Sus 27.542 miembros, en noviembre de 2013, incluían:

- 5.380 docentes de secundaria.
- 13.710 docentes de primaria.
- 3.066 otros profesionales docentes (incluidos asistentes de profesores, secretarios escolares, y muchos más).
- 162 enfermeros escolares.
- 267 logopedas.
- 866 profesionales clínicos (como trabajadores sociales, terapeutas ocupacionales, fisioterapeutas y psicólogos escolares).
- 3.826 jubilados.

Según datos del distrito, en enero de 2012 el 25% del profesorado de Chicago eran afroamericanos, el 18% hispanos, el 49% blancos y el 3% asiático-hawaianos de las islas del Pacífico.

Estudiantes

En enero de 2012, las escuelas públicas de Chicago contaban con 404.151 estudiantes matriculados. El 42% eran afroamericanos, el 44% latinos, el 9% blancos y el 3% asiáticos o de las islas del Pacífico. El 87% procedía de familias con bajos ingresos y el 12% tenía un dominio limitado del inglés.

3. LOS AFILIADOS Y AFILIADAS EMPIEZAN A HACER EL TRABAJO DEL SINDICATO

A pesar de perder casi el 20% de los afiliados del sindicato por el plan Renacimiento 2010, los y las líderes de la vieja guardia del CTU nunca tuvieron un proyecto —ni el espíritu— para luchar contra los cierres.

"Se produjeron todos estos ataques a las escuelas y el sindicato se mantuvo básicamente en silencio", dijo la profesora de matemáticas Carol Caref. Ella se unió a un comité sindical sobre el plan Renacimiento 2010, pero no llegó a ninguna parte.

Cuando el instituto de Englewood estaba a punto de desaparecer, el profesor de historia Jackson Potter y otros colegas y familias se organizaron para detener el cierre. En lugar de colaborar, los altos cargos del sindicato dijeron a Potter que debía buscarse otro trabajo, y cuando él y otros activistas alzaron la voz en las reuniones, fueron silenciados por los funcionarios sindicales.

Al ver que el sindicato no les ayudaba, el profesorado activista empezó a buscar aliados en otros lugares. Se encontraron unos a otros —y a activistas comunitarios afines— y empezaron a trabajar juntos. El grupo que se formó a lo largo de varios años se convertiría en el CORE.

Al principio no se trataba de presentarse o no a las elecciones sindicales, sino de salvar sus escuelas. Sin embargo, las alianzas establecidas en estas primeras luchas servirían para apoyar a los miembros del CORE durante las elecciones de 2010, la huelga de 2012 y más allá.

El profesorado activista y los activistas de la comunidad coincidieron en que el racismo y la gentrificación estaban detrás de los cierres. Los docentes "estaban dispuestos a colaborar con la gente del barrio porque era con quienes tenían más cosas en común", afirma Jitu Brown, organizador educativo de la Kenwood Oakland

Community Organization (KOCO), uno de los primeros aliados en estas luchas.

SALVAR LAS ESCUELAS DE BRONZEVILLE

Fueron los activistas de la KOCO quienes encabezaron la primera gran lucha contra Renacimiento 2010, y su éxito llevó a los docentes a buscarlos para pedirles consejo. En el verano de 2004, la ciudad puso en marcha la primera fase del programa, el Plan Mid-South, que proponía cerrar 20 de las 22 escuelas de la zona históricamente negra de Mid-South, en Bronzeville (Kenwood y Oakland son barrios de la zona de Bronzeville).

La KOCO organizó una coalición de miembros de la comunidad, consejos escolares locales y profesorado activista (en todos los colegios de Chicago hay consejos escolares locales —LSC, por sus siglas en inglés— compuestos por dos representantes docentes, seis de las familias, dos de la comunidad y el director, más un representante de los alumnos. Los consejos tienen la última palabra sobre el presupuesto de su centro y la contratación del director). Juntos, los miembros de esta coalición pudieron evitar la ronda inicial de cierres abarrotando las reuniones municipales, presionando a la concejal del distrito y marchando contra el presidente del consejo escolar.

Pero las escuelas de Bronzeville no eran las únicas que estaban en peligro y los conocimientos organizativos de la KOCO comenzaron a demandarse inmediatamente. Brown pronto conoció a Jesse Sharkey (que más tarde sería vicepresidente del CTU), un profesor de historia de la zona norte que luchaba contra la conversión del instituto Senn en una academia militar. Hablaron sobre las estrategias organizativas que la KOCO había utilizado para detener el Plan Mid-South.

UN BARRIO QUE MERECE LA PENA CONSERVAR

Bronzeville, en la orilla sur del lago Míchigan, fue conocida en su día como la "metrópolis negra", un centro nacional de la cultura afroamericana. Sam Cooke, Louis Armstrong y Muhammad Ali vivieron allí. Pero con la huida de la industria de Chicago en los años setenta y ochenta, la región perdió gran parte de su población y se sumió en la pobreza.

Ahora, los profesionales se están trasladando a la zona y los residentes de clase trabajadora temen que se les desaloje. Rico Gutstein, profesor de la Universidad de Illinois en Chicago, calificó Bronzeville como "una de las comunidades más aburguesadas de Chicago" (incluso la familia Obama vive cerca, en la cúspide entre Kenwood y Hyde Park). Según Jitu Brown, el Plan Mid-South era un intento calculado de desestabilizar a la población negra de clase trabajadora del barrio y sustituir las escuelas negras locales —a pesar de su rendimiento más que apto— por escuelas concertadas selectivas que atendieran a los jóvenes profesionales, muchos también afroamericanos, que se estaban mudando al barrio.

Potter era un joven profesor de historia y entrenador del equipo de debate en un barrio negro de bajos ingresos de la zona sur cuando, en 2005, CPS anunció planes para eliminar Englewood High. Rápidamente se convirtió en un líder en la lucha por salvar la escuela, trabajando estrechamente con Brown y la KOCO para organizar las huelgas estudiantiles.

Potter también conoció a la profesora de secundaria Xian Barrett y ambos empezaron a reunirse con sus alumnos y alumnas para colaborar. "Mis estudiantes del instituto Julian se implicaron mucho en la lucha de Englewood", dijo Barrett, "porque veíamos claro que éramos el tipo de instituto que se convertiría en el siguiente objetivo".

No todas estas luchas produjeron victorias como en Bronzeville. Englewood acabó cerrando y fue sustituida por dos nuevas escuelas, una de ellas concertada. La academia naval se hizo cargo de un ala del instituto Senn. Y el curso 2004-2005 fue solo la primera andanada de la guerra que se avecinaba contra el cierre masivo de escuelas. Pero esa fue una razón más para que las crecientes relaciones y la capacidad de organización fueran cruciales.

Potter también formó parte de la junta de la Pilsen Alliance ("Alianza de Pilsen"), creada en 1998 para defender Pilsen —un barrio mexicano-americano de clase trabajadora de la zona suroeste— de la ofensiva de los promotores inmobiliarios. La ciudad estaba tomando el dinero de los impuestos que debería haber ido a las escuelas y lo canalizaba hacia los promotores a través de la financiación por incremento de impuestos (TIF, por sus siglas en inglés).

Sobre el papel, las subvenciones debían promover el desarrollo industrial de Pilsen, pero nada impedía que el dinero fluyera hacia nuevos condominios y grandes superficies comerciales.

La Alianza de Pilsen se organizó contra la financiación TIF de Target y otras grandes superficies, lo que llevó a Potter a coaligarse con organizaciones comunitarias como Grassroots Collaborative y ACORN.

¿QUIÉN QUIERE HABLAR?

Durante los dos años siguientes, mientras los docentes y los activistas de la comunidad luchaban codo con codo para salvar las escuelas, los dirigentes del sindicato siguieron mostrándose insolidarios. Los activistas los presionaron para que crearan un comité sindical contra Renacimiento 2010. "Los engatusamos durante un par de meses", explicó Potter, "y dijeron que sí. Éramos muy buenos planteando exigencias a los dirigentes sindicales junto con los grupos comunitarios". Sin embargo, en la primavera de 2007 el sindicato desmanteló el comité. Durante años, la vieja guardia del CTU había defendido de boquilla trabajar los asuntos de la educación con grupos de la comunidad, pero estas coaliciones a menudo fracasaban, sobre todo por la escasa participación de los líderes sindicales. "En los viejos tiempos, había que traer a la gente al CTU a la fuerza", explica Rico Gutstein, de Teachers for Social Justice, un grupo activista local con una perspectiva antirracista.

"Siempre se oye que los sindicatos trabajan con la comunidad para conseguir lo que quieren y luego se marchan", dijo Brown. "Esa coalición empezó a desmoronarse porque la gente no sentía que el sindicato estuviera comprometido con nosotros en las cuestiones que afectaban a nuestras vidas".

Para empeorarlo aún más, los dirigentes del CTU estaban ocupados peleándose entre sí. Las cosas llegaron a un punto álgido en 2008, cuando el presidente intentó la destitución de la vicepresidenta por irregularidades financieras, en particular por gastos suntuarios en comidas y regalos. La vicepresidenta acusó al presidente de gastos similares. Cuando a los anteriores reformistas los expulsaron en 2004, el sindicato tuvo unos cinco millones de dólares de superávit; ahora debía hacer frente a un déficit de dos millones. "Mientras los docentes sufrían masivos recortes de empleos", dijo Al Ramírez, maestro de primaria, "sus líderes no se enteraban: estaban paseando alegremente".

Kristine Mayle, posteriormente elegida secretaria financiera del CTU, era profesora de educación especial en De La Cruz, un centro de enseñanza media de Pilsen. Cuando a principios de 2008 se enteró de que este iba a cerrar, a Mayle la inquietó lo que pudiera ocurrirles a sus alumnos y alumnas, que se beneficiaban de los galardonados programas del centro para estudiantes con necesidades especiales.

También le preocupaba su propio futuro incierto. Era su primer trabajo en el distrito. Como joven profesora no titular, se vería obligada a buscar un nuevo empleo si se cerraba la escuela. Estaba furiosa por la deslucida respuesta de los dirigentes de la vieja guardia del CTU. Contó que fue difícil conseguir que enviaran a un representante al centro para calmar a los nerviosos profesores, y más aún que se opusieran al cierre. "Llamamos al sindicato y básicamente nos indicaron que nos pusiéramos en marcha juntos", dijo.

Pero alguien más se presentó en De La Cruz para proponer un contraataque. "Dejaron unos folletos en nuestros buzones y dijeron que querían celebrar una reunión", recuerda Mayle. "Luego aparecieron un día, después de clase, y preguntaron: '¿Quién quiere hablar con nosotros?'".

Eran Norine Gutekanst, profesora bilingüe de tercer curso en un colegio cercano, y un par de miembros de la Alianza de Pilsen. "Cuando vimos que De La Cruz estaba en la lista, resultó natural, ya que era nuestra comunidad, que intentáramos ver cómo podíamos organizarnos para tratar de detenerlo", dijo Gutekanst. "Fueron los comienzos del CORE", afirma Mayle.

La organización empezó a cuajar cuando Potter y Ramírez convocaron una reunión de unas 20 personas que tomaron prestada la sala de United Electrical Workers. Ramírez, delegado sindical desde hacía muchos años, había trabajado con Potter en la realización de un documental sobre las luchas por el cierre de escuelas. En el proceso, "empezamos a encontrarnos con otras personas dispuestas a hacer algo, dispuestas a luchar", afirma Ramírez, que se convertiría en copresidente del CORE.

Jen Johnson, una joven profesora de historia y delegada, recuerda: "No se sabía qué iba a salir de aquella reunión. Pensaron que este era el siguiente paso para conseguir que más gente se implicara de una forma distinta".

El grupo decidió seguir reuniéndose y no tardó en elegir un nombre. "En aquel momento no hablábamos de presentarnos a las elecciones", explica Johnson. "Pensábamos que tal vez podríamos implicar a más personas, ayudar a presentar quejas, involucrar a socios de la comunidad, mostrar una forma diferente de luchar contra el cierre de escuelas y aprovechar los conocimientos de la gente de la comunidad. Mi sensación personal fue que en la sala había líderes muy experimentados. Hacían cosas de las que la gente de mi centro no hablaba".

SALA DE ESTUDIO

No se podía esperar menos del profesorado: una de sus primeras actividades fue formar un grupo de estudio, con el objetivo de entender los problemas y a los actores, para luchar con más posibilidades de éxito.

"Fui a un grupo de estudio para averiguar qué pasaba con los cierres de escuelas en Chicago", dijo la futura presidenta del CTU, Karen Lewis, entonces profesora de química. "No puedo decirte cuántas veces he oído el mantra de 'no se puede hacer nada'. Estos profesores hablaban de formar una resistencia de verdad".

Una de las primeras y más influyentes lecturas del grupo fue el libro de Naomi Klein de 2007 *The Rise of Disaster Capitalism* ("La doctrina del *shock*"), que describe cómo la élite de Nueva Orleans aprovechó la oportunidad del huracán Katrina para despedir a los 7.000 profesores de la ciudad y convertir la mayoría de sus escuelas en concertadas. "Creo que lo mejor que le pasó al sistema educativo de Nueva Orleans fue el huracán Katrina", confesaría más tarde el secretario de Educación, Arne Duncan.

Klein argumentó que los ricos y poderosos utilizan las crisis —ya sean reales o más bien exageradas— para empujar a la gente hacia objetivos que, de otro modo, nunca aceptarían. Las conexiones no eran difíciles de ver, ya que las oleadas de presupuestos de crisis se utilizaron para impulsar las concertadas en Chicago.

Los docentes también estudiaron su contrato sindical y el plan Renacimiento 2010. Leyeron una tesis doctoral sobre la historia del CTU y un artículo titulado "Rethinking Unions" ("Repensar los sindicatos"), de la revista activista *Rethinking Schools*, que abogaba por que los sindicatos de profesores fueran más allá del interés propio y abrazaran el sindicalismo de justicia social. Y leyeron el folleto "Hell on Wheels: The Success & Failure of Reform in Transport Workers Local 100" ("El infierno sobre ruedas: El éxito y el fracaso de la reforma del sindicato de los trabajadores del transporte local 100"), sobre un grupo de base que consiguió el liderazgo del sindicato de autobuses y el metro de Nueva York.

ESCUELA DE GOLPES DUROS

Aunque algunos de los docentes activistas llevaban años trabajando juntos, el grupo era "muy abierto y acogía a gente nueva", recuerda Bill Lamme, un profesor de estudios sociales que asistió a las primeras reuniones. Al principio se veía a sí mismo como un miembro periférico, centrando sus energías políticas en el activismo por la justicia social con sus estudiantes, más que en el sindicato. Pero le impresionó encontrar a gente tan inteligente y experimentada que estaba interesada en hacer algo juntos, no en la autopromoción.

El profesorado "desarrolló un cuerpo colectivo de conocimiento", dijo Lamme. "Crearon un grupo con una visión de lo que ocurría centrada y común. Se construyeron a sí mismos; no se limitaron a reunir a individuos dispares".

No todo eran lecturas. Entre ellos, los docentes del grupo sumaban años de conocimientos y experiencia, que compartían sistemáticamente. Muchos eran delegados sindicales, veteranos de luchas dentro del sindicato y frente a la dirección, que habían desarrollado habilidades organizativas y una sólida comprensión de aquello a lo que se enfrentaban.

Algunos habían participado en PACT, un grupo reformista que había ocupado los puestos de altos cargos del CTU de 2001 a 2004. Así que estudiaron esa experiencia y pidieron a los líderes de PACT que hablaran en una reunión. Una de las principales lecciones fue que el sentimiento en contra de los titulares podía bastar para acceder al cargo, pero no para transformar el sindicato una vez dentro. Los veteranos de aquella lucha no querían precipitarse en otra campaña electoral. Por el contrario, insistieron en la importancia de construir un sindicato fuerte e independiente con miembros activos en tantas escuelas como fuera posible.

Algunos miembros del grupo de estudio eran socialistas veteranas y veteranos que conocían la historia de los movimientos de bases de otros sindicatos. El padrastro de Potter, Pete Camarata, fue uno de los fundadores de Camioneros por un Sindicato Democrático (Teamsters for a Democratic Union, TDU). Los miembros del grupo de estudio hablaron con activistas locales del TDU y se reunieron también con reformistas del sindicato de profesores: el Grupo de Educadores Progresistas para la Acción (Progressive Educators for Action Caucus) parte de una coalición que asumió el liderazgo del sindicato local de profesores de Los Ángeles en 2005, y la Federación de Maestros de Puerto Rico. Los reformistas puertorriqueños se hicieron con el liderazgo de su sindicato, se separaron de la Federación Estadounidense de Profesores (AFT) en oposición a las concesiones, y en 2008 protagonizaron una huelga militante como desafío a la prohibición de las huelgas en el sector público.

EMPEZAR DE CERO

Jim Cavallero era delegado desde hacía cuatro o cinco años: una experiencia bastante decepcionante.

"Iba a las reuniones de la Cámara de Delegados e intentaba aportar información a la gente, pero la verdad es que no había mucho que aportar", afirma (la Cámara de Delegados es la junta mensual de los representantes de cada escuela). "La gente de mi colegio empezaba a ver el sindicato como un desperdicio". ¿Y la acción? Ni hablar. "Nunca había estado en una manifestación del CTU", dijo Cavallero. "Ni siquiera había oído hablar de un mitin del CTU".

Pero no estaba dispuesto a rendirse. Cuando leyó un artículo sobre la formación de un nuevo grupo en el sindicato, reconoció al autor, Jesse Sharkey, a quien conocía de la Cámara de Delegados. "Estaba de acuerdo con lo que decía", explica Cavallero, así que fue a la primera reunión, le gustó lo que oyó y se unió al CORE.

¿Qué significó eso en el día a día de su escuela? "En lugar de decir a la gente: 'Esto es lo que el sindicato puede y no puede hacer por vosotros', empecé a decir más bien: '¿Qué podemos hacer nosotros? ¿Qué podéis hacer para participar más? ¿Podéis hacer esto? ¿Podéis asistir a esto otro?'", recuerda Cavallero. "No solo viendo al sindicato como Merchandise Mart (el complejo comercial del centro de la ciudad donde el sindicato tenía su sede), sino preguntándonos qué podíamos hacer nosotros mismos como miembros".

"Y la gente se lo creyó. Fue un proceso lento, pero lo hicieron. Tuve muchas conversaciones individuales y otras tantas en grupos pequeños, con dos o tres personas, intentando que vinieran a un acto del CORE o a algo que organizara uno de nuestros aliados".

"Cuando empecé a ver un cambio fue cuando el CORE se presentó a las elecciones a la dirección del sindicato y la gente empezó a oír las cosas que decían Karen y Jesse. Se dieron cuenta de que ese era el tipo de organización que querían: una en la que los afiliados participaran. No solo tratando de luchar por un salario. Intentando luchar por la educación pública y por defender la enseñanza como profesión".

EL CORE SE HACE PÚBLICO

Desde el profesorado empezaron a correr la voz sobre el CORE en internet con un anuncio en junio de 2008. "El CORE es un grupo de docentes, paraprofesionales y otros defensores de la educación pública. Esperamos transformar nuestro sindicato en una organización que realmente luche por sus miembros", declararon. "Todos nuestros puestos de trabajo están en la guillotina, con 400 profesores y profesoras despedidos solo este año... ¿Qué está haciendo la dirección de nuestro sindicato? El CORE está luchando para detener estos ataques al profesorado".

El anuncio presentaba "una propuesta de cambio que esperamos que nos ayuden a desarrollar y perfeccionar", con una agenda de cuatro puntos: salarios, mejores prestaciones, mejores condiciones laborales y seguridad en el empleo. En el apartado de condiciones laborales, el nuevo grupo incluía el tamaño de las clases, los exámenes de alto nivel, la elección del consejo escolar y el trabajo con familias y estudiantes. En cuanto a la seguridad laboral, el fin de los cierres de escuelas encabezaba la lista, y el CORE propuso emprender acciones laborales y crear un fondo sindical para detener la expansión de las escuelas concertadas.

El grupo organizó un acto público titulado "Lucha por la educación pública", con Jinny Sims, expresidenta de la Federación de Profesores de Columbia Británica (BCTF, por sus siglas en inglés). En 2005, el profesorado de Columbia Británica se declaró en huelga ilegal durante dos semanas y consiguieron el tipo de apoyo comunitario que el CORE consideraba vital, una reducción del número de estudiantes por clase y un aumento de sueldo.

Gutekanst se mostró impresionada por las giras organizadas por la BCTF para escuchar a familias y miembros de la comunidad. El sindicato "comprendió realmente cuáles eran las preocupaciones de la gente y cuáles sus deseos y esperanzas para la educación en la provincia", dijo. Unas 25 personas acudieron a la reunión diurna, y 75 a la vespertina. "No hablábamos mucho de la huelga", dijo Caref, "sino de cómo el grupo de Sims había influido en el sindicato para que tomara una dirección más luchadora y de justicia social".

El CORE aún no se presentaba a las elecciones, pero no tenía reparos en criticar a la administración en funciones. El *caucus* ayudó a organizar una protesta en la sede del CTU, exigiendo al sindicato "detener a los ladrones y abrir los libros", y pidiendo mayor transparencia y rendición de cuentas a los miembros.

ACUDIR A TODAS LAS REUNIONES

El incipiente grupo decidió centrarse en la lucha contra el cierre de escuelas. Aunque el CORE era pequeño y estaba formado por voluntarios y voluntarias con trabajos a tiempo completo, el grupo se comprometió a asistir a todas las reuniones del consejo escolar y a los encuentros sobre el cierre de escuelas. "Cuando empezamos a acudir a las reuniones del consejo, cambió totalmente el carácter de los asistentes", afirma Caref. "Fuimos a todos los encuentros de cierre de escuelas, a todas las inauguraciones de concertadas, a todas las reuniones del consejo, y dijimos: 'No. Basta ya'", afirma Lewis. Cada vez que se anunciaban, se unían más miembros al CORE, sobre todo de escuelas atacadas. Mayle y otros habían luchado contra el cierre de De La Cruz en 2008: instaron a los estudiantes a que escribieran cartas al consejo de educación sobre lo que la escuela significaba para ellos y a que las presentaran en la reunión del cierre del centro. Al final perdieron, pero consiguieron un año más antes de la clausura, de modo que los alumnos y alumnas pudieron terminar allí la secundaria en 2009 en lugar de tener que trasladarse. Así que el papel de Mayle en las reuniones a las que asistió fue preparar a todos los demás —familias, estudiantes y personal de la escuela— para "darles una idea de lo que iba a pasar, de los puntos de discusión que funcionaban con la junta". Incluso cuando esto no motivó nuevas decisiones sobre el CORE, dijo Mayle, "fuimos la fuerza que demostró que todavía había gente dispuesta a luchar".

Margo Murray, profesora de educación especial, empezó a colaborar con el CORE de esta manera. Luchaba por la escuela terapéutica diurna en la que trabajaba. "Se trataba de un centro para jóvenes negros con problemas, niños y niñas con graves problemas de conducta que necesitaban terapia", explicó. "La gente del CORE estaba allí y yo pensé: 'Vaya, no tengo que hacer esto yo sola'". El profesorado y los estudiantes consiguieron evitar que clausuraran la escuela ese año.

ESTA GENTE ES SÓLIDA

Las relaciones individuales que muchos de los docentes habían forjado con su activismo permitieron que las relaciones organizativas con grupos comunitarios se desarrollaran orgánicamente. "Al principio la gente dudaba en trabajar con el CORE por la percepción de que eran jóvenes e inexpertos, pero lo cierto es que iban en serio. Compensaban su inexperiencia con fervor juvenil", afirma Brown, del KOCO. La gente del mundo de la organización comunitaria le llamaba para preguntarle si debían asistir a las reuniones del CORE. "Yo les decía que sí. Esta gente es sólida".

"Los antiguos dirigentes del CTU nunca pensaron en las familias. Solo se preocupaban de los afiliados", afirma Mayle. "Nos dimos cuenta de que nuestros aliados naturales eran las familias. Es muy obvio. No sé por qué los demás no se percataron".

Comenzó a formarse una nueva coalición, el Movimiento por la Educación de Base (GEM, por sus siglas en inglés). Además del CORE, lo formaban la KOCO, Teachers for Social Justice, Pilsen Alliance, Blocks Together (una organización comunitaria del barrio latino de West Humbolt Park), Parents United for Responsible Education (PURE) —un grupo de padres de toda la ciudad—, Designs for Change y otros. La coalición también incluía "una mezcolanza de presidentes y miembros ocasionales del consejo escolar local (LSC), en función de las luchas que se estuvieran librando", explica Potter.

"Recuerdo un encuentro muy largo en el que se intentó elaborar una declaración de intenciones para el GEM y que duró el día entero", dijo Mayle. "Todo se basaba en el consenso, el verdadero consenso". El grupo se comprometió con los principios democráticos en la educación, los derechos de todos los niños y niñas, y la idea de que la escolarización debe "preparar a los estudiantes para que comprendan profundamente las raíces de la desigualdad y estén listos para actuar y cambiar el mundo".

El GEM se convirtió en un importante vehículo de movilización contra los recortes y los cierres, organizando grandes protestas que sacaron a miles de personas a las calles para oponerse a los planes del consejo escolar. Más tarde, los grupos del GEM se convirtieron en el núcleo de la junta comunitaria del CTU (véase el capítulo 6).

CUMBRE EN UNA VENTISCA

En enero de 2009, pocos meses después de que se formara el grupo, el CORE patrocinó una cumbre sobre educación en toda la ciudad, con la ayuda de los grupos del GEM, que sirvió de pistoletazo de salida a dos meses de intensa organización contra los inminentes cierres.

A pesar de una fuerte tormenta de nieve, se presentaron más de 500 personas en representación de 81 escuelas, mucho más de las 100 o 200 que los organizadores habían previsto. Allí se habló de cierres, despidos de profesores veteranos, educación especial, disciplina estudiantil y de cómo los docentes y los miembros de la comunidad deben trabajar juntos.

La ciudad había anunciado planes para cerrar 22 escuelas el año siguiente, pero no había dicho cuáles. Justo antes de la cumbre, las incansables reuniones de la coalición dieron sus frutos. En una de ellas, un padre organizador de PURE consiguió la lista, "así que pudimos anunciar en esa reunión las escuelas que se cerraban", dijo Mayle. "Fuimos la fuente de información para todos".

Los organizadores habían procurado que en cada mesa redonda participaran estudiantes, familias o miembros de la comunidad, no solo docentes. El profesorado y los estudiantes de las escuelas concertadas expusieron los mitos sobre lo que estaba ocurriendo en ellas. El impulso fue tan grande que incluso la administración del CTU se vio obligada a participar, por lo que el CORE dio a la presidenta Marilyn Stewart un turno de palabra en uno de los debates.

En aquel encuentro los activistas del CORE se dieron cuenta de su poder, según Johnson. "Si 500 personas se presentan en medio de una ventisca, es porque fructifica algo real", afirmó.

Aprovechando el impulso del foro, el GEM cristalizó y, junto con sus socios del CORE, "empezó a organizar luchas muy intensas contra el cierre de escuelas" a principios de 2009, recuerda Brown. La presión estaba haciendo que la cúpula del sindicato prestara más atención a los cierres. "Invitamos a los dirigentes del CTU a unirse al GEM", dijo Lewis, "y vinieron a unas cuantas reuniones para aprender a organizarse".

En los actos celebrados en toda la ciudad, los activistas del CORE se pusieron en contacto con docentes, estudiantes y familias, escuela por escuela, ayudándoles a organizarse para luchar a escala local. "Aportaron su experiencia para montar campañas", dijo Lamme, "y organizar manifestaciones, para redactar un comunicado de prensa o enfrentarse al consejo en una reunión: estrategias para construir el movimiento dentro de una escuela". El CORE no se limitó a formar a unos pocos individuos carismáticos, sino que el grupo creció ayudando a que muchas personas desarrollaran habilidades de liderazgo y organización. "Se pusieron detrás de la gente, no delante", dijo Lamme.

A finales de enero, cientos de personas se manifestaron en una reunión del consejo de educación para oponerse a los 22 cierres y exigir una moratoria sobre estos y sobre las transformaciones, en las que se despide a todo el personal de una escuela. Al mes siguiente, el CORE y otros grupos de la comunidad acamparon frente a las oficinas del distrito en el centro de la ciudad y estuvieron vigilando en tiendas de campaña durante la gélida noche de febrero. Y al día siguiente, cientos de personas abarrotaron una reunión del consejo de educación, mientras cientos más se concentraban en el exterior. La coalición obtuvo una importante victoria, obligando al consejo a mantener abiertas 6 de las 22 escuelas.

Pero después de salvar las seis escuelas, la dirección del sindicato dejó de colaborar con el GEM. "Cuando se acabaron las fotos, también se acabó la participación del sindicato", cuenta Kenzo Shibata, profesor de inglés que más tarde se ocupó de los nuevos medios de comunicación del CTU.

En la convención del CORE celebrada en abril, se organizaron talleres y acordaron los principios del grupo. Fueron cinco: un sindicato dirigido por sus miembros, transparencia y responsabilidad, educación para todos, defensa de la educación financiada con fondos públicos y contratos sólidos.

DENUNCIA POR DISCRIMINACIÓN

El CORE siguió estudiando el papel de la raza en las escuelas de Chicago. Según recuerda Carol Caref, durante una conversación sobre cómo los cierres afectaban abrumadoramente a los alumnos afroamericanos en zonas de alta pobreza en un momento en el que el distrito se encontraba en una zona deprimida, alguien señaló que el distrito también podría estar centrándose en esas escuelas para deshacerse del profesorado negro. "Les dije que me permitieran revisarlo, pues soy una persona dedicada a la investigación", cuenta Caref. Comprobó las estadísticas estatales y, efectivamente, "cuando se compara el número de docentes afroamericanos en las escuelas reformadas, antes y después de la reforma, se observa un enorme descenso".

Por ello, en junio de 2009, el CORE presentó una denuncia ante la Comisión para la Igualdad de Oportunidades en el Empleo (U.S. Equal Employment Opportunity Commission, EEOC), alegando que las reestructuraciones tenían un impacto desproporcionado en el profesorado negro. Desde 2002, el porcentaje de docentes afroamericanos en CPS había descendido del 39,4% al 31,6%: una pérdida de 2.000 profesores negros. "Esencialmente, una transformación constituye una política de despidos que afecta casi exclusivamente al profesorado afroamericano", acusó el CORE.

Wanda Evans, que enseñó en Orr High School durante 11 años y había sido nominada para los premios de enseñanza antes de una transformación, dijo que "se la habían quitado de en medio". Sugirió que el plan de reconversión estaba diseñado para ahorrar dinero sustituyendo a los docentes veteranos por otros nuevos con salarios más bajos. "Estoy completamente ofendida por la forma en que se ha tratado al profesorado veterano", dijo Evans. "Es como un especial de comida rápida: vamos a hacer un dos por uno".

SOCIALIZAR PARA ORGANIZAR

"Fui a mi primera reunión del CORE antes de asistir a una reunión sindical", dijo el profesor de secundaria Adam Heenan. Lo invitó Xian Barrett, a quien había conocido en un programa de aprendizaje y servicio en el verano de 2009, con una camiseta del CORE.

Por aquel entonces, el CORE celebraba sus reuniones en Manny's Deli. "Pedíamos comida y hablábamos de temas", cuenta Heenan. "Me sorprendió la forma en que todo el mundo escuchaba y daba su opinión. No lo había visto antes". Aunque estaba muy ocupado con su organización, el *caucus* también seguía ofreciendo proyecciones de películas y círculos de lectura.

"Me impresionó", dijo Heenan. "Pensé: 'Quiero hacer esto. Quiero formar parte de esto. Quiero ser bueno en esto'". Llevó las lecciones aprendidas a su escuela, donde se convirtió en delegado adjunto y más tarde en jefe de delegados.

En su opinión, la clave de la tarea del delegado es conseguir que los afiliados y afiliadas participen en la resolución de los problemas en su lugar de trabajo, y también que socialicen entre ellos. "Mi lema siempre ha sido 'socializar para organizar para movilizar', afirma Heenan. "No puedes esperar que la gente marche unida por las calles si ni siquiera se saben los nombres entre ellos".

El CORE no ganó la demanda, pero la acción sirvió para empezar a hablar de la relación entre el cierre de escuelas y el racismo, y para conseguir que el profesorado negro veterano participaran en el grupo. Con sus antiguos dirigentes, el CTU había adquirido "mala fama en algunas comunidades negras", dijo Gutstein. "Lo que ha hecho el CORE es asumir concretamente la lucha de la comunidad negra en particular".

Cuando Arne Duncan vino a hablar a Chicago ese mes, el CORE organizó una protesta. "Teníamos las estadísticas sobre el número de docentes negros que perdían su trabajo por el cierre de escuelas", recuerda Johnson. "Llevábamos carteles con contornos negros, la cabeza y los hombros en negro, para representarlos".

Después de que los activistas del CORE informaran a través de X (antes Twitter) de que habían sido amenazados con ser detenidos por intentar entrar, una avalancha de profesores y profesoras respondió con mensajes de solidaridad, ofrecimientos de fianza y solicitudes de indicación para llegar al piquete.

CASO POR CASO

El grupo también se enfrentó a otras cuestiones relacionadas con las escuelas, como la regla de los 20 días, que permitía abrir o cerrar centros a los 20 días de empezar el curso escolar. Era una forma de que el distrito ahorrara dinero ajustándose a los niveles reales de matriculación. Pero el ahorro se conseguía a costa de un comienzo de curso difícil para los estudiantes, que tenían que soportar semanas de suplencias o clases masificadas, o de hacer frente a cambios de programa cuando se despedía a un profesor.

Caref preguntó al consejo de educación: "¿Se ahorra realmente dinero o simplemente se trasladan gastos a la escuela de verano o a programas extraescolares que no habrían sido necesarios si el curso escolar hubiera empezado bien?".

EL CORE lanzó una campaña en la Cámara de Delegados en la que solicitó con éxito al sindicato la celebración de una reunión extraordinaria para debatir la norma de los 20 días. El grupo de gobierno consiguió bloquear la votación, pero el CORE intensificó su propia campaña pública sobre el caso.

El *caucus* también acudió en ayuda del personal que luchaba contra un principal acosador. La directora de la escuela primaria Prescott, Erin Roche, estaba imponiendo un número récord de sanciones y despidos por motivos extraños, en un esfuerzo por deshacerse del profesorado veterano. Una docente fue despedida por cerrar las persianas, entre otras "deficiencias de instrucción", según informó *Substance News*; al parecer, Roche estaba convencida de que "las investigaciones demuestran que los niños aprenden mejor al sol". El profesorado dijo que Roche quería empezar a cobrar la matrícula del programa preescolar gratuito de Prescott para expulsar a los alumnos latinos de bajos ingresos; el barrio estaba en pleno proceso de gentrificación.

Los miembros del CTU de Prescott denunciaron que sus representantes sindicales no les ayudaban a luchar contra el acoso, sino que les aconsejaban que buscaran otro trabajo. Así que el CORE y otro grupo de la oposición se unieron para organizar un piquete por la tarde, al que acudieron 50 personas (docentes, familias y estudiantes), el día de la reunión del consejo escolar local en junio. Días después del piquete, los funcionarios del distrito celebraron por fin una reunión para escuchar al profesorado de Prescott y de otras dos escuelas con directores problemáticos.

El CORE también empezó a ponerse en contacto con reformistas de otros lugares, estableciendo así los inicios de una red. En el verano de 2009, una delegación viajó a Los Ángeles para reunirse con reformadores de la ciudad y de Nueva York, San Francisco y Washington D. C.[2].

2. Para más información sobre la red que nació de estos inicios, véase el capítulo 11.

HORA DE CORRER

Cuando llegó el curso escolar 2009-2010, la situación estaba clara. Con poco más de un año de existencia, el grupo ya cumplía gran parte del trabajo que deberían hacer los líderes sindicales, pero sin sus recursos. "El CORE decidió que si queríamos un cambio real, teníamos que recuperar el control del sindicato", dijo el profesor de secundaria Adam Heenan.

Al principio, "solo pretendíamos cambiar la forma de hacer las cosas", dijo Lewis. "Creímos que había ciertos progresos porque el presidente del sindicato vino a algunos foros que celebramos. Pensamos: 'Oh, esto es genial, vamos a ver algún cambio importante'. Cuando eso no ocurrió, decidimos que había que salir por piernas".

LECCIONES

- El CORE empezó a hacer el trabajo del sindicato mucho antes de ser elegido.
- Los activistas del profesorado con ideas afines se encontraron a través de la acción —luchar contra el cierre de escuelas— y no solo en las reuniones sindicales. El CORE envió a un activista a cada una de las juntas sobre el cierre de escuelas.
- El *caucus* estableció alianzas colaborando con grupos comunitarios de igual a igual, sin limitarse a pedir ayuda para sus actividades, con sus propios objetivos predeterminados.
- Los activistas del CORE estaban unidos por algo más que su oposición a los titulares. A través de lecturas, conversaciones y acciones desarrollaron un punto de vista compartido.
- El CORE atrajo a nuevos miembros abordando temas que preocupaban al profesorado. La presentación de una denuncia por discriminación, por ejemplo, ayudó a que el *caucus* se acercara a los docentes afroamericanos que habían tenido motivos para desconfiar del sindicato en el pasado.
- El CORE consiguió que el activismo fuera agradable y acogedor para los nuevos reclutados haciendo que los actos sociales formaran parte de la actividad de sus miembros.
- Docentes sin experiencia previa aprendieron a organizarse uniéndose a los debates y acciones del CORE. A medida que compartían sus habilidades con otros nuevos miembros, el CORE creció y pudo asumir aún más actividades.

4. EL *CAUCUS* SE PRESENTA A LAS ELECCIONES

El United Progressive Caucus (UPC) había dirigido el CTU durante 37 de los 40 años anteriores, a veces incluso de forma militante, pero esos días habían quedado ya atrás. Los dirigentes parecían haber aceptado que la ola de privatizaciones era imparable y que lo mejor que podía hacer el sindicato era gestionar los despidos de sus afiliados. En cierto modo, habían asumido la idea de que la dirección se saldría con la suya.

Es más, consideraban que el papel del sindicato consistía simplemente en defender a los afiliados y afiliadas en cuestiones básicas, no en luchar por una visión más brillante de la escuela pública. Cuando no podían hacer lo primero, se cruzaban de brazos. "El sindicato nunca se pronunciaba", afirma el profesor de primaria Nate Rasmussen.

La victoria del CORE en el tercer sindicato de docentes del país fue muy rápida, apenas dos años después de su fundación. Su victoria supuso un soplo de inspiración, que fue lo que atrajo a Rasmussen al incipiente grupo que se oponía a la privatización y al exceso de exámenes. "El CORE podía decir que formaba parte de todo un movimiento y no solo de cuestiones parciales sobre nuestro contrato o sobre si conseguíamos un aumento del 4%", dijo. "Se trataba de las condiciones de calidad de la enseñanza en nuestras escuelas".

La victoria se debió en gran parte al coraje de los activistas, a su voluntad de asaltar las trincheras y empezar a luchar por los problemas. Los activistas del CORE no dejaron de combatir el cierre de escuelas mientras se presentaban a las elecciones; de hecho, intensificaron la lucha.

Y otra parte importante del buen funcionamiento residía en el saber hacer de una organización a la antigua usanza: la elaboración de listas, el seguimiento de los datos, las conversaciones individuales y patear las calles, para lo que no hay sustituto. "El genio del CORE, más que ninguna otra cosa, reside en que la gente está organizada y lo hace bien. Piensan en los detalles", afirma el profesor de secundaria Bill Lamme. "Por eso, aun siendo un grupo tan nuevo, pudimos ganar las elecciones".

EMPEZAR POR LOS DELEGADOS

El *caucus* empezó ganando elecciones en el escalón más bajo: el de los delegados. El órgano de gobierno del CTU es la Cámara de Delegados, con unos 800 miembros electos, uno por cada escuela y alguno más en las grandes. La Cámara se reunía mensualmente, pero sus encuentros se habían convertido en un montón de cosas sin hacer.

Algunos miembros del CORE ya eran delegados y delegadas desde hacía años, otros se presentaron y obtuvieron el puesto. Pero una vez que el CORE tuvo suficientes escaños (unos 20) para proponer acciones en los comités, los líderes sindicales respondían bloqueando los nuevos asuntos que estos presentaban. A veces, el presidente hablaba durante 40 minutos, contando con que se marcharían los suficientes delegados y delegadas para que no hubiera cuórum.

El siguiente paso electoral fue una campaña por dos vacantes en el consejo de administración del fondo de pensiones. Todos los puestos de docentes del consejo estaban ocupados por miembros de UPC, el partido en el poder. El CORE anunció sus candidatos en julio de 2009 para las elecciones de octubre.

Jay Rehak y Lois Ashford eran profesores veteranos, uno blanco y otra negra. Rehak había trabajado para el sindicato durante el mandato del grupo reformista PACT. Más recientemente, había vigilado las decisiones fiscales del distrito, hablando críticamente en las audiencias sobre sus dudosas inversiones en derivados.

Ashford había enseñado durante 16 años en la escuela primaria Copernicus y se unió al CORE después de que tanto ella como todo el personal del centro fueran despedidos en una transformación y obligados a solicitar de nuevo sus puestos de trabajo. Comenzó a investigar las acciones de la junta de pensiones en ese momento y se dio cuenta de que "la pensión era lo único que no podían quitarles". Ya en otra escuela, fue miembro del comité directivo del CORE.

CANDIDATURA A LA JUNTA DE PENSIONES

Los candidatos del CORE fueron de escuela en escuela haciendo campaña, llevando folletos con información sobre las pensiones y hablando con los miembros del sindicato sobre lo que estaba en juego. "Fue más una campaña educativa que política", observa Kenzo Shibata, secretario de comunicaciones del CORE (más tarde nuevo coordinador de medios del CTU).

Había mucho de qué hablar. El director general del distrito, Ron Huberman, intentaba reducir la pensión de los docentes a un sistema de cotización definida —el plan 401(k)—, como había hecho con los empleados del transporte de Chicago en su anterior trabajo. Rehak y Ashford prometieron una defensa más agresiva que la de los administradores en funciones, que estaban cediendo tanto a los ataques del distrito como a los legislativos contra las pensiones del profesorado, según dijeron.

Pero Ashford y Rehak no hicieron la campaña solos: todo el grupo se implicó. David Hernández, por ejemplo, fue uno de los diez alumnos de Social Justice High que se ofrecieron a repartir folletos por la ciudad. El CORE diseñó una hoja de cálculo con todos los colegios y repartió las tareas por regiones.

En la reunión de octubre de la Cámara de Delegados, UPC decidió respaldar a los candidatos a la junta de pensiones. Esto era importante porque suponía el envío de un correo financiado por el sindicato con los nombres de todos los candidatos respaldados. Los apoyos ya habían sido refrendados antes. El CORE tenía un plan, una enmienda para apoyar a los seis candidatos. Todos los grupos de la oposición se unieron para secundarla y, en una ajustada votación, la moción fue aprobada: una buena señal.

UN TRAMPOLÍN

Una semana antes de las elecciones, en un día de formación profesional (cuando el profesorado están en el centro, pero los estudiantes no), los miembros del CORE recorrieron cientos de escuelas de nuevo. Dos días antes de las elecciones, los candidatos del CORE hablaron una vez más en una reunión de la junta de educación y acusaron a CPS de intentar quedarse con 100 millones de dólares del fondo de pensiones en un acuerdo en la legislatura "de última hora y por la puerta de atrás".

La cosa fructificó. En las elecciones del 30 de octubre, Ashford y Rehak fueron, por poco, los dos candidatos más votados.

La campaña de las pensiones era importante no solo por sí misma, para salvar la jubilación de los afiliados y afiliadas, sino también como prueba del alcance y el atractivo del sindicato. Al tratarse de las primeras elecciones sindicales en las que participaba, "sirvió para medir la temperatura de la organización del CORE", afirma Hernández. También sirvió de trampolín para dar impulso a una campaña de mayor envergadura que tendría lugar unos meses más tarde.

Por supuesto, supuso, además, una señal de alarma para los titulares. Tras el disgusto de la junta de pensiones, UPC colaboró con Huberman para publicar nuevas normas destinadas a restringir la capacidad de los candidatos de la oposición para distribuir folletos o celebrar reuniones en las escuelas. La administración también impugnó la elegibilidad de uno de los posibles candidatos del CORE a la presidencia.

FORMACIÓN DE LISTAS

En una reunión celebrada en enero de 2010, 100 miembros del CORE votaron entre cinco posibles combinaciones y eligieron su lista de candidatos y candidatas para los principales cargos del sindicato: Karen Lewis para presidenta, Jackson Potter para vicepresidente, Michael Brunson para secretario de actas y Kristine Mayle para secretaria financiera. Las elecciones se celebrarían en mayo.

"En primer lugar, queríamos contar con gente a la que se considerara realmente luchadora", dijo la profesora de primaria Norine Gutekanst, "y queríamos que fuera representativa de los distintos grupos demográficos del sindicato". La lista también debía representar tanto a los centros de primaria como a los de secundaria y tanto al profesorado veterano como a los más jóvenes. Fue una ventaja que Mayle tuviera experiencia en educación especial y que los cuatro vivieran en distintas zonas de la ciudad.

El *caucus* también presentó candidatos para el resto de la junta ejecutiva (docenas de puestos) y para delegados sindicales estatales y nacionales. El siguiente paso consistió en conseguir 1.400 firmas entre febrero y marzo para oficializar las candidaturas.

Potter, que estaba inmerso en una batalla legal sobre su elegibilidad, se retiró de la candidatura a finales de enero, antes de que se abriera el periodo de peticiones. Hacía tres años que se había acogido a una licencia de estudios y, aunque había seguido pagando las cuotas todo el tiempo, los titulares alegaban ahora que no había mantenido los tres años de cotización exigidos para la continuidad de los afiliados. Los activistas del CORE creían que tenía razón, pero habría sido demasiado arriesgado esperar al resultado de la batalla judicial. El profesor de ciencias sociales del instituto Senn, Jesse Sharkey, se presentó como candidato a vicepresidente.

La profesora de matemáticas Carol Caref se encargó de la petición. "No fue difícil conseguir firmas", dijo, "simplemente hay que salir y hacerlo". La siguiente vez que el CORE se presentó, en 2013, el grupo hizo un seguimiento de los firmantes de la petición y lo utilizó como herramienta de reclutamiento. "Si en algunas escuelas todo el mundo la firmaba, era una buena señal. Si firmaba la mitad, era una mala señal, y entonces intentábamos que un orador fuera allí".

HACER LA LISTA

Es uno de los universales de la organización: lo primero que hay que hacer es una lista. Alix González Guevara, profesora de la escuela Telpochcalli, recuerda que se quedó despierta hasta tarde transfiriendo datos sobre cada escuela de un libro publicado por el distrito a una hoja de cálculo de Excel: región, dirección, número de docentes y número de estudiantes. Esto se convirtió en un documento de Google, una hoja de cálculo en línea a disposición de todos los que trabajaban en la campaña. "Recomiendo encarecidamente el documento de Google", afirma Chambers.

Las escuelas se agruparon por regiones. En cada región, un par de activistas principales, que vivían o enseñaban en la zona, se encargaron de encontrar a personas que llevaran a cabo actividades de divulgación en cada centro. Luego, cada vez que alguien iba a repartir folletos o a celebrar una reunión en una escuela, lo documentaba en la hoja de cálculo central, de modo que era fácil saber cuáles habían recibido ya suficientes visitas y cuáles necesitaban más atención.

Después de cada visita, los activistas también documentaban una estimación del apoyo que recibían en la escuela. El CORE no abordó un seguimiento individualizado de los 27.000 miembros del CTU; se hacía por centro, con una estimación del porcentaje de apoyo basada en las conversaciones con sus miembros, en lo que decía el delegado o la delegada (y si la apoyaba) y en la cantidad de firmantes de la petición para que los candidatos del CORE figuraran en la papeleta. Las relaciones con los delegados y delegadas eran prioritarias. "De veras nos empeñábamos en reclutarlos", afirma Chambers.

En una visita típica, la activista del CORE podía pasar media hora en el aparcamiento hablando con los docentes sobre los temas. Luego entraba, charlaba con el secretario si no estaba demasiado ocupado, llenaba todos los buzones con el último folleto del CORE y dejaba una carta personal para el delegado, con un número de teléfono para ponerse en contacto si quería concertar una reunión. En la medida de lo posible, intentaría organizar una cita para que los candidatos a funcionarios pudieran conocer al profesorado y responder a sus preguntas.

"Teníamos un equipo de 20 personas que estaban disponibles para ir a debatir con los demás candidatos del *caucus* en las escuelas", dijo Potter. "El enfoque descentralizado nos permitió abarcar mucho más que la oposición, que solo desplegó a los cuatro oficiales".

"Teníamos un método", recuerda Gutekanst. "Intentábamos cubrir toda la ciudad. Teníamos un pequeño ejército de personas dispuestas a hacerlo. Y estábamos muy bien organizados geográficamente".

UN MINIEJÉRCITO

Chambers calcula que entre 80 y 100 miembros del CORE hicieron este tipo de visitas, por la mañana o por la tarde, antes o después de las clases. Unos 20 se tomaron días libres por asuntos personales para hacer campaña. Algunos salían prácticamente todas las mañanas o tardes. La mayor parte del trabajo, por supuesto, lo llevaron a cabo las docenas de personas de la lista y, sobre todo, los principales candidatos y candidatas a cargos.

La profesora de educación especial Margo Murray, que ha participado en muchas de estas visitas, afirma que el contacto personal es lo que atrae a la gente al CORE. "Hay que dedicar ese tiempo a hablar", dijo. "Leyendo el folleto, a veces no lo entienden, pero a alguien que les cae bien o del que respetan su opinión, con ese contacto personal es más fácil; si te respetan, le van a echar un segundo vistazo".

A lo largo de la campaña, el grupo visitó todas las escuelas, la mayoría de ellas tres veces y algunas hasta cinco. El seguimiento facilitó dar prioridad a los centros más grandes, a los que no se habían visitado mucho, a aquellos en los que las fuerzas del CORE eran más débiles o, en algunos casos, a las escuelas en las que el *caucus* quería construir una base de activistas potenciales. Se prestó menos atención a las más pequeñas o a las que estaban totalmente dominadas por delegados fuertes de otras agrupaciones.

En el instituto de Caref, las diez personas del CORE se reunieron y se repartieron la lista de miembros del CTU, de modo que cada una tenía otras diez con las que hablar. "La gente estaba interesada en la elección", dijo Caref. "Hubo personas que no habían participado nunca antes en el CORE que llevaron con entusiasmo el mensaje a otros institutos, llamaron a sus amistades e hicieron verdadera campaña por nosotros. Y así ocurrió en toda la ciudad".

"Siempre hay que explicar que las formas de participar son distintas", afirma González Guevara. Puede que alguien no esté dispuesto a repartir folletos, pero "quizá haría algunas llamadas telefónicas u organizaría una recaudación de fondos. Hay que ver qué le interesa aportar a la gente".

PAPELERAS 24 HORAS

Una herramienta sencilla que se le ocurrió al CORE fue la papelera 24 horas. Un miembro se ofrecía voluntario para colocar una papelera de plástico fuera de su casa, en un lugar donde la gente pudiera acceder a ella a cualquier hora: en el porche, por ejemplo, o debajo de las escaleras. La papelera se llenaba con los últimos folletos, carteles o cualquier otro material que distribuyera el CORE.

Durante la campaña de 2010 hubo cinco de estas repartidas por la ciudad, lo que facilitó que cualquier voluntario recogiera los últimos folletos en cualquier momento. El sistema resultó tan práctico que el CORE siguió utilizándolo para los folletos de las asambleas electorales una vez terminada la campaña.

En las reuniones generales del CORE, que se hicieron más frecuentes (pasaron de ser mensuales a quincenales o semanales a finales de la campaña), los activistas informaban sobre las escuelas que habían visitado y sumaban cinco o más nuevos centros cada vez. A veces, en estas reuniones, practicaban un juego de rol para saber qué decir al repartir los folletos: informaban de las nuevas preguntas que les lanzaban y hacían una lluvia de ideas sobre cómo responderlas (en la campaña de 2013, "había juegos de rol en casi todas las reuniones", explica Chambers). Se trataba de grandes encuentros de 80 a 100 personas, y el juego consiguió que todos estuvieran "muy, muy al tanto de lo que pasaba").

El CORE también hizo media docena de llamadas telefónicas a delegados con los que los activistas aún no se habían reunido. Según Mayle, resultaron muy útiles: "A los que no eran demasiado políticos les sirvió para dar a conocer el nombre del CORE". Ella y otros llamaron a delegados y delegadas que ni siquiera habían oído hablar del *caucus* y, cuando llegaron las elecciones, algunas de estas escuelas acabaron votando a favor del CORE.

La siguiente vez, en 2013, dar a conocer el nombre del CORE no era un problema, por lo que el *caucus* no necesitó muchas llamadas de este tipo; en su lugar, los minibancos de teléfonos se dirigieron a los propios miembros del CORE para asegurarse de que acudían a las reuniones. El modelo ideal era el utilizado por Sue Garza, que por entonces dirigía el Far South Side, una de las regiones más fuertes. Cada profesor asumía la responsabilidad de cinco escuelas durante toda la campaña. A su vez, se mantenía en contacto permanente con los delegados y delegadas de estas durante esos meses y siempre sabía cómo le iba a cada una de ellas. Chambers también reclutó a jubilados: "Pueden ir todo el día a repartir folletos". O incluso a familiares: "Mi padre también lo hacía. Capta a quien puedas", le decía.

COMUNICACIONES DE CAMPAÑA

Cada vez que los activistas del CORE visitaban escuelas o celebraban actos de campaña, recopilaban información de contacto: correos electrónicos y números de teléfono. Shibata aportó la lista de correos electrónicos que había creado a partir de su blog sobre política educativa, thechalkboard.org; otros añadieron a miembros que sabían que estarían interesados.

Shibata calcula que, en el punto álgido de la campaña, el *mailing* llegó a alcanzar los 5.000 usuarios y fue una de las principales vías de difusión del mensaje del CORE, que informaba a sus miembros cada vez que organizaba un foro o una concentración. El grupo también tenía un blog muy activo donde mostraba sus numerosas actividades, en marcado contraste con la web oficial del sindicato, que no parecía tener mucho que hacer. En el culmen de la campaña, la web del CORE recibía entre 1.000 y 1.200 visitas diarias.

EL CORE también empezó a publicar un boletín poco después de constituirse e imprimía cada nuevo número a tiempo para distribuirlo en la reunión mensual de delegados. Al principio la tirada era pequeña, pero a medida que el grupo se hacía más visible y empezaba a mover ficha en la Cámara de Delegados y a organizar más actos propios, "la gente empezaba a pedirlos", afirma Shibata.

Así que el CORE comenzó a imprimir más copias y a repartir paquetes enteros, y daba a la gente suficientes para que cada miembro del CTU los distribuyera en su centro. "En aquella época, el boletín del sindicato era extenso y brillante, con muchas fotos de los dirigentes", explica Shibata. "Funcionaba como una campaña electoral y era un poco una broma para las bases. Nosotros nos limitábamos a hacer un boletín de cuatro páginas, con información sobre lo que ocurría en las escuelas, y había más gente que leía nuestro boletín que la revista oficial".

Durante el mismo periodo, Shibata empezó a usar X para informar, en tiempo real, de lo que se decía en las reuniones del consejo de educación. Como se celebraban entre semana por la mañana, si el profesorado no podían asistir, "cuando les posteaba toda esa información, podían verla en tiempo real" (o ponerse al día en su siguiente descanso). El CORE también empezó a difundir en redes sociales en directo las reuniones de la Cámara de Delegados. Curiosamente, según Shibata, el uso de X y otros nuevos medios de comunicación ayudó a que el CORE recibiera cierta atención de la prensa. "Como grupo dentro de un sindicato, es muy difícil conseguir cobertura informativa", afirma, "pero el hecho de que utilizáramos estas tecnologías se convirtió a menudo en noticia y nos dio a conocer".

A medida que se acercaban las elecciones, el CORE compró anuncios en internet para asegurarse de que el logotipo de la coalición y la fecha de las elecciones aparecieran constantemente en la pantalla de cualquier persona que incluyera a CPS como su empleador en Facebook o que buscara algo relacionado con ello. Esto no solo fue un recordatorio útil para los partidarios y los indecisos, sino también una forma divertida de publicitar los titulares, consiguiendo así que el CORE pareciera omnipresente. Y cuando se mencionó el nombre del CORE en un artículo del *Chicago Tribune* sobre su denuncia ante la EEOC justo antes de las elecciones, el algoritmo hizo que su báner apareciera justo al lado del artículo. "Tuvimos un enorme aumento de visitas", afirma Shibata.

ACTOS SOCIALES Y DE RECAUDACIÓN DE FONDOS

Las reuniones del CORE fueron creciendo y a veces se dividían por regiones (norte, sur y suroeste) "para que los encuentros pudieran ser un poco más cercanos", como dijo Caref.

El *caucus* también patrocinó muchos actos para recaudar fondos a lo largo del año. Los más memorables fueron una noche en un club de comedia y otra en uno de *blues*, pero también hubo otros tan sencillos como una velada en un bar local con una entrada y una rifa. Estos eventos cumplían una doble función: no solo recaudaban fondos, sino que servían además como oportunidades sociales para estrechar lazos entre los activistas y para dar la bienvenida a gente nueva.

Los miembros oficiales del CORE pagaron cuotas: 35 dólares al año el profesorado, y 20 dólares los paraprofesionales, jubilados y simpatizantes. Pero eso no habría sido ni de lejos suficiente para sufragar la campaña. Se contaba con que los candidatos aportaran algo de su propio dinero, y las recaudaciones de fondos celebradas al menos una vez al mes fueron cruciales. La campaña costó unos 30.000 dólares, invertidos sobre todo en imprimir y enviar folletos. El *caucus* también siguió organizando actos educativos.

En otoño, junto con Labor Notes y dos sindicatos locales de la Federación Estadounidense de Empleados Estatales, del Condado y Municipales (AFSCME, por sus siglas en inglés), el CORE patrocinó una jornada de formación y estrategia titulada "Los trabajadores del sector público unidos: Afrontar la crisis presupuestaria". Y a medida que la campaña se calentaba, en el profesorado se dieron cuenta de que aún tenían lagunas en sus conocimientos de organización y acudieron a la escuela. El Programa de Educación Laboral de la Universidad de Illinois organizó cinco clases de tres horas y media para activistas del CTU en febrero, marzo y abril, centradas en el liderazgo sindical, a las que asistieron un par de docenas de miembros del CORE.

SEGUNDA RONDA CONTRA LOS CIERRES

Mientras tanto, sabiendo que se avecinaba otra ronda de cierres de escuelas, el CORE tomó la iniciativa y comenzó el año escolar 2009-2010 con fuerza. En una conferencia de prensa celebrada en octubre en el ayuntamiento, el grupo presentó una encuesta sobre las repercusiones de la norma de los 20 días y destacó el alarmante aumento de la violencia entre los estudiantes. Se argumentó que las políticas de CPS —la norma y el cierre de escuelas— estaban intensificando la violencia al desestabilizar la vida de los estudiantes y sus comunidades, y al desplazar al profesorado veterano (en su inmensa mayoría negros) que conocían bien los barrios y a los alumnos.

La coalición GEM, formada por el CORE y otros grupos comunitarios, pidió que se pusiera fin a la ola de cierres de escuelas de Renacimiento 2010 en otra rueda de prensa, semanas después, en una reunión del consejo de educación. Entre los oradores se encontraban un profesor desplazado, varios antiguos alumnos, un representante del consejo escolar local, un trabajador del centro de justicia juvenil y el antiguo vicedirector de una escuela militar que había sido expulsado por resistirse a la presión del distrito para convertirla en una escuela de matrícula selectiva en la que los alumnos tendrían que competir por la admisión.

El CORE celebró una cumbre en la Universidad Malcolm X en enero de 2010 para organizarse contra la siguiente ronda de cierres y anunciar su lista para las elecciones. El foro estaba programado para el día después de que CPS, se suponía, debía anunciar la lista de las escuelas de 2010. CPS retrasó el anuncio, pero 400 personas acudieron igualmente. La lista se publicó un par de semanas después: 14 escuelas más destinadas al cierre, la reconversión, la consolidación o la eliminación gradual.

MUY PERO QUE MUY ATAREADOS

Fue una época muy ajetreada. Los activistas del CORE siguieron presionando para asistir a todas las reuniones del consejo escolar y a todas las audiencias sobre cierres. Después de convencer a un par de concejales para que propusieran una moratoria a la clausura de escuelas, tuvieron que asistir a reuniones del ayuntamiento. Luego montaron piquetes contra el alcalde. Celebraron reuniones estratégicas con GEM y otras de sus propios grupos, y organizaron marchas y vigilias con velas contra los cierres. Acudieron a apoyar acciones dirigidas por aliados, como la del grupo de padres y madres PURE en la exposición "Nuevas escuelas", en la que mostraban cómo eran las concertadas, y una marcha en defensa del sector público con conductores de autobús, AFSCME y los Empleados de Servicios (SEIU, por sus siglas en inglés). Participaron en las concentraciones "No a los Juegos" contra la celebración de los Juegos Olímpicos en Chicago. Todo esto, además de la campaña para los cargos sindicales.

Pero, al fin y al cabo, la identidad activista del CORE era su plataforma de campaña. Todas las reuniones y acciones dieron a los candidatos la posibilidad de exponer públicamente sus argumentos, contar sus historias personales y demostrar que sus palabras las respaldaban los hechos. El blog del CORE estaba repleto de los últimos vídeos y testimonios escritos en las reuniones del consejo de educación, las audiencias sobre el cierre de escuelas y otros eventos similares. "Siempre llevábamos una chapa y una camiseta del CORE", afirma Chambers. La gente "miraba a su alrededor cuando se cerraba una escuela y no veía ninguna de UPC".

Las luchas por el cierre de escuelas fueron la razón por la que Caref consiguió que muchos docentes de la suya se unieran al CORE, asistieran a sus actos y acabaran votando a la candidatura. "Siempre temimos ser los siguientes en la lista de cierres", afirma (y así fue, un par de años más tarde).

"El CORE acampaba toda la noche frente a las escuelas amenazadas, uniéndose a padres y niños", dijo Lamme, "mientras el sindicato se cruzaba de brazos y era demasiado generoso para sí mismo".

El consejo de educación votó por unanimidad el 24 de febrero el cierre de ocho escuelas, pero no de las otras seis que habían sido anunciadas, incluidos los centros de primaria Guggenheim y Prescott, que habían organizado la oposición más enérgica. A diferencia del año anterior, tres concejales acudieron a testificar en contra de los cierres junto con activistas del CORE, e incluso los dirigentes del CTU montaron un pequeño piquete y una rueda de prensa en el exterior.

'¡DI LOS NOMBRES, HUBERMAN!'

Al día siguiente, Huberman, director general de CPS, anunció un déficit de 900 millones de dólares e instó al sindicato a reabrir el conflicto, citando como objetivos las pensiones del profesorado, los aumentos de salario y el número de alumnos por clase.

Los activistas del CORE no perdieron el tiempo y respondieron que no se fiaban de la contabilidad del distrito. En un estudio bien documentado publicado una semana más tarde, señalaron que CPS había declarado un déficit cada enero o febrero en los últimos ocho años, pero siempre mostraba después un superávit en su presupuesto auditado de agosto (el grupo de estudio inicial del CORE había aprendido sobre estas prácticas del tipo "presupuesto de crisis" cuando leyeron *La doctrina del shock*). Mientras tanto, la financiación por aumento de impuestos desviaba 250 millones de dólares anuales de las escuelas de Chicago a subvenciones para corporaciones.

¿No se podría ahorrar de otra manera, por ejemplo, reduciendo los sueldos de los ejecutivos y los gastos de consumo? ¿Hay burocracias controvertidas como la Oficina de Transformación Escolar? El CORE pidió al distrito que mostrara sus cuentas y presentó solicitudes a la Ley de Libertad de Información al Estado (y más tarde una demanda contra el distrito) para obtener información sobre el dinero TIF y detalles de las partidas del presupuesto de CPS.

"Exactamente, ¿por qué deberíamos creer las cifras de déficit de CPS?", preguntó Lewis, señalando que los duros recortes de Huberman significaban que el equilibrio presupuestario recaería sobre las espaldas de los estudiantes y educadores. "Treinta y cinco alumnos en un aula es inhumano y casi garantiza el fracaso escolar y estudiantil".

El CORE y GEM organizaron una serie de protestas para exigir que el distrito diera los nombres de sus contratistas externos y revelara el coste de los exámenes estandarizados y el sueldo que cobraba Huberman. Presionaron al fiscal general de Illinois para que agilizara la solicitud de información. Los estudiantes organizaron huelga el 8 de abril en 13 escuelas y con 900 alumnos y alumnas; unas semanas más tarde, los líderes estudiantiles volvieron a la sede del distrito a pedir a los funcionarios de CPS que anularan el terrible presupuesto. Javier Lara Méndez, estudiante de último curso, dijo que los estudiantes querían uno "equitativo y transparente, sin recortes a estudiantes o profesores".

RESOLVER PROBLEMAS ESCUELA POR ESCUELA

Los activistas del CORE sabían que en muchas escuelas el CTU tenía poca presencia. Los Comités de Asuntos Profesionales (PPC, por sus siglas en inglés), que se suponía que debían ocuparse de las cuestiones escolares, habían caído en desuso en muchos centros, y numerosos puestos de delegado estaban vacíos. Los miembros del CORE dedicaron tiempo a ir a esas escuelas infrarrepresentadas para conocer a la gente. Trabajaron para identificar las luchas locales que podían organizar y en las que implicarse, como, por ejemplo, las de las escuelas en las que los administradores perseguían agresivamente al profesorado.

"En nuestros centros todos tratábamos de esforzarnos para que la gente resolviera los problemas en el lugar donde trabajaba", afirma Adam Heenan, que se incorporó al CORE en el verano de 2009 y más tarde se convirtió en el delegado jefe de su escuela. "Si no puedes resolver el problema que la gente tiene delante, no te ganarás su confianza ni la oportunidad de resolver problemas mayores. Pero si puedes hacerlo habrás ganado un aliado y serás más capaz de educar en cuestiones mayores que pueden o no tener que ver con el problema que tienen justo delante".

Lamme ya se había ganado ese tipo de confianza con el tiempo. Su escuela, Kelly High, tenía un PPC bien gestionado: él lo dirigía. Cuando él y los demás docentes del comité recibían quejas o sugerencias, "investigábamos y hablábamos con las personas implicadas", explica. A menudo "resolvíamos los problemas antes de ir al director". Y aunque era un colegio grande, con más de 200 empleados, "llegué a conocer a todo el mundo", dice Lamme, con personal cercanía. Por eso, cuando llegaron las elecciones, era lógico que la gente acudiera a él para preguntarle: "Señor Lamme, ¿a quién voto?".

"No limitamos nuestros asuntos al cierre de escuelas, aunque esa fue nuestra campaña principal", dijo Caref. "Conseguimos que la gente de muchos centros se uniera al CORE y conseguimos que la gente del CORE emprendiera campañas en sus escuelas".

En muchas aulas faltaban libros de texto, por ejemplo. Así que después de que Potter se enterara de que había un programa estatal para ayudar al profesorado a encontrar libros de texto sin usar almacenados en otras escuelas, el CORE corrió la voz y proporcionó instrucciones y una hoja de cálculo en su web para ayudar a los docentes a localizar los libros que necesitaban. "El CORE es un grupo de profesores que defiende a los estudiantes de diversas formas", afirma entusiasmada Joyce Sia, miembro del colectivo, "desde arreglar el CTU hasta proporcionar libros de texto gratis a los colegios".

El CORE ya trabajaba "en lo que debería resolver el sindicato", explicó Lamme. "Así que cuando llegaron las elecciones, no dijeron 'elíjanme y haré tal cosa', sino 'esto es lo que hemos estado haciendo y seguiremos haciéndolo'".

EQUIPO DE RIVALES

Otras tres candidaturas se enfrentaban también en las elecciones al United Progressive Caucus (UPC). UPC, formado principalmente por docentes y auxiliares veteranos, muchos de ellos jubilados o a punto de jubilarse, estaba debilitado por una disputa dentro de sus filas y había llevado al sindicato de un gran superávit inicial a una deuda creciente.

El más fuerte de los otros grupos contendientes era PACT (ProActive Chicago Teachers), dirigido por Deborah Lynch, que había ganado la presidencia en 2001. Sin embargo, Lynch negoció un contrato concesional en 2003 y los afiliados y afiliadas lo rechazaron por votación. Se ratificó un segundo acuerdo un poco mejor, pero las concesiones fueron difíciles de digerir. El PACT perdió por un estrecho margen frente a UPC en 2004.

El CORE intentó aliarse con el PACT al principio, pero no funcionó. "Teníamos puntos en común", recuerda Caref, "pero Debbie Lynch no nos tomó en serio". Aunque algunos de los miembros clave del CORE ya habían formado parte del PACT, los dos grupos tenían orientaciones diferentes. El CORE era más político (más consciente de la raza, por ejemplo), más activista y se centraba más en organizar, identificar y atraer a los líderes naturales. El PACT criticaba abiertamente a UPC, pero no era muy activo.

El antiguo enfado por el contrato de Lynch de 2003 perjudicó las posibilidades del PACT en esta ocasión. Aun así, supuso una segunda voz reformista junto a la del CORE.

UPC luchó sucio, tratando de impedir que los *caucus* de la oposición hicieran campaña. "La dirección puso trabas, incluso pidió a los jefes que no dejaran que el CORE acudiera a sus centros", recuerda Lewis. UPC distribuyó octavillas que decían: "¡Detengan a Mob Action, detengan al CORE radical!". Incluso acusaron al CORE de presentarse a las elecciones solo para dar dinero del sindicato a grupos comunitarios.

Después de que UPC y el distrito intentaran prohibir las campañas sindicales en las escuelas, el PACT interpuso una demanda por atentado a la libertad de expresión y obtuvo una orden de restricción temporal en marzo. Los activistas del CORE empezaron a llevar consigo copias de la orden cuando iban a visitar las escuelas, listos para defender su posición si alguien cuestionaba su derecho a estar allí.

LOS TITULARES DICEN QUE HAY QUE IR SOBRE SEGURO

La candidata presidencial de UPC, Marilyn Stewart, eludió un debate público con Lewis y expuso sus argumentos por internet, descalificando las promesas de los reformistas, que tachó de "ilusorias". Los cinco candidatos presidenciales debatieron ante la Cámara de Delegados, pero los titulares prohibieron la grabación, por lo que pocos miembros lo oyeron.

¿Una moratoria sobre el cierre de escuelas? ¿Contratar a más consejeros mientras Huberman amenazaba con despidos? ¿Reducir el número de estudiantes por clase? ¿Ganar una nueva prestación, la baja familiar retribuida y pensionable? ¿Detener la privatización de las escuelas? No se trataba de una plataforma para salvar la educación pública, argumentaban los titulares, sino de una serie de "promesas poco realistas" lanzadas por competidores ingenuos.

Stewart hizo campaña basándose en su experiencia, afirmando que Huberman "apoyaba a los novatos" en detrimento de su equipo. Argumentó que podía proteger mejor el contrato quinquenal del sindicato —entonces en el tercer año—, que había conseguido aumentos y había frenado el incremento de las primas sanitarias.

La semana de las elecciones, UPC presentó una demanda que acaparó los titulares: argumentó que el aumento de alumnos por clase propuesto por CPS infringía las normas contra incendios. Pero no era suficiente y llegaba demasiado tarde: la imagen de UPC se había asociado a la expansión de las escuelas concertadas y a una década en la que se expulsó a 6.000 empleados.

Hasta el final, el grupo de Stewart lanzó el mensaje de ir a lo seguro. "No se acometen cambios radicales en tiempos difíciles", dijo a la prensa.

PRIMERA VOTACIÓN

A medida que se acercaban las elecciones del 21 de mayo, el CORE y sus aliados de GEM se preparaban juntos para una gran concentración ("Salvemos nuestras escuelas") en el centro de la ciudad, el 25 de mayo, contra los recortes presupuestarios de Huberman.

Crearon la fuerza suficiente para arrinconar a UPC: el acontecimiento iba a ser demasiado grande para que pasara desapercibido. Así que el CORE consiguió que la Cámara de Delegados aprobara una resolución de apoyo. La manifestación obtuvo el favor del sindicato "porque sabían que no podían detenerla en ese momento", dijo Mayle.

El CORE hizo todo lo posible a nivel publicitario, imprimiendo 30.000 copias de un cartel a todo color con una hermosa y sencilla infografía: un gráfico de barras que comparaba el déficit reclamado por Huberman (600 millones de dólares) con los más de mil millones que el CORE calculó que podrían ahorrarse si reducían los exámenes de alto rendimiento, las escuelas concertadas, las escuelas contratadas, los cambios de dirección y los TIF, y recurrían a las reservas de CPS. El cartel también incluía información sobre la manifestación y el nombre del CORE.

"Hicimos un bombardeo total, nos aseguramos de que todas las escuelas tuvieran el cartel en el buzón", recuerda Shibata. Los activistas iban antes y después de clase y se tomaban días libres para entregarlos. Los carteles tuvieron un gran éxito: agradables a la vista, con información real y un mensaje de solidaridad. Los profesores y profesoras los colgaban en sus aulas. UPC se enfadó y suspendió una rueda de prensa conjunta con el CORE. Todo eran buenas señales.

El día de las elecciones, activistas y voluntarios del CORE se apostaron ante las puertas de los colegios y repartieron postales en las que se recordaba a la gente que debía votar.

Tras el recuento, UPC obtuvo el 36%, el CORE el 33% y las otras tres listas se repartieron el 31% restante. Alrededor del 71% de los afiliados con derecho a voto participaron, unos puntos más que en las elecciones de 2007 y 2004.

CONCENTRACIÓN 'SALVEMOS NUESTRAS ESCUELAS'

Poco después de las elecciones se celebró la tan esperada concentración. "Fue la primera vez que los afiliados se manifestaron de verdad", no solo un puñado de activistas, sino una participación a gran escala, dijo Mayle. "Todo el mundo sabía que eso era lo que había que hacer".

Cinco mil personas marcharon por el centro de la ciudad, cerrando una vía principal y llamando la atención de Richard M. Daley cuando la limusina del alcalde quedó atrapada entre la multitud. Los conductores de autobús se unieron a la marcha con pancartas que decían "Huberman: las aulas no son autobuses", en referencia a los recortes y despidos sufridos cuando Huberman era el jefe del transporte público de Chicago.

"Deberíamos haber hecho esto cada año desde hace seis", dijo Lewis. "Esa manifestación fue muy importante para ayudarnos a conseguir un cargo", explicó Gutekanst más tarde. "Proyectábamos una imagen de 'esto es lo que debe hacer una dirección sindical luchadora, sabemos cómo luchar y liderar'".

DESEMPATE

Y lo que es más importante, los grupos que se oponían a UPC habían acordado que, si había segunda vuelta, todos apoyarían a los candidatos que no pertenecían a UPC. El CORE había mantenido relaciones respetuosas con los otros grupos y no los había atacado públicamente. Por eso, algunos líderes del PACT fueron bastante útiles en la segunda vuelta del 11 de junio. No obstante, no se podía ya dar por hecho. Los activistas del CORE repitieron las actividades de divulgación que habían emprendido en los meses anteriores, visitando de nuevo las escuelas para distribuir folletos y hablar con la gente. Esta vez contaban con nuevos datos para afinar sus objetivos con mayor precisión: los resultados de la primera vuelta, que mostraban la participación y el desglose de votos por grupo en cada colegio. González Guevara dijo que agradecía que se repitieran las visitas, una oportunidad para hablar con más gente y seguir construyendo las redes de comunicación que el *caucus* había establecido que necesitaría para seguir organizándose tras ganar el cargo.

El CORE había empezado dos años antes con unos 22 miembros que pagaban cuotas. En el momento de las elecciones, el grupo contaba ya con unos 400, una organización modesta respecto a los 27.000 profesores y paraprofesionales. Sin embargo, en la segunda vuelta, con una participación del 76%, Lewis y los otros tres principales candidatos a cargos directivos obtuvieron cada uno un decisivo 59% de los votos, más de 12.000.

"El CORE ya ha hecho el trabajo de marcar la dirección", dijo Lewis antes de la victoria. "Así que pensamos que también podían elegirnos a nosotros". La lista arrasó en los otros nueve cargos municipales y en todas las vicepresidencias de institutos (seis) y escuelas primarias (diecisiete). UPC conservó algunos puestos de paraprofesionales en el comité ejecutivo. El CORE se había hecho con el control del sindicato.

Caref, una de los recién elegidos vicepresidentes de zona, recordaba: "Y entonces todos nos quedamos en plan, 'oh, y ahora ¿qué hacemos?'".

LECCIONES

- El CORE adquirió práctica e impulso presentándose primero a los cargos de menor nivel.
- El profesorado se animó a unirse al CORE por la visión más amplia del grupo, que no se limitaba a las cuestiones sindicales básicas, sino que se centraba también en la lucha contra el racismo para mejorar la educación de todos los estudiantes.
- Los activistas del CORE se ganaron el apoyo de sus compañeros y compañeras saltando a las trincheras y haciendo el trabajo del sindicato, incluso convocando un gran mitin, no solo hablando de lo que deberían hacer los líderes.
- Pero para ganar un cargo también había que organizarse a la antigua vieja usanza: hacer buenas listas, reclutar voluntarios, visitar cada escuela, mantener miles de conversaciones individuales y hacer un seguimiento minucioso de las ayudas.
- El CORE celebró reuniones regionales después de la escuela, quedadas de pizza y cerveza, y otros eventos sociales, así como sus demás acciones sindicales y políticas.
- El CORE puso en marcha un aparato de recaudación de fondos vendiendo entradas para eventos, camisetas y mucho más. Bastantes simpatizantes las compraron.
- El CORE favoreció la participación a muchos niveles diferentes, desde llevar a unos cuantos compañeros de trabajo a un evento o visitar otro, a presentarse a las elecciones. Un miembro del CTU no tenía por qué elegir el activismo a ultranza que ejemplificaban los líderes del CORE para contribuir al esfuerzo.
- El CORE hizo un buen uso de X y Facebook, pero dio prioridad a los contactos cara a cara en las escuelas.
- El CORE utilizó una hoja de cálculo en línea (un documento de Google) disponible para todos, de modo que la información no quedara atrapada en la carpeta de una persona o en su ordenador.
- El CORE utilizó juegos de rol para entrenar a sus miembros a responder preguntas difíciles.

5. ORGANIZARSE EN EL LUGAR DE TRABAJO

Desde el día en que el CORE tomó el timón el 1 de julio de 2010 para defender a los estudiantes y a las bases —de hecho, para salvar la educación pública en Chicago—, el sindicato tenía que estar preparado para ir a la huelga cuando su contrato expirara en 2012. La agresividad del consejo escolar y de los reformadores corporativos de la educación empujó al sindicato en esa dirección.

Los líderes sabían que necesitaban conseguir que las familias, los estudiantes y las organizaciones comunitarias se unieran para oponerse a la estrategia desestructuradora del distrito. También tendrían que activar a los miembros para una lucha contractual como no se había visto en años.

Dado que la última huelga local se había producido hacía más de dos décadas, en 1987, la mayoría de los miembros del CTU ni siquiera habían participado nunca en una vigorosa campaña contractual. Apenas uno de cada cinco de ellos había estado presente en aquella del siglo XX.

Así que los nuevos dirigentes tuvieron que transformar la cultura sindical: debían inspirar y formar al profesorado de todos los centros para que dieran un paso al frente. Y tenían dos años para hacerlo.

ORGANIZACIÓN POR CENTROS

Un primer paso fue reconstruir el sindicato como una fuerza dentro de las escuelas, con delegados (los representantes elegidos en cada centro) y afiliados que asumieran la responsabilidad de hacer cumplir el contrato. Para ello fue necesario instruir a todos los afiliados y afiliadas sobre las enormes amenazas a las que se enfrentaban el sindicato y los estudiantes, pero con el mensaje de que era posible ganar si se movilizaba un gran número de personas.

Los nuevos líderes se dieron cuenta de que la falta de confianza era su mayor barrera para organizarse. Los miembros sabían que el cielo se estaba cayendo sobre la educación pública y no estaban muy convencidos de poder hacer algo al respecto. Muchos creían que las familias los culpaban de las malas escuelas.

Así que un montón de reuniones sindicales en las escuelas se ocuparon en convencer a los miembros de que las familias podían y querían ayudarles. Para crear confianza y ampliar la visión de las bases sobre lo que era posible, también necesitaban experiencias que demostraran que los padres y las madres trabajarían con ellos y que las victorias eran posibles (los capítulos 6 y 7 tratan de esas luchas). Este capítulo explica la organización interna que se estaba dando al mismo tiempo.

El profesor de historia Jackson Potter, que se convirtió en el coordinador de personal del CTU, esbozó su objetivo: "Nos gustaría ver a los afiliados enfrentarse a sus directores y organizarse con las familias y la comunidad antes siquiera de levantar el teléfono para llamar a la oficina del sindicato".

Una decisión clave fue crear un Departamento de Organización, que no existía hasta entonces (así como un Departamento de Investigación). Norine Gutekanst, profesora de primaria, fue la encargada de dirigirlo. Contrató a cuatro personas entre el personal docente y paraprofesional (uno de ellos del grupo UPC), que pudieron acudir de prestado desde sus puestos de trabajo en el distrito. También se contrató a un organizador experimentado de otro sindicato, Matthew Luskin, del sindicato local de atención sanitaria SEIU de Chicago. Luskin, antiguo director de organización, era un estratega que había liderado grandes campañas y equipos.

La mayoría de los nuevos organizadores de personal no habían recibido ninguna formación. Algunos acudieron a su sindicato nacional, la AFT, para adquirir conocimientos básicos de organización y comunicación. Luskin fue contratado e impartió clases al resto.

"Nos formamos a nosotros mismos", dijo Gutekanst, "para pasar de ser meros activistas a convencer a otras personas de que actuando juntos podíamos conseguir algo. Aprendimos un patrón muy específico, una serie de pasos a seguir en cada conversación de organización, e intentamos ceñirnos a él. Se trata de buscar temas que preocupen a los afiliados y afiliadas y relacionarlos con la situación del sindicato. Entonces, ¿quién es el que tiene el poder que hemos de recuperar? ¿Y cómo vamos a hacerlo? Trabajando juntos gracias a nuestra fuerza numérica".

REVITALIZAR ESTRUCTURAS ANTIGUAS

A través de su nuevo Departamento de Organización, los dirigentes del CTU se propusieron insuflar vida a sus viejas estructuras y redefinir las funciones tradicionales del sindicato. Entre ellas estaban los representantes de los centros escolares y las reuniones mensuales de la Cámara de Delegados, los PPC de cada centro y un cargo sindical con el desafortunado nombre de supervisor de distrito. Cada nivel tenía sus problemas.

UNA CONVERSACIÓN ORGANIZATIVA

La parte de la conversación dedicada a los problemas implica hacer preguntas —y escuchar de verdad las respuestas— para saber qué le preocupa al afiliado, antes de pedirle que actúe en cosas como acudir a una reunión o firmar una petición.

El hecho de que muchos afiliados y afiliadas estén indignados, por ejemplo, por una amenaza a sus pensiones, no significa que eso sea lo que motiva a otra persona . Tal vez lo que más le preocupa a esta es mantener la música en las escuelas o la dotación de personal para la educación especial. Pedirle que participe tendrá más éxito si la conversación se basa en el tema que más le preocupa.

El conflicto surge cuando un miembro reconoce que el problema que otro acaba de mencionar no le parece de interés o no va a desaparecer por sí solo. Decirle algo así es mucho menos práctico que hacerle la pregunta adecuada para que lo diga él mismo; la mayoría solemos recordar lo que hemos dicho nosotros, no lo que ha dicho la otra persona.

A menudo, una buena estrategia consiste en hacer preguntas basadas en lo que la persona te ha contado: "¿Desde cuándo? ¿Te parece bien? ¿Ves alguna forma de que eso cambie si no tomamos medidas?". Cualquiera que tenga un trabajo conoce las respuestas a estas preguntas, pero si no estamos metidos en tareas sindicales a menudo evitamos enfrentarnos a ellas, para pasar el día. Sin embargo, al reaccionar, el organizador puede ayudar a la otra persona a sentir que puede cabrearse.

Alguien tiene la culpa

La polarización consiste en señalar que alguien (un director abusivo, el consejo de educación, "reformadores" multimillonarios) es responsable de crear estos problemas.

Preguntando "¿por qué crees que tenemos este problema?", a menudo se llega al culpable. Habitualmente pensamos que nuestros problemas se resumen en un "así son las cosas". Darse cuenta de que las malas condiciones de los trabajadores no caen del cielo puede ser muy poderoso: si alguien tomó las decisiones que hicieron que las cosas fueran así, eso también significa que podría decidir de otro modo.

Una vez que el afiliado se ha enfadado, más vale que el organizador esté listo para ofrecer algo de esperanza. La visión del cambio significa hablar de la fuerza del grupo y del plan del sindicato para ganar, estableciendo una conexión entre el problema del afiliado y la respuesta concreta.

Es importante insistir aquí en la idea de tener voz. La gente está motivada por muchas preocupaciones diferentes, pero, en general, lo que la une es que las personas que toman las decisiones no son las más afectadas por ellas. Para los trabajadores, la unión hace la fuerza.

El compromiso de una buena conversación de organización es pedir al afiliado que decida hacer algo al respecto. Una vez que está de acuerdo con la visión del cambio y lo ve como una forma de mejorar en los temas que le preocupan, pedirle que pase a la acción es fácil. Ya entiende que actuar con sus compañeros y compañeras es la única forma de vencer; firmar la petición, acudir a la reunión o votar sí a la huelga es el siguiente escalón en esa lucha. Si una persona tiene miedo o es reacia a actuar, es mucho más fácil ayudarle a superarlo cuando la retas a hacerlo en base a lo que cree, en lugar de insistir en una acción que le estás intentando vender. Las reservas de la mayoría de la gente a la hora de actuar tienen razones reales. Sus temores no son descabellados, pero, aun así, las cosas no mejorarán a menos que se involucren. El trabajo del organizador no consiste en convencer a la persona de que está equivocada en sus temores, sino de que tiene que actuar a pesar de sus reservas. Dicho de otro modo, el organizador le está ayudando a pensar como un organizador.

Por supuesto, seguir este esquema no significa seguir un guion mecánicamente: los organizadores siguen hablando con la gente como seres humanos, pero utilizar el patrón de la organización como guía garantiza que el diálogo haga avanzar de veras al sindicato y que el miembro no se quede con la sensación de haber perdido el tiempo con una perorata o una sesión de quejas. Una conversación organizativa fructífera fortalece tanto al afiliado como al sindicato y conduce a la acción.

Al principio, cada organizador era responsable de 150 escuelas, agrupadas por regiones —más tarde, cuando se contrató a más, el número se redujo a 100—. Con unas 250 plazas de delegado vacantes, de un total de 800, la primera prioridad de los organizadores era asegurarse de que todas las escuelas tuvieran uno (las escuelas más grandes debían tener más de uno). Muchos centros no lo tenían, aunque la función del delegado era mínima: asistir a las reuniones mensuales de la Cámara de Delegados e informar a sus compañeros.

El sindicato carecía de un sistema de rendición de cuentas que garantizara la comunicación, y las aburridas reuniones de la Cámara de Delegados no solían dar mucho que hablar. A las reuniones asistían una media de 400 delegados (en el punto álgido de la huelga hubo, en cambio, 700, y, al año siguiente, entre 650 y 700).

Nunca se había contemplado que los delegados redactaran quejas. Si un afiliado necesitaba poner una, el delegado llamaba a un representante del Departamento de Reclamaciones. "Las personas que se enorgullecían de ser buenos sindicalistas y acudían a las reuniones de delegados cumplían bastante bien las funciones burocráticas básicas de su cometido", afirma Potter. "Quizá lo hacía el 25%".

Pero volvamos a la cuestión en torno al papel de los delegados. Las expectativas eran muy bajas. Muy pocos tenían realmente las habilidades y los medios para organizar sus centros, combatir cualquier tipo de decisión tiránica por parte de la administración o hacer frente a la violación de contratos.

"Lo que queríamos era una red de personas que facilitara la participación de todos a nivel escolar". Así que, una vez que la lista del CORE asumió sus funciones, los deberes de un delegado cambiaron. "Se trataba de organizar", dijo la secretaria financiera Kristine Mayle. "Y de formar. Empezamos a formar con reuniones más sustanciales. Empezamos a hablar de la financiación de las escuelas, de la estructura de poder en Chicago, de las concertadas y de las grandes reformas. Eso fue lo que hizo que los delegados empezaran a ser más activos".

Para reclutar nuevos delegados, los organizadores fueron a los colegios a hablar con los afiliados en los aparcamientos o mientras fichaban a la salida. Convocaban reuniones extraescolares para explicar a los líderes a qué se enfrentaban los afiliados y engatusaban a la gente para que aceptara el trabajo. Si en una escuela se presentaba más de una persona, se celebraban elecciones.

Al mismo tiempo, había que reconstruir los PPC, que se habían deteriorado en tres cuartas partes de las escuelas. Son comités de tres a cinco miembros, establecidos por contrato y dirigidos por el delegado, que deben reunirse mensualmente con el director para resolver problemas antes de que estos se conviertan en quejas. Se eligen anualmente y sus miembros son los ojos y oídos del delegado en el centro.

"Hablamos con la gente de forma muy directa sobre lo que considerábamos el papel cambiante de los delegados", dijo Luskin. "Los delegados tendrían que ser líderes en su centro y organizadores de su personal, de los participantes y de la comunidad escolar. La formación para ser organizador era bastante específica".

TRANSFORMACIÓN DE LA OPINIÓN DEL PROFESORADO

En una transformación todos los empleados y empleadas de una escuela son despedidos y tienen que volver a solicitar su puesto. Esto ocurrió en la escuela primaria Curtis, donde enseña Andrea Parker. Una empresa privada llamada AUSL se hizo cargo de la gestión del centro, y a partir de entonces, el director dijo que todo el mundo tenía que trabajar hasta las tres de la tarde en lugar de hasta las tres menos cuarto.

La escuela no tenía delegado, pero el sindicato se enteró y envió a alguien para celebrar una elección. "El director quería elegir a alguien de su cuerda como delegado, pero ese día no estaba", cuenta Parker. "Yo levanté la mano, ya que soy titular, y me eligieron".

Así fue como Parker empezó a asistir a las reuniones de delegados. "Me sentí muy capacitada", dice. "Adquirí muchos conocimientos sobre cosas de las que no era consciente". Por ejemplo, resultó que "no debíamos trabajar hasta las tres a menos que tuviéramos una reunión con el personal y lo votáramos. Lo habían impuesto ilegalmente".

Por supuesto, las violaciones de la ley no se arreglan solas: se necesita la acción de los miembros o, al menos, del delegado. "La mayoría del profesorado era nuevo y dijeron que les daba igual", recuerda Parker. Algunos incluso se enfadaron y la acusaron de ser malvada con el director.

Aun así, sabiendo que "cuando renuncias a una parte del contrato, renuncias a todo", se enfrentó al conflicto y presentó una queja. "Me dije que teníamos que demostrar que nuestro sindicato significaba algo". Y funcionó. "Recuperamos una media de 2.000 dólares por docente, incluidos los que estaban enfadados conmigo", explica Parker. "Todos aceptaron el cheque".

Había una gran división entre el profesorado que habían trabajado antes en la escuela y los que eran nuevos desde que la AUSL se hizo cargo de ella. Una profesora estaba segura de que nunca la despedirían. Parker la retó a asistir a una sola reunión del sindicato. Lo hizo y quedó impresionada.

"Así conseguí que el 80% de mi personal acudiera a esa marcha por el centro de la ciudad" en mayo de 2012, dijo Parker. "Comprendieron que habían montado una campaña de propaganda contra mí".

"El primer año que fuimos una escuela de transformación, diez profesores fueron despedidos por ser 'incompatibles con el estilo AUSL'. Cuando la gente vio eso (que no subían las notas de los alumnos, que despedían a gente) se dio cuenta de que la señora Parker no era la mala después de todo".

A nivel práctico, el sindicato puso en una memoria USB todos los archivos que necesitaba un delegado: el contrato, los estatutos y sus propias funciones. Más importante aún fue la actitud organizativa. "Muchos delegados se quejaban de los miembros que no acudían a las reuniones sindicales en la escuela", explica Luskin. "Entonces animamos a la gente a pensar por qué no acudían. ¿Era el horario, por ejemplo? Muchos delegados se enfadaron porque la gente no venía a hacerse con información importante. Pero una reunión para hacerse con esa información puede ser bastante aburrida. ¿Qué interés tiene para mí estar allí si es solo para recibir información? Presionamos a la gente para que convirtiera esas reuniones en un lugar donde se plantearan todo tipo de problemas y se planificaran soluciones".

Los organizadores llegaron a conocer a todos sus delegados: quiénes sufrían a un pésimo director, quiénes rara vez organizaban reuniones sindicales, quiénes tenían un centro sólido. Los organizadores acudían a las reuniones escolares para escuchar a los afiliados y conseguir que estos pasaran a la acción, no para servirles. Suponían un recurso para los que querían luchar y necesitaban apoyo y formación. El objetivo era celebrar una reunión escolar al mes, antes o después de las clases, para debatir tanto los problemas del centro como los de mayor envergadura.

"Decidimos que hay más cosas que se pueden hacer además de presentar una queja", dijo la presidenta Karen Lewis. "Empezamos a hablar con la gente sobre lo que se podía llevar a cabo. Empezamos con cosas muy sencillas: vistámonos de rojo el viernes para mostrar nuestra solidaridad, para mostrar que nos apoyamos unos a otros. Incluso con personas con las que no te llevas bien, empieza a hablar con ellas. Si empiezas a comunicarte con los demás, fortaleces tu centro".

"Pasamos mucho tiempo hablando con la gente sobre los porqués de estas actividades", explica Luskin. "Intentamos evitar la movilización superficial: si pedíamos a los delegados que hicieran algo, tratábamos de comunicarles la idea que había detrás. Por ejemplo, llevamos camisetas rojas para mostrar nuestro apoyo a la gente que tiene miedo en su escuela y para asegurarnos de que los directores se percatan de lo extendido que esto está".

En otras palabras, el sindicato quería hacer muy visible la nueva estrategia. La idea era ganarse a los afiliados para la causa, no solo conseguir que asistieran a una serie de actos.

"Ese debate general para saber a qué nos enfrentamos y qué hace falta para ganar fue una parte fundamental de las visitas a las escuelas", dijo Luskin. "No se trataba del tipo de organización en la que se empieza por una cuestión común y se lucha por ella, con la esperanza de que la gente se atreva después a seguir. Les dijimos que el imbécil de su director estaba directamente relacionado con el creciente número de malas calificaciones que recibía el profesorado de todo el sistema, lo que a su vez estaba relacionado con la visión corporativa general de toda la reforma educativa. Les explicamos que sí que teníamos que organizarnos para luchar contra el problema de su escuela, pero que no podíamos ganar si no se integraban en la lucha de toda la ciudad para cambiar el entorno completo en el que nos encontrábamos".

Para incitar a la acción a los miembros que no estaban acostumbrados a un sindicato activo, los organizadores acudían a las escuelas con largas listas de peticiones, a veces demasiadas, según Debby Pope, una profesora jubilada de historia que llegó a trabajar en el Departamento de Reclamaciones del sindicato local: ¿pueden organizar un autobús lleno de docentes y familias para la próxima manifestación? ¿Pueden vestirse de rojo los viernes? ¿Pueden reunir al PPC? ¿Y reunirse mensualmente con el director? ¿Pueden incluir a los paraprofesionales en sus reuniones? ¿Pueden hablar con los padres y las madres en las reuniones sobre los boletines de notas...?

Ofrecer muchas opciones a los afiliados permitió que la gente se implicara en el sindicato de distintas maneras. "Para ampliar la idea de lo que se consideran asuntos sindicales y de la tácticas válidas", explica Luskin, "dimos prioridad a las actividades en las que los afiliados movilizaban a sus compañeros y compañeras de trabajo o se dirigían directamente a las familias. Pensamos que una buena experiencia en ellas reforzaría la confianza y las capacidades de las bases, lo que sería clave más adelante".

FORMACIÓN DE LOS DELEGADOS

La formación de delegados se intensificó y ahora tiene lugar cada otoño y cada primavera. La primera formación de delegados, a finales de otoño de 2010, reunió a 300 participantes e introdujo las nociones de comunicación entre miembros y la ampliación del número de personas que se identifican con el sindicato y pueden ayudar a movilizar. Fue un cambio significativo con respecto a la formación de delegados, que había cubierto principalmente temas relacionados con el conocimiento de los derechos, por ejemplo, la formación sobre contratos o los procesos del consejo de educación. Ahora la formación se centraba en cómo organizar a otras personas para hacer valer y ampliar esos derechos.

El educador laboral Steven Ashby sugirió que el sindicato hiciera un vídeo para hablar de la historia del CTU, presentar a los nuevos dirigentes y conectar la historia con los ataques actuales. El programa de educación laboral de la Universidad de Illinois colaboró con el sindicato en la realización del vídeo, de 11 minutos de duración, que incluía fotos de miembros del CTU de los años treinta contra las entidades bancarias. "Rememoraba un pasado importante que nuestros afiliados desconocían y apuntaba a futuras luchas, a lo que podía hacer falta", explica Gutekanst. El vídeo se proyectó en cursos de formación y en reuniones escolares, y se distribuyó entre todos los delegados.

Los delegados de la primera formación también vieron un vídeo realizado por los Teamsters cuando el reformista Ron Carey era presidente en la década de los noventa, sobre cómo desarrollar actividades de divulgación entre los afiliados.

"En la primera formación no conseguimos transmitirlo", recuerda Potter. "Era demasiado abstracto. Pero la idea se nos quedó grabada y fuimos capaces de encontrar la mejor combinación de medidas prácticas. Dimos a los delegados listas de afiliados de sus centros, les enseñamos a averiguar quién tenía relación con determinados departamentos, quién debía hablar con las familias y cómo desarrollar la cadena telefónica".

En un momento dado, las formaciones se ampliaron más allá de los delegados: se invitó a todos los miembros de los consejos escolares locales y, más tarde, a los miembros de los Comités de Acción Contractual (véase el capítulo 8). Desde la huelga, también se ha invitado a todos los miembros del PPC. La idea es crear equipos en cada escuela, en lugar de depender de delegados individuales. En 2013 se invitó a algunos estudiantes de secundaria a la formación de primavera.

Las sesiones del sábado contaron con todo un plantel de ponentes de dentro y fuera del sindicato, como socios comunitarios, pero el meollo de la cuestión fueron los talleres. En algunos se formó a los miembros en las habilidades que necesitarían para enfrentarse a la agenda antiprofesores: la creación de coaliciones, la lucha contra el cierre de escuelas, la lucha contra la proliferación de las concertadas, las formas de conseguir la financiación completa de los centros, la participación en el consejo municipal y las luchas legislativas estatales, la participación de las familias para salvar nuestras escuelas y cómo aprender a investigar y a usar la información.

A veces los talleres se organizaban geográficamente, con profesores de la misma red de CPS que hablaban con sus supervisores de distrito sobre temas comunes, como los cierres o el exceso de alumnos. Miembros de organizaciones comunitarias como la KOCO y Blocks Together codirigieron algunos.

Con el tiempo, los talleres se sincronizaron con las fases de las distintas campañas del CTU: "Cómo movilizar a los compañeros y conseguir fuerza en mi centro" (en el periodo previo a la votación de la huelga); "Planificación y mensajes de campaña" (a medida que se intensificaba la lucha por el cierre de centros); y "Organización con nuestros aliados". En cada taller se envió a casa de los delegados material de planificación para ayudarles a pensar en la forma de poner en práctica las estrategias de organización en sus centros.

En marzo de 2011, los líderes de UNITE HERE, SEIU y Operating Engineers, que también representaban a trabajadores de las escuelas, fueron invitados a hablar en la formación de delegados, junto con el director ejecutivo de la KOCO (conserjes, agentes de seguridad, trabajadores de comedor, auxiliares de aulas de educación especial e ingenieros son algunos de los trabajadores de CPS representados por otros sindicatos).

NUEVOS DELEGADOS

El profesor de inglés Jerry Skinner se convirtió en el delegado principal del instituto Kelvyn Park a finales de enero de 2010, apenas cinco meses antes de que se eligiera al CORE. Un nuevo director acababa de destituir al anterior delegado y Liz Brown, miembro del CORE en el instituto, les animó a él y a su compañero Eric Wagner a dar el paso. Brown ya había presentado a Skinner a Jackson Potter y John Kugler, a quien Skinner describe como un "representante de campo y pitbull itinerante por toda la ciudad". Skinner asistió a la gran Cumbre de Educación del CORE de enero de 2010.

"Se diseñó para formar a personas como yo", dijo Skinner. "Escuchamos a gente que estaba ya activa en otros centros. Fui al taller que trataba sobre directores acosadores y sobre cómo recuperar nuestras escuelas".

Skinner y Wagner empezaron a convocar frecuentes reuniones sindicales después de clase, tanto dentro como fuera del campus, y pasaron de ser 10, de un total de unos 90 profesores, a 30 o 40. Hasta 30 profesores a la vez han acudido a las reuniones del consejo escolar local (LSC) para enfrentarse al director por prácticas como la reorganización de los horarios del profesorado a mitad de semestre, la reducción de los programas extraescolares o el despido de personal.

En un momento dado, en abril de 2010, los dos delegados habían conseguido una reunión con un alto funcionario de CPS para su red (antiguo término que usaba CPS para la división geográfica de la ciudad). Querían que escuchara de primera mano al profesorado hablar de los problemas de Kelvyn Park. La noche anterior a la reunión, el funcionario insistió en que asistiera el director. Wagner le dijo rotundamente que no, pues sabía que el propósito era intimidatorio.

El 90% del profesorado titular acudió al día siguiente a echar la bronca al funcionario. "Eric y yo no podríamos haberlo hecho solos", dijo Skinner. "No habríamos podido rebatir sus argumentos. Necesitábamos al profesorado de educación especial y a los de ciencias. Todos aportarían su precisa experiencia individual". Cuando el funcionario de CPS intentaba explicar que la escuela estaba adecuadamente financiada en tal área de enseñanza, un profesor de alfabetización lo negaba: "No, ese es un presupuesto diferente". La pericia recorría todo el sindicato.

"Cada momento era decisivo desde el principio". Skinner dice que cree que los nuevos directores siempre intentan dirigir una escuela con un presupuesto ajustado para impresionar a sus superiores. Descubrió que el director había devuelto a CPS 300.000 dólares destinados a Kelvyn Park.

Para recuperar el dinero, él y Wagner decidieron pasar por encima del director ante sus jefes. Skinner acudió a una reunión del consejo de educación en octubre de 2010 con el padre presidente del LSC, dos jugadoras de voleibol femenino y dos padres. Después de que las chicas testificaran sobre la cancelación de su temporada por la dirección, el director general de escuelas, Ron Huberman, organizó una reunión con el jefe de deportes de CPS, y esto llevó a otra entre Wagner y el supervisor inmediato del director. "De repente tuvimos 300.000 dólares", dijo Skinner.

Transformación de la transformación

En 2011, Kelvyn Park se convirtió en una escuela de transformación, lo que significaba que recibiría dinero extra del estado. Cuando se anunció la designación, Skinner se mostró escéptico. Convocó una reunión sindical y Kugler se aseguró de que cinco miembros de dos de estas escuelas de transformación —donde todo el personal es despedido y debe volver a presentarse— estuvieran allí.

Resultó que el mismo departamento de CPS encargado de los cambios (la Oficina de Mejora Escolar) también se encargaba de las transformaciones. El profesorado visitante relató la desagradable experiencia: los docentes que no volvían a ser contratados eran incluidos a menudo en listas negras y ya no trabajaban tampoco en otras escuelas de CPS.

"Este es solo un ejemplo de la cultura de compartir información y cuidarse los unos a los otros que el CORE ha promovido entre sus miembros", dijo Skinner. "En este caso nos ayudó a insistir en obtener más recursos para el aula —en lugar de más para los administradores— y mayores garantías para los puestos de trabajo de los miembros cuando nos convertimos en una escuela de transformación".

Y añade: "Hay que tener a alguien de tu lado en todos los foros posibles —el consejo escolar local, el PPC, el Comité de Liderazgo de Personal Profesional (PPLC, por sus siglas en inglés)— para que no haya ninguna vía a través de la cual un director pueda impulsar una agenda hostil sin encontrar resistencia".

"El LSC, el PPLC y el PPC tienen miembros elegidos por el personal y una base contractual-legal, por lo que el director está obligado a mantener reuniones con nosotros de igual a igual, donde tenemos el poder de investigar y hacer las preguntas difíciles".

"Pusimos a nuestros aliados laborales en el mismo plano que a nuestros aliados comunitarios", dijo Potter. "Lo hicimos a propósito para mostrar a nuestros miembros que teníamos aliados en nuestros centros y que había que pensar en cómo incluirlos en nuestras tácticas".

Al año siguiente, estos aliados de la comunidad dirigieron talleres del CTU para los representantes del profesorado en los consejos escolares locales[3]. Líderes estudiantiles, religiosos y comunitarios intervinieron en las sesiones plenarias. "Aprovechamos todas las oportunidades posibles para incluir a estas personas", afirma Potter.

UN NUEVO TRABAJO PARA LOS SUPERVISORES DE DISTRITO

Para ayudar a activar a los 800 delegados y a los PPC, el sindicato decidió revivir y transformar el antiguo sistema de supervisores de distrito (DS, por sus siglas en inglés). Era un cargo designado con unas funciones mínimas y un estipendio de 100 dólares al mes. Los miembros de este "somnoliento ejército clientelar", como denominó un miembro a la estructura de los DS, recibían información después de las reuniones de la junta ejecutiva y debían recordar a los delegados de sus zonas que asistieran a la Cámara de Delegados. Debby Pope, delegada durante casi 15 años, dijo: "Recibí exactamente una sola llamada en todo ese tiempo".

Los nuevos responsables despidieron a los DS menos comprometidos y aumentaron el número total a 37, y posteriormente a 49. Cada uno de ellos se encargaba de entre 9 a 23 centros, o de los delegados de toda una categoría laboral de la ciudad, por ejemplo, de los administrativos o los ayudantes de profesor.

A los nuevos DS se les encomendó la tarea de ponerse en contacto con los delegados mensualmente, escuchar los problemas de sus centros, responder con ayuda cuando fuera necesario e implicarlos en las acciones sindicales que se llevaran a cabo ese mes. Los DS contactaban con los delegados para informarse de la participación de sus centros en los actos y otras actividades organizativas y enviaban informes al Departamento de Organización.

En el pasado, las asignaciones de los DS no eran necesariamente lógicas desde el punto de vista geográfico. Los nuevos responsables tomaron el mapa de CPS, en el que las escuelas se dividían en zonas o redes, y fraccionaron la mayoría de estas en dos partes. Los dos DS de cada red podían trabajar juntos y cubrirse mutuamente.

La DS Charlotte Sanders dice que después de consultar con los delegados y hablar con las bases en las reuniones escolares, transmite la información al personal del sindicato que puede ayudar a

3. Más información sobre los LSC en el capítulo 6.

resolver los problemas. Dependiendo de la cuestión, lo trata con el personal del Departamento de Reclamaciones, del Departamento de Organización o con ambos. "Digamos que en un instituto grande el profesorado no tienen un periodo de preparación", explica Sanders. "En ese caso, es posible que se necesite a alguien del Departamento de Reclamaciones y a alguien del Departamento de Organización que le diga: 'No tienes por qué aceptarlo'. Es un trabajo de equipo para cubrir a todo el mundo".

Los DS recibieron formación sobre cómo mantener una conversación organizativa. Empezaron a reunirse mensualmente, una semana antes de las reuniones de la Cámara, con el secretario financiero y los responsables del Departamento de Organización.

Un orden del día típico incluye una visión general de lo que está ocurriendo en el distrito, seguida de una formación o una actividad para que piensen y trabajen como organizadores. Se les puede preguntar: "Basándote en tus conversaciones con los delegados, ¿qué probabilidades crees que tienen de hacer x, y o z? ¿Qué dirías?".

A continuación, en una sesión de preguntas y respuestas, los DS pueden contar a los responsables lo que oyen en los centros, informar sobre los éxitos y los retos, y hacer preguntas sobre la negociación o las infracciones contractuales.

La estrategia es una parte importante de las reuniones. "Somos transparentes a la hora de pensar cómo construir y cómo movilizar a la gente", afirma Mayle. "Si, por ejemplo, los líderes se plantean la desobediencia civil, discutimos este tipo de cosas con los DS para conseguir su aceptación, hacemos ajustes para ver qué funcionaría en las escuelas y nos aseguramos de que los DS entienden perfectamente por qué utilizamos las tácticas que utilizamos y qué esperamos obtener de ellas".

Cuando llegó el momento de preparar la huelga, los líderes empezaron muy pronto con los DS, exponiendo sus estimaciones sobre lo que haría falta y sus objetivos. "Incluso cuando la dirección seguía mostrándose cautelosa sobre el uso de la palabra *huelga*", explica Mayle, "los DS leían entre líneas y sabían que estábamos preparando una huelga antes de que pudiéramos decir nada públicamente".

Los DS se convirtieron en un nivel de organización crucial y en un sistema de comunicación esencial. A medida que se acercaba el vencimiento de los contratos, debían informar a los niveles superiores de la cadena sobre la marcha de los Comités de Acción

Contractual y sobre el número de miembros que vestían de rojo los viernes. Durante la huelga debían actuar como coordinadores: supervisaban de 8 a 12 escuelas cada uno, visitaban cada línea de piquete diariamente y se reunían cada día de huelga.

LOS BECARIOS DE VERANO APRENDEN A SER LÍDERES

Durante seis semanas de 2011, el sindicato contrató a siete miembros por 450 dólares semanales como becarios de verano, con el objetivo de formar a más líderes-organizadores. En 2012, para aumentar la proporción de personas de color en puestos directivos, de los 25 becarios contratados, 23 eran negros o latinos. Se prestó especial atención a la contratación de paraprofesionales, ya que los afiliados en estos puestos suelen estar infrarrepresentados. En el grupo había tanto activistas veteranos como jóvenes que empezaban a pensar en el sindicato.

Los dirigentes sabían que necesitaban reclutar candidatos y candidatas a través de llamamientos a la afiliación en general y no solo entre los activistas que ya conocían. "Nos ayudó a atraer a personas que acababan de convertirse en activistas sindicales y a personas con una base en la que éramos débiles", afirma Luskin. "Llegaron muchas solicitudes de gente que nunca habríamos conocido de otro modo, muchos de ellos muy fuertes".

Mediante debates y juegos de rol, Luskin formó a los becarios y becarias en los fundamentos de la organización y la dinámica de poder en el lugar de trabajo, y les informó sobre la financiación de las escuelas y el programa nacional contra los docentes.

Estudiaron la *Carta desde la cárcel de Birmingham* de Martin Luther King Jr. y *Un sindicato en la comunidad* de César Chávez. Aprendieron a mantener una conversación a domicilio y a ser invitados a la casa de un miembro. Aprendieron a escuchar los miedos y las reservas, a abordar esas preocupaciones y a superarlas. Llamaron a las puertas de los afiliados y afiliadas buscando a quienes estuvieran dispuestos a organizar una reunión en su casa o a trabajar en un foro comunitario, en su propio barrio, sobre la visión del sindicato para mejorar la educación. Los pasantes eran docentes, paraprofesionales y clínicos. En 2013, el programa se amplió para incluir a estudiantes de secundaria, activistas comunitarios y a un profesor de una escuela concertada cuyo centro se había sindicado recientemente con el apoyo del CTU. Los organizadores buscaban a quienes hubieran demostrado su capacidad de liderazgo durante la huelga. Se invitó a todos los miembros a presentar su candidatura y a algunos se les pidió específicamente.

Muchos de los primeros becarios fueron contratados como organizadores o más tarde se convirtieron en coordinadores de huelga o DS; algunos DS se convirtieron en candidatos a la junta ejecutiva en 2013. "Es como un canal directo, un nuevo nivel de liderazgo", afirma Mayle.

Merece la pena contrastar los objetivos de la formación de becarios con la forma en que la mayoría de los sindicatos contratan a miembros para funciones organizativas temporales. Por lo general, este tipo de contratación se practica cuando una campaña necesita más gente que llame a las puertas. El desarrollo del liderazgo, si lo hay, es un subproducto. El programa del CTU, por el contrario, se centraba principalmente en el desarrollo de nuevos líderes.

El profesor de estudios sociales Tim Meegan, becario en el verano de 2013, dijo que había aprendido a animar a las personas que están de acuerdo con los objetivos del sindicato, pero son reacias a pasar a la acción. De puerta en puerta, registró a votantes, identificó a líderes comunitarios, como presidentes de clubes de barrio, y promovió reuniones para elaborar un plan de acción sobre el cierre de escuelas y los recortes presupuestarios.

"El sindicato no está diciendo: 'Esto es lo que vamos a hacer'", explicó. "Estamos convocando una reunión para preguntar qué podemos hacer al respecto. El sindicato no puede luchar contra esto por sí solo".

Los becarios recogieron firmas en 2013 para solicitar un impuesto sobre la renta gradual en Illinois (uno de los pocos estados con un impuesto fijo). El CTU forma parte de una coalición estatal para cambiar la constitución y permitir este impuesto. "Sabemos que no se puede luchar contra la austeridad sin cambiar la distribución de la riqueza", dijo Potter. "Es una campaña práctica que permite hablar de la raíz de los problemas que tenemos".

DEPARTAMENTO DE RECLAMACIONES

Tradicionalmente, el personal a tiempo completo del Departamento de Reclamaciones del CTU se encargaba de tramitar las quejas, y sigue haciéndolo, pero se ha formado y animado a los delegados a redactarlas ellos mismos en lugar de llamar a un representante. Sin embargo, la distancia entre la organización y el cumplimiento del contrato sigue existiendo, y el sindicato está "estudiando cómo hacerla más fluida", en palabras de Potter.

Cree que fue acertado empezar formando un Departamento de Organización y hacer hincapié en él. "El personal de campo tenía una orientación muy tradicional", afirma, "y hablaba casi exclusivamente de cómo protegerse de las denuncias de abusos a menores o de cómo presentar quejas si se tomaban represalias contra uno. Pero la mayoría de los afiliados no se enfrentaban a eso. Para nosotros era importante frenar esa tendencia y enviar a personas que pudieran participar más y mejor, y averiguar qué era lo que preocupaba a la gente y cómo abordar esos problemas".

Por supuesto, los problemas que más preocupaban a los afiliados no eran necesariamente las infracciones contractuales. Había de todo, desde directores que intimidaban hasta la expansión de las escuelas concertadas, pasando por la pérdida de profesores negros o la necesidad de más servicios de educación especial. Los afiliados querían cosas que no sabían que podían pedir al sindicato. Parte del trabajo de los organizadores era cambiar la percepción de los problemas sindicales.

EL CORE SE QUEDA

Tras la elección de la lista del CORE, la mayoría de sus dirigentes se dedicaron a continuar su labor a nivel local como miembros de la junta ejecutiva, personal, DS o presidentes de comités sindicales. Pero nunca hubo dudas de que el CORE debía seguir siendo un grupo activo.

Antes de que los reformistas supieran que iban a ganar, ya habían discutido la importancia de mantener el CORE en funcionamiento. Los que habían participado en el anterior comité del PACT (véase el capítulo 3) sabían que los líderes necesitaban mecanismos para mantenerse en contacto con las bases. Eran muy conscientes del inevitable efecto conservador de ocupar un cargo, con una gran institución que dirigir y unos líderes que ya no viven los problemas cotidianos del profesorado en las aulas.

"Aunque los funcionarios no quieran desconectarse, su realidad es distinta a la de un profesor que se esfuerza sobre el terreno", dijo Pope. "Si siempre puedes ir al baño cuando quieres…".

"También es muy bueno contar con personas que no sean dirigentes para que sean los ojos y los oídos en las escuelas, para saber qué funciona bien y qué no. Y hace falta gente crítica. El CORE puede levantar banderas rojas y alarmas, tener el pulso de los afiliados —añadió Potter—, ser una conciencia crítica para llamar la atención cuando el sindicato está tomando malas decisiones".

Así que el *caucus*, incluidos los nuevos altos cargos, siguió reuniéndose. En los primeros meses, las citas eran menos frecuentes y no contaban con tanta asistencia. Los errores cometidos en la legislatura de la primavera de 2011 (véase el capítulo 7) fueron una voz de alarma que convenció a todos de que el CORE necesitaba cuidado y atención. "Hubo un periodo en el primer año en el que los que estábamos en el comité directivo del CORE ya trabajábamos en el sindicato", recuerda Potter. "El número de retos y crisis resultaba abrumador. Nuestra capacidad para gestionar ambas organizaciones simultáneamente era, en el mejor de los casos, limitada. Se perdieron oportunidades".

"Pero seguíamos manteniendo una serie de reuniones periódicas y una comunicación básica. Todo eso no desapareció, sino que se mantuvo, lo que permitió que nuestra siguiente capa de activistas se percatara del vacío y dijera: 'Eh, esto no está funcionando tan bien como debería'. Llegamos a la conclusión de que necesitábamos diversificar el comité directivo con más activistas de base y menos personal, así el trabajo saldría delante y la gente tendría más oportunidades de liderazgo".

El *caucus* sigue reuniéndose una vez al mes o dos, cuando la situación lo requiere, y celebra una convención anual en otoño. Varios centenares de miembros pagan cuotas (35 dólares al año para el profesorado y 20 para los paraprofesionales) y entre 30 y 40, habitualmente, y hasta 75, a veces, asisten a una reunión normal. Cualquier miembro del CTU, en activo o jubilado, puede afiliarse, y los picos de actividad consiguen que más miembros quieran participar.

"La gente del CORE tiende a ser más política", dice Gutekanst. "Algunos llevan tiempo en esto. Creemos que es un proyecto a largo plazo. El CORE tiene la posibilidad de aportar más memoria institucional y, en cierto modo, controlar y equilibrar el liderazgo". Al mismo tiempo, el CORE incluye a muchos de los activistas más jóvenes del sindicato: la mezcla de generaciones es una de sus características definitorias.

La existencia continuada del CORE demuestra a los afiliados que lo que cambió en el CTU no fue solo la combatividad de los dirigentes de la cúpula. Los nuevos activistas pueden ver el papel de los dirigentes de base a la hora de determinar el curso del sindicato. Está claro que los dirigentes de la cúpula salieron de un grupo mucho más grande y, en el CORE, los nuevos activistas se encuentran con compañeros que se sienten responsables de haber llevado al sindicato a su rumbo actual.

Así pues, el CORE sigue funcionando como lugar de reclutamiento y formación de nuevos activistas y, por supuesto, como vehículo electoral[4].

El CORE también puede emprender acciones que son más propias de un *caucus* que del sindicato. En el verano de 2011, organizó un encuentro nacional para profesores que querían luchar contra la agenda de reforma educativa de las empresas, al que invitó tanto a responsables locales como a miembros de grupos de oposición. En verano de 2013 se celebró una conferencia más amplia (véase el capítulo 11).

La formación de delegados, el programa de becarios de verano y las reuniones de construcción que aquí se describen fueron fundamentales para difundir las aptitudes y la mentalidad organizativa entre un subconjunto más amplio de miembros.

Los afiliados podían elegir entre una amplia gama de formas de participar. "Antes, la gente recibía el boletín o la información que el sindicato enviaba por correo, lo leía y lo dejaba a un lado", explica Sanders. "Ahora se hacen oír más. Ya no dicen: 'Yo solo quiero pagar mis cuotas'. Es más inclusivo".

Pero la organización interna fue solo una parte de la forma en que el CTU consiguió que sus miembros dieran un paso al frente. Al mismo tiempo, el sindicato tuvo que reforzar sus relaciones con las familias (capítulo 6) y llevar a cabo un desalentador número de campañas, a menudo simultáneas, contra los ataques de la legislatura, el alcalde y el consejo escolar (capítulo 7).

4. Las elecciones al consejo de pensiones, descritas en el capítulo 3, se celebran todos los años.

Más que nada, fueron estas experiencias —hablar con las familias sobre los ataques de la junta, las concentraciones en las que docentes, madres y padres fueron arrestados juntos protestando contra los banqueros o ver a un director echarse atrás debido a una petición o a una acción en una reunión de personal— las que construyeron la confianza que permitió a los miembros ver la organización como el camino a seguir y la huelga como una estrategia viable.

LECCIONES

- Los nuevos dirigentes del CTU consideraron que era prioritario formar líderes de base que pudieran implicar a sus compañeros y compañeras de trabajo en el proceso de toma de decisiones. Por ello crearon una nueva estructura, el Departamento de Organización, y contrataron y formaron a un equipo de organizadores con esa tarea específica. Estos procedían principalmente de las propias filas del CTU, pero se complementaron con algunos más experimentados de otros lugares.
- El CTU fue franco sobre el cambio de rumbo y reclutó delegados y delegadas para una nueva concepción de su papel en lugar del pequeño rol anterior. No solo se expusieron claramente las tareas, sino también las ideas que las sustentaban.
- El CTU formó un nutrido rango de nuevos líderes para que pensaran como organizadores. Las formaciones se ampliaron para incorporar al mayor número de líderes potenciales, con el fin de crear equipos en cada escuela.
- Aunque se lanzaron muchas campañas en toda la ciudad, se fomentaron las iniciativas de cada centro dirigidas por los afiliados en sus escuelas y apoyadas por todos.
- El CTU utilizó sus estructuras existentes, con las que los miembros estaban familiarizados, aunque estas habían sido disfuncionales en el pasado inmediato: las reuniones mensuales de la Cámara de Delegados, los supervisores de distrito y los PPC. Al mismo tiempo, los dirigentes no intentaron arreglarlo todo de una vez; dejaron el Departamento de Reclamaciones para más adelante.
- El CTU creó un rango intermedio de líderes, los supervisores de distrito, que desempeñaron un papel esencial de apoyo y comunicación entre funcionarios y delegados en los centros.
- El CTU formó conscientemente a un nuevo rango de líderes a través del programa de becarios de verano y reclutó a miembros de los grupos infrarrepresentados solicitados para ocupar esas plazas.
- Reconociendo las inevitables presiones sobre los funcionarios, los miembros del CORE siguieron desempeñándose como un grupo que podía ayudar a corregir el rumbo cuando fuera necesario y proporcionar un campo de entrenamiento para más líderes.

6. SOCIOS COMUNITARIOS

Uno de los aspectos más notables de la huelga de 2012 del CTU fue que estos educadores obtuvieron el apoyo de la comunidad en un clima político nacional que no solo era antisindical, sino también antimaestros. Una encuesta de We Ask America en los últimos días de la huelga reveló que la mayoría de los habitantes de Chicago (incluidos el 63% de los afroamericanos, el 65% de los latinos y el 66% de las familias de niños en edad escolar) la apoyaban.

Sin embargo, el apoyo de la comunidad fue mucho más allá de las meras opiniones favorables. Las organizaciones vecinales de toda la ciudad desempeñaron un papel fundamental tanto a la hora de conseguir apoyo para la huelga como para coordinar el trabajo sobre el terreno. Action Now, la KOCO, el consejo vecinal de Albany Park y la asociación de vecinos de Logan Square reunieron a sus miembros para hacer campaña entre sus vecinos antes de la huelga. Organizaron foros municipales, campamentos de día para niños sin escolarizar, concentraciones masivas en el centro de la ciudad y ruedas de prensa a favor del CTU, conferencias y mítines propios (véanse los detalles en el capítulo 9).

DIFERENTES TIPOS DE ALIANZAS

(Extraído del material de formación del CTU)

La más débil: "¡Por favor, vengan a ayudarnos!". Algunas personas vendrán a echar una mano porque les caemos bien o porque es "lo que hay que hacer".

Media: "¡Ayúdanos en esto y te ayudaremos en aquello!". A tu aliado le ayuda saber que le devolverás el favor. Es más fuerte que una relación unidireccional, pero la gente solo llegará hasta un punto para ayudarte con tus problemas.

La más fuerte: "¡Estamos juntos en esto!". Solidaridad: ambos estamos siendo perjudicados. Trabajar juntos y apoyarnos mutuamente es la única manera de solucionarlo. "Apoyarte me ayuda a ganar a mí también".

¿Por qué los grupos comunitarios se sintieron tan obligados a apoyar la huelga? Es muy sencillo, afirma Jitu Brown, organizador de la KOCO: "Los ciudadanos sabían que sus escuelas estaban siendo saboteadas y que el profesorado se oponían a ello, así que les apoyaron". Además, según Raul Botello, del consejo vecinal de Albany Park, que trabaja en la zona noroeste, era importante que el CTU estuviera dispuesto a denunciar el racismo del consejo escolar. "Hablaron y se expresaron en el idioma de las familias y de la juventud", dijo. "El pueblo sintió su lucha".

Las familias no solo veían la huelga como una forma de apoyar al profesorado de sus hijos. Luchaban codo con codo por cuestiones que apasionaban a ambos grupos: clases más reducidas, más recursos para las escuelas, exceso de exámenes y equidad racial.

Las relaciones comenzaron mucho antes de que los docentes se pusieran en marcha, incluso mucho antes de que los miembros del CORE fueran elegidos. En el capítulo 3 se explica cómo los miembros del CORE colaboraron con grupos comunitarios como la KOCO ya en 2004, mucho antes de que tuvieran poder institucional. "Trabajar con la comunidad era algo natural para nosotros porque ya habíamos estado trabajando con la comunidad", afirmó Michael Brunson, actual secretario de actas del CTU.

Más que un activismo codo con codo, la capacidad del sindicato para forjar relaciones duraderas se debió a su voluntad de abordar de frente las duras cuestiones de la discriminación (racial y de clase) y de escuchar a los miembros de la comunidad, no solo a trabajar para que aceptaran el mensaje del sindicato.

Katelyn Johnson, directora de Action Now, una organización comunitaria activa en los lados sur y oeste de la ciudad, dijo que su grupo había intentado trabajar con los antiguos dirigentes del CTU "y descubrimos que no estaban interesados. Si necesitaban algo, se ponían en contacto con nosotros, pero después no volvías a saber de ellos". Botello dijo que cuando se eligió a los miembros del CORE, "fue como hablar con colegas. Los de la administración anterior eran políticos".

El coordinador de personal del CTU, Jackson Potter, afirma que el objetivo ahora es "una relación real", en la que tanto el sindicato como la comunidad puedan "cometer errores y asumir riesgos para ver en qué dirección ir y hasta dónde podemos llevarlo".

JUNTA COMUNITARIA

Una vez en el cargo, los líderes quisieron formalizar sus relaciones con los grupos comunitarios. Querían asegurarse de que hubiera siempre un canal para que las voces de la comunidad y las de las familias se escucharan en el sindicato.

Así que el CTU creó una nueva junta comunitaria. En su núcleo estaban las organizaciones del Movimiento por la Educación de Base, que nació en 2008 para luchar contra el cierre de escuelas (véase el capítulo 3). Los grupos fueron invitados a una gran concentración contra los despidos y el cierre de centros, celebrado cerca de Hyde Park-Kenwood, en la zona sur, en julio de 2010. Fue el primer contacto de los nuevos líderes con la comunidad.

Los miembros de la junta también procedían de Grassroots Collaborative, una coalición formada por gente local de SEIU y organizaciones comunitarias para hacer campaña a favor de una ordenanza de salario digno para las grandes superficies (finalmente vetada por el alcalde).

La mayoría de los grupos de la junta comunitaria contaban con miembros realmente arraigados en sus barrios, aunque algunos eran más bien grupos de reflexión. Como en la mayoría de las grandes ciudades, existían muchas organizaciones vecinales y sin ánimo de lucro que se contentaban con intentar influir en los políticos a través de canales indirectos. El CTU eligió grupos con tradición organizativa y con actitudes hacia los agentes del poder que encajaban con su nueva orientación.

"Dimos más peso a los grupos arraigados en la comunidad que a las organizaciones de ámbito municipal", explica Norine Gutekanst, directora de organización, que colaboró estrechamente con la junta. "Queríamos personas que realmente quisieran presionar al consejo escolar, que señalaran sus políticas racistas. Elegimos organizaciones que creían en eso, en lugar de las que pensaban que podían trabajar con el consejo escolar".

Según Gutekanst, septiembre y octubre de 2010 constituyeron un "periodo de observación" para la junta comunitaria, en el que las organizaciones debatieron sus principales prioridades en educación, como "el apoyo social y emocional a los niños en las escuelas" (trabajadores sociales y orientadores), la contratación de profesores de calidad de sus propias comunidades y el fin de los cierres. "Fue una buena manera de ponernos de acuerdo", dijo, "y de entender cómo los grupos asociados identificaban los problemas de nuestras escuelas".

Inicialmente, la junta estaba formada por representantes de unos 15 grupos. En 2012 decidió volver a adoptar el nombre de GEM. Hoy incluye a 30 organizaciones y se reúne al menos una vez al mes.

La profesora de historia Jen Johnson señaló que la junta comunitaria se basaba en los años de trabajo del CORE antes de la elección de la lista. "Para el CORE era fundamental colaborar con grupos comunitarios para construir un movimiento", dijo. "No queríamos limitarnos a crear un *caucus*. Queríamos crear un movimiento y queríamos que la gente nos creyera y supiera que no nos venderíamos si salíamos elegidos. El CTU ha intentado llevar a cabo lo mismo. Contar con esos socios comunitarios nos ayudará a hacernos responsables de esa forma de actuar. Pueden ayudarnos a mantenernos en el buen camino".

DOS CAMPAÑAS

Tras la dimisión del director general de CPS, Ron Huberman, en otoño de 2010, el sindicato propuso una campaña para participar en la elección de su sustituto. Los líderes sindicales y de la junta comunitaria eligieron a un grupo de ciudadanos para encontrar a un posible director de escuelas con formación educativa, a diferencia de Huberman y los dos directores generales anteriores, que tenían formación empresarial.

Y en 2012, los grupos de la junta comunitaria lanzaron una campaña a favor de un consejo escolar electo y representativo en el que 7 de los 13 puestos volvieran a ser para las familias. Desde 1995, el alcalde había controlado las escuelas de Chicago a través de un director general nombrado y un consejo no elegido de siete miembros. Los miembros designados solían ser ricos empresarios, no educadores ni madres o padres de clase trabajadora. Entre ellos figuraban la heredera del hotel Hyatt, Penny Pritzker, y el ejecutivo bancario David Vitale, ex director general del Chicago Board of Trade. El CTU elaboró un documento de investigación sobre el valor de los consejos elegidos.

Se formó un grupo llamado Comunidades Organizadas por la Democracia en la Educación (CODE). Su táctica consistía en organizar referendos no vinculantes en 327 distritos de las zonas sur y oeste para pedir a la legislatura estatal que cambiara la ley que otorgaba a Chicago un consejo designado (cada distrito contiene un par de miles de residentes; hay 2.079 distritos en total). "Se centraron en distritos y circunscripciones que habían sufrido cierres de escuelas y desestabilización", explicó Johnson. Los organizadores presentaron 10.000 firmas de votantes en agosto para que la medida se incluyera en las papeletas de 2012 en determinados distritos electorales y, en noviembre, un rotundo 87% de los votantes dijo sí. La victoria fue simbólica —el cambio a una junta elegida requeriría la intervención del poder legislativo estatal—, pero la muestra de apoyo público marcó un hito.

No es de extrañar que ninguna de esas campañas conmoviera directamente a las autoridades de Chicago. En retrospectiva, Potter se lo pensó dos veces antes de que el sindicato decidiera involucrar a la comunidad en la campaña para elegir al siguiente director general. Era "un buen tema de conversación, pero no se tradujo en una campaña con posibilidades de ganar", dijo. "Era un asunto demasiado técnico para conseguir una amplia participación del público. Visto ahora, fue un mal uso de nuestro tiempo y nuestra energía".

La campaña en favor de un consejo electo, en cambio, funcionó mejor, y no había sido idea del CTU, sino que surgió por insistencia de la KOCO. "Al principio no estábamos convencidos de que supusiera un buen uso de los recursos del sindicato", recuerda Potter, "porque estábamos en plena campaña contractual". Pero la KOCO predijo acertadamente lo popular que sería la idea y señaló que no tener control sobre la gobernanza escolar implicaba que todo lo que hiciera el CTU se pusiera cuesta arriba. Los habitantes de Chicago podían ver que el racismo y los prejuicios de clase eran las razones por las que las autoridades municipales tenían, como dijo Potter, "vía libre para ignorar los deseos de sus electores".

La idea de un consejo elegido fue, y sigue siendo, "muy fácilmente apoyada en todas partes", dijo Gutekanst. "Es obvio, ¿por qué iba a haber multimillonarios en el consejo escolar? No tienen hijos en nuestras escuelas". Los líderes sindicales veían el consejo electo como una lucha a más largo plazo, algo que sabían que no ganarían ese año, pero que podían apoyar con su campaña de contratos.

Resultó que no muchos miembros del CTU trabajaron personalmente en la campaña de elección del consejo escolar, porque estaban involucrados en la de contratos. Pero las dos campañas fueron complementarias. "Ayudó a preparar el terreno", dijo

Gutekanst. "Podíamos decir que intentábamos mejorar la jornada escolar, pero el consejo era un obstáculo"[5].

Gutekanst cree que es importante que la junta comunitaria "no sea un vehículo del CTU, sino una colaboración. Algunas cosas que acordamos fueron campañas conjuntas, otras no". Botello dijo: "Tenemos algunas conversaciones realmente honestas y duras. El sindicato podría decir que podemos tener tanto peso como vosotros". Johnson, de Action Now, cree que es importante para la credibilidad del CTU ante los grupos comunitarios que el sindicato también se implique en cuestiones que no están directamente relacionadas con la educación, como conseguir una ordenanza que exija que las propiedades vacías en un radio determinado de las escuelas sean tapiadas y aseguradas.

Además de la junta comunitaria, ayudado por el hecho de que uno de los organizadores internos del CTU es un pastor, el sindicato se puso en contacto con las comunidades religiosas en el verano de 2011 para formar Padres, Educadores y Clérigos por la Educación. "El alcalde Daley tenía a algunos pastores a su lado", explicó Brunson. "Rahm Emanuel también. Celebramos un desayuno y cierto grupo vino solo para obtener información e informar a otros. Así que retrocedimos y formamos un comité de clérigos que sabíamos que estaban alineados con nuestra visión".

CONSEJOS ESCOLARES LOCALES

Las escuelas de Chicago se diferencian de las de muchas otras ciudades en que la voz de las familias, los miembros de la comunidad y el profesorado se integran en la gobernanza escolar a través de los consejos escolares locales elegidos, que aprueban los presupuestos de los centros y contratan al director. En la práctica, la eficacia de los consejos varía mucho. Algunos suponen la ratificación automática del director, otros tienen escasa participación y, en las numerosas escuelas en periodo de prueba debido a los bajos resultados de los exámenes, su función es únicamente consultiva. Cuando el CTU celebró su formación de delegados en marzo de 2011, la lista de invitados se amplió para incluir a los representantes del profesorado en los consejos. El sindicato también obtuvo

5. Véase el capítulo 7 sobre la campaña "Mejor jornada escolar".

una lista de representantes de padres de toda la ciudad y les enviaba correos electrónicos periódicamente para mantenerlos al tanto de lo que ocurría en el distrito e invitarlos a los actos.

En la huelga, los consejos no desempeñaron un gran papel. Sin embargo, es fácil ver su potencial si estuvieran organizados y fueran fuertes. En el verano de 2013, Rahm Emanuel anunció drásticos recortes presupuestarios, de hasta el 25% en algunas escuelas. En la zona norte, de clase media en su mayoría, algunos consejos se atrevieron a desafiar al director votando en contra de sus reducidos presupuestos. Y a medida que se acercaban las elecciones al consejo de la primavera de 2014, el CTU planteó un nuevo plan que animaría al profesorado a presentarse, daría formación a esos representantes y conseguiría que las familias activas también se presentaran.

"Estamos pensando cómo podemos conseguir que nuestros miembros profundicen en las relaciones con las familias", dijo Gutekanst. Desde el principio, los socios de la comunidad compartieron los ideales que animaban al CTU. "Recuerdo una de las primeras reuniones en la que me preguntaron qué intentaba hacer el CTU", cuenta Gutekanst. "Y yo les respondí que intentábamos crear un movimiento en Chicago para que la gente de las comunidades tuviera voz y voto en la forma en que se gobierna el país y se gestionan las escuelas. La gente asintió y dijeron: 'Construyamos un movimiento'"[6].

LECCIONES

- El CTU veía las alianzas como algo que se practicaba durante todo el año, no como algo que se creaba en caso de emergencia.
- El CTU fue franco en su opinión de que el trato a los estudiantes de Chicago equivalía a racismo institucional.
- El CTU estaba dispuesto a asumir el liderazgo de otros grupos, aunque las prioridades del sindicato fueran distintas.
- El CTU veía las alianzas como coaliciones de iguales que aprenderían unos de otros y a veces podrían discrepar o trabajar separadamente.
- El CTU eligió cuidadosamente a sus aliados y no quiso perder el tiempo con grupos que tenían ópticas diferentes en su análisis de las políticas de poder en Chicago.
- El CTU planea utilizar los consejos escolares locales, estructuras existentes que han oscilado entre fuertes y moribundas, y respirar aire nuevo a través de la contratación y la formación.

6. Para más información sobre las alianzas comunitarias del CORE y el CTU, véanse los capítulos 3, 7, 8 y 9.

7. LUCHA EN TODOS LOS FRENTES

Los activistas recién elegidos tenían planes ambiciosos para cambiar el rumbo y hacer del CTU un sindicato que funcionara. Y con la misma certeza, los funcionarios del distrito y la clase dirigente de Chicago tenían un plan para asegurarse de que fracasaran.

Cuando los nuevos dirigentes tomaron posesión de sus cargos, el sindicato se enfrentó a otra ronda de lo que el coordinador de personal Jackson Potter denominó presupuestos de crisis por parte del consejo escolar. En su primer año se enfrentaron a despidos, legislación contraria a los docentes, otra ronda de cierres de escuelas y la amenaza de una jornada escolar más larga sin una compensación justa.

Y los líderes tuvieron que luchar contra estos ataques al mismo tiempo que empezaban a reconstruir la fuerza del CTU desde dentro (véase el capítulo 5). Lo que estos no sabían era que el alcalde Richard M. Daley abandonaba la política municipal. Su sustitución en mayo de 2011 por Rahm Emanuel —más tarde apodado por el movimiento Occupy como *alcalde 1 %*— significaría un ataque aún más feroz contra las escuelas y el profesorado, con más cierres, concertadas e intentos de recortes salariales.

Las batallas del sindicato produjeron resultados desiguales en los dos primeros años del nuevo equipo. Pero estas luchas consiguieron que los afiliados se implicaran más y se comprometieran con las familias como nunca. No podría haber habido mejor trampolín para la campaña contractual y la huelga.

¿DESPIDOS O RECORTES SALARIALES?

Pocos días después de que el CORE ganara la segunda vuelta de las elecciones en junio de 2010, los reformistas montaron un piquete de emergencia frente al consejo de educación. El director general

Ron Huberman había anunciado que el distrito se encontraba en dificultades financieras. El CTU debía abrir el contrato y renunciar a todo o a parte del aumento anual del 4% de los miembros o enfrentarse a hasta 2.000 despidos.

Los dirigentes no se fiaron de la palabra de Huberman. CPS no ofrecía garantías de que, aunque abrieran el contrato, los miembros no serían despedidos de todos modos. "No estaban asumiendo un compromiso verdadero", dijo Debby Pope, que ahora trabaja en el Departamento de Reclamaciones. El distrito presionó aún más a favor de la reapertura enviando previamente una lista de opciones para que el sindicato "eligiera qué cosas aumentarían los ahorros que necesitaban", dijo la secretaria financiera Kristine Mayle.

"Nuestros afiliados se sintieron muy insultados", dijo Mayle. "Nos han quitado un montón de pequeñas cosas, incluidos algunos temas permitidos, como el transporte en autobús, que no estaban en el contrato".

Para responder a la propuesta de CPS, los líderes formaron un amplio equipo. Recurrieron a miembros de todos los estamentos, áreas temáticas, regiones y etnias, y se pusieron en contacto con activistas más allá del CORE, incluidos miembros de grupos opositores, con el objetivo de aliviar la polarización de la temporada electoral.

Era la primera vez que el CTU reunía a los afiliados con los directivos y los abogados. "La junta estaba muy nerviosa", recuerda Mayle, "y eso contribuyó a aumentar la presión, porque tuvieron que enfrentarse a nuestros afiliados y afiliadas como seres humanos, con quejas justificadas; no eran solo números en una hoja de cálculo de posibles despidos".

El equipo negociador, formado por 30 personas, pudo ver de primera mano los recortes propuestos por el distrito y explicar a otros las consecuencias. El mensaje del sindicato al profesorado de base y a la opinión pública, según Mayle, era que "como quiera que exprimieran ese dinero, iba a ser malo para los niños". CTU subrayó: "Perder profesores también es malo para los niños".

SOLIDARIDAD

Cuando el profesorado de Wisconsin convocó una huelga salvaje en febrero de 2011 y ocuparon el Capitolio junto con otros miles de trabajadores, el CTU se lanzó a ofrecer su

solidaridad a unos compañeros que estaban a tres horas de distancia. Los líderes sabían que era una oportunidad de oro para educar a los miembros sobre los ataques que se avecinaban contra los empleados públicos y para hacerles ver cómo es y cómo se siente una gran lucha.

Durante tres fines de semana seguidos, el CTU alquiló autobuses para llevar a sus miembros a Madison a mostrar su solidaridad con la multitud congregada en el Capitolio. Para el profesorado que hizo el viaje, presenciar a las decenas de miles de personas dentro y alrededor del edificio fue una gran inyección de adrenalina. "Los miembros sacaron mucho provecho de ello", dijo Kristine Mayle al entrar en la rotonda del Capitolio. "Fue una gran experiencia sentir ese poder".

La rebelión tan cercana también fue "útil", según Jackson Potter, "para recordar a los legisladores de Illinois que, en medio de su enorme ataque a nuestros derechos de negociación, esto estaba ocurriendo en Wisconsin. Si iban demasiado lejos, podrían tener un ejército de furiosos empleados públicos y docentes respirándoles en la nuca. Tuvo el efecto de moderar algunos de los ataques y darnos más tiempo para prepararnos".

Los dirigentes se negaron a abrir el contrato y exigieron al distrito que mostrara sus cuentas. Ese verano despidieron a casi 1.300 profesores y profesoras. El sindicato llevó al distrito a los tribunales tanto por los despidos como por la negativa del consejo a compartir documentos públicos sobre las finanzas de CPS.

En octubre, un juez declaró ilegales 750 de los despidos porque Huberman no había utilizado la antigüedad para elegir a los expulsados. Aunque sobre el papel fue una victoria, el distrito apeló, y el sindicato sabía que la disputa legal podría prolongarse durante meses o años —de hecho, tanto los tribunales estatales como los federales se pusieron de parte del distrito cuando el caso llegó a sus manos en 2012—. El profesorado despedido no fue readmitido.

Los dirigentes del CTU creyeron que habían hecho bien en no morder el anzuelo y negociar contra sí mismos. Pero también fue una lección de que los jueces y los abogados no iban a salvar las escuelas de Chicago.

En septiembre de 2010, el alcalde Daley anunció que no continuaba otro mandato. Huberman dimitió poco después. Fue sustituido por Terry Mazany, director general interino, y Jean-Claude Brizard, elegido por Emanuel. Mayle dijo que los constantes cambios de liderazgo "sumieron todo el sistema en el caos". Huberman se había interesado por los datos, pero Brizard hizo hincapié en las pruebas y en una jornada más larga: "Vivíamos en una agitación constante. La gente ya no sabía qué se esperaba de ellos, y ni siquiera los responsables lo sabían".

LEGISLAR PARA DEBILITAR A LOS SINDICATOS DE PROFESORES

Los dirigentes del CTU sabían que, además de los despidos, se avecinaban más ataques. Su antiguo director de escuelas, Arne Duncan, dirigía ahora el Departamento de Educación de Obama. Uno de sus principales objetivos era vincular las evaluaciones de los docentes a los resultados de los exámenes de los alumnos y, por tanto, debilitar la antigüedad, y estaba utilizando para ello el programa Race to the Top ("Carrera hacia la cima") de la administración, dotado con 4.350 millones de dólares (véase el apéndice). Al profesorado de Chicago le preocupaba ser el siguiente objetivo.

Tradicionalmente, los directores han evaluado a los docentes observando su trabajo en el aula. Pero según las directrices de Race to the Top, para recibir ayudas federales a la educación, los distritos escolares y los sindicatos de profesores debían aceptar un modelo de valor añadido que los evalúa midiendo la mejora —o la falta de esta— de los alumnos en los exámenes estandarizados.

A los líderes del CTU les preocupaba que el modelo de valor añadido no mostrara lo que el profesorado hacía realmente y no tuviera en cuenta las influencias externas sobre los estudiantes: su vida familiar, la pobreza y la desigualdad de recursos. Los docentes calificados de ineficaces, según el nuevo modelo, serían despedidos por la vía rápida. El efecto era hacer recaer en el profesor la carga de cambiar las cosas y culparle si no lo hacía. Los anteriores dirigentes del CTU habían aceptado que CPS utilizara el rendimiento de los alumnos en las evaluaciones del profesorado, así como recortar las pensiones e introducir para estas un sistema de dos niveles. Pero los dirigentes estatales querían mayores concesiones en materia de pensiones por parte de los trabajadores del sector público. En enero de 2011, dos proyectos de ley de la legislatura amenazaba a los docentes de Chicago y a todos los trabajadores y trabajadoras estatales de Illinois.

El primero fue un proyecto de reforma de las pensiones, encabezado por el presidente demócrata de la Cámara de Representantes, Mike Madigan. El segundo lo impulsaron Advance Illinois y Stand for Children, una ONG que estaba presionando para que se aprobaran leyes en todo Estados Unidos que debilitaran las normas contractuales del profesorado y se ampliaran las escuelas concertadas. Su objetivo era limitar los derechos de negociación y debilitar la titularidad.

El CTU y otros sindicatos estatales lograron rechazar el ataque a las pensiones. El proyecto de Ley de Educación también fracasó, tras una oleada de visitas al Capitolio por parte del CTU y los dos sindicatos de profesores estatales. Llevaron a docentes, familias y grupos educativos para mostrar a los legisladores que la desaprobación era más amplia que la de los portavoces sindicales.

Pero el sindicato sabía que los reformistas multimillonarios volverían. Después de que Stand for Children ganara una medida en Colorado que basaba el 50% de la evaluación de un docente en los resultados de los exámenes de los estudiantes, el grupo redactó otro proyecto de ley en Illinois: Senate Bill 7 (SB7), presentado en la primavera de 2011.

La presidenta del CTU, Karen Lewis, se unió a los dos sindicatos de profesores de todo el estado para negociar con los legisladores en la capital, Springfield. Los sindicatos estatales estaban dispuestos a hacer concesiones —por ejemplo, aceptar recortes en los derechos de antigüedad— en un intento de evitar que el proyecto de ley contuviera medidas aún más draconianas.

La legislación de 1995 ya había etiquetado ciertos temas vitales como de negociación permisiva para CPS, en lugar de obligatoria. Esto significaba que la dirección no estaba obligada a negociar sobre el tamaño de las clases, las asignaciones o los horarios escolares, por ejemplo.

Pero el SB7 fue más allá y permitió a CPS introducir cambios unilaterales en las condiciones de trabajo del profesorado que antes se negociaban. El distrito podría ahora imponer una jornada escolar más larga y el CTU solo podría negociar los efectos. Los despidos, que antes se basaban en la antigüedad dentro de la unidad escolar, ahora se basarían en parte en las evaluaciones, erosionando la antigüedad. Las evaluaciones determinarían si el profesorado obtenía la titularidad, y el 25% de la evaluación —aumentando al 30% después de dos años— se basaría en los resultados de los exámenes de los alumnos.

El proyecto de ley también ponía trabas que, según los líderes de Stand for Children, harían prácticamente imposible que el profesorado de Chicago se declararan en huelga. El nuevo requisito —solo para los docentes de Chicago— era que el 75% de toda la unidad de negociación, no solo de los votantes, tendría que dar el sí para autorizar una huelga.

En las negociaciones nocturnas en Springfield, con un senador demócrata que dirigía el proceso, los líderes de los tres sindicatos, incluido el CTU, respaldaron el proyecto de ley.

RECHAZO

Lewis dijo más tarde que había sentido que tenía opciones limitadas en el SB7. "Nuestros miembros estaban indignados. '¿Por qué aceptaste esto?', preguntaban. Pero no tenía elección, iban a hacerlo de todos modos".

Y el CTU no estaba solo. Muchos líderes sindicales de docentes de todo el país lucharon durante este periodo, a medida que se intensificaba el tamborileo contra los profesores y los sindicatos. Los políticos conservadores y sus aliados amenazaban con ir a por todos los derechos de negociación colectiva si los sindicatos no hacían concesiones como aceptar limitar la titularidad. En Massachusetts, por ejemplo, Stand for Children encabezó un proyecto de ley similar al año siguiente, con apoyo bipartidista en la legislatura. El presidente del principal sindicato de profesores del estado mantuvo conversaciones a puerta cerrada con Stand for Children y los legisladores en un intento de controlar los daños. Nunca se planteó una campaña pública contra la medida, apelando a las familias.

Sin embargo, los miembros del CORE reaccionaron con dureza ante el respaldo de su propio sindicato al proyecto de ley. Varios plantearon la cuestión a la junta ejecutiva. Tras un debate, Lewis se mostró dispuesto a respaldar una resolución que anulaba el apoyo del CTU. A continuación, 600 miembros votaron casi por unanimidad en la Cámara de Delegados.

Para entonces, sin embargo, la medida ya había sido aprobada por el Senado en una votación por 59 a 0. Poco después, también fue aprobada por la Cámara de Representantes, por 112 a 1.

El incidente podría haber sido un golpe bajo para el nuevo presidente del CTU y la dirección local, y una fuente de desconfianza en la futura toma de decisiones del sindicato. Pero el compromiso de los dirigentes con la democracia les permitió reagruparse y volver públicamente con una postura unificada y una lección aprendida: No dejes que los legisladores te aíslen en el ambiente capitalino. Hay que insistir en que las grandes decisiones se tomen entre los afiliados.

Otra lección fue que trabajar con los líderes políticos en sus propios términos es una baza perdedora. Los líderes demócratas, en colaboración con los grupos de presión de Stand for Children, establecieron los parámetros del debate y crearon una falsa sensación de urgencia: el apoyo de los sindicatos, insistieron, era necesario ¡ya! Los dirigentes del CTU decidieron que, aunque era importante participar en la política local y la estatal, su fuerza vendría de la movilización de sus afiliados y aliados.

A LA OFENSIVA

El sindicato se enfrentaba ahora a mayores retos que nunca con su arma más afilada, la huelga, aparentemente desechada. Y en mayo de 2011, Rahm Emanuel se pavoneó en el despacho del alcalde.

Emanuel había hecho campaña para arreglar el sistema escolar de Chicago. Elogió las escuelas concertadas y ofreció "opciones difíciles" para las escuelas públicas tradicionales. Su remedio sería alargar la jornada escolar y ordenar docenas de reformas. Un operador de escuelas concertadas con buenos contactos era uno de los principales asesores de Emanuel en materia de educación.

Así que los dirigentes del CTU no solo tendrían que defender el contrato de sus miembros, sino también responder a una oleada de cierres de escuelas y privatizaciones. Negociarían con un distrito con un déficit de 700 millones de dólares. El salario por méritos, la titularidad y los derechos de antigüedad estarían sobre la mesa.

En diciembre de 2008, la ocupación de una fábrica de ventanas de Chicago causó una gran impresión entre los activistas locales. Ante un cierre repentino, los trabajadores de Republic Windows and Doors organizaron una sentada para exigir el salario que se les debía. Los activistas sindicales acudieron en masa a la planta de la zona oeste para apoyarles. Los trabajadores no solo ganaron su reivindicación, sino que también captaron la atención y la simpatía nacionales, levantando el ánimo de los sindicalistas de todo el país.

"La gente de Republic demostró que si quieres cambiar la conversación, tienes que pasar a la acción", dijo el organizador Matthew Luskin. Así que el CTU se propuso cambiar la conversación tomando cartas en el asunto. En lugar de replegarse y suavizar sus mensajes y tácticas, sus miembros salieron a la calle y se comprometieron con la gente en los términos establecidos por el sindicato.

Al pasar a la ofensiva, el CTU consiguió que sus miembros fueran los buenos en lugar de los malos. El problema no eran los docentes vagos preocupados por su jubilación, sino los años de abandono de las escuelas en los barrios afroamericanos y latinos. La cuestión no era solo el despido de profesores y profesoras, sino el número de estudiantes por clase. Y el CTU se centró en la causa de estos problemas, informando a todo el mundo de cómo las escuelas recibían poca atención mientras los bancos y las corporaciones obtenían exenciones fiscales.

DINERO PARA LAS ESCUELAS, NO PARA LAS EMPRESAS

El CTU vinculó su crítica a la financiación de las escuelas con las grandes fuerzas económicas que perjudicaban a la clase trabajadora de Chicago. El sindicato acusó a las empresas de beneficiarse de la privatización de las escuelas y de privarlas de los recursos que tanto necesitaban.

Los sindicatos locales del CTU, SEIU y la KOCO unieron sus fuerzas en marzo de 2011 para protestar en un concesionario Cadillac que había recibido ocho millones de dólares de la ciudad en fondos TIF, el fondo para sobornos del alcalde. Docentes y activistas marcharon desde una escuela primaria que acababa de cerrar hasta el concesionario y se negaron a abandonarlo. Potter y un activista de la comunidad de discapacitados fueron detenidos. La coalición exigió que el concesionario devolviera los fondos a la ciudad para destinarlos a las escuelas.

"Las grandes empresas están quitando recursos a las escuelas y a las familias trabajadoras", dijo Potter al *Chicago Tribune*, "y queremos que nos los devuelvan inmediatamente".

En junio, el sindicato organizó una entrega de notas en sábado en tres sucursales del Bank of America en los barrios de Belmont-Cragin, Pilsen y South Shore. Los profesores y profesoras calificaron trabajos en los vestíbulos de los bancos —y luego en las aceras, después de que los echaran— para poner de relieve su trabajo las 24 horas del día. Bank of America y otros tres bancos de inversión sustraían 36 millones de dólares al año del presupuesto del distrito escolar en concepto de intereses de los contratos amañados, en los que el distrito pagaba un tipo de interés fijo elevado mientras los bancos obtenían beneficios de los tipos de interés históricamente bajos posteriores a la crisis.

EDUCACIÓN EN UN AULA DIFERENTE

El CTU envió a 38 miembros a la Escuela de Alborotadores de Labor Notes celebrada en Chicago en mayo de 2011, donde Karen Lewis habló en una sesión plenaria titulada "Todos estamos juntos en esto: construyendo alianzas obrero-comunitarias".

Con otros sindicalistas y gente de centros de trabajadores como Arise Chicago, los docentes escucharon a la presidenta del Sindicato del Profesorado de Madison, Peggy Coyne, hablar de las lecciones de Wisconsin y asistieron a talleres sobre campañas contractuales, lucha contra la disciplina y el despido, y al denominado "Rahmbo [Rahm Emanuel] contra los sindicatos".

La profesora de secundaria Kimberly Bowsky dijo que le gustaba ver cómo los sindicalistas se instruían unos a otros. "Normalmente aprendes a organizarte simplemente uniéndote a un grupo y haciéndolo sin más", dijo. "Nadie te enseña".

Los mismos bancos cuyo comportamiento había alimentado la crisis financiera aprovechaban ahora sus secuelas para estafar a las ciudades.

"Exponíamos cómo las lagunas fiscales estaban perjudicando a la educación y a las escuelas públicas", explicó la profesora de historia Jen Johnson. "Para nosotros era importante decir: 'Si no participaras en la venta de deuda y si no dierais exenciones fiscales a empresas y bancos, el distrito tendría más dinero'".

El sindicato fue uno de los primeros socios de Stand Up Chicago, una coalición liderada por SEIU que se formó en el verano de 2011. Entre sus miembros se encontraban United Electrical Workers y grupos comunitarios como la KOCO y Action Now.

Alex Han, organizador de Stand Up, explicó que el grupo se reunió para abordar cuestiones de justicia económica no directamente relacionadas con los contratos sindicales. Formaba parte de una campaña nacional de SEIU, Fight for a Fair Economy ("Lucha por una economía justa"), que se desarrolló de forma diferente en distintas ciudades. En Chicago, la campaña contó con la participación de las bases locales, a partir de un animado comité que se había reunido para luchar por una ordenanza de salario digno para las grandes superficies.

Uno de los principales objetivos de Stand Up eran los fondos TIF (véase el recuadro de la página siguiente). Su acción inaugural fue una protesta en junio de 2011 en una reunión de ejecutivos de finanzas corporativas en un hotel del centro de la ciudad. Acudieron más de 3.000 personas, entre ellas 500 profesores. Los manifestantes bloquearon la calle y varios dirigentes del CTU fueron detenidos exigiendo el fin del beneficio corporativo que, según ellos, estaba robando a las familias de Chicago.

La intención era redirigir la animadversión política que iba contra los trabajadores y trabajadoras del sector público para centrarse en las verdaderas fuentes de los problemas de la ciudad: los bancos y los políticos como Emanuel que les ayudaron a eludir su responsabilidad por el hundimiento que habían provocado.

"Hubo mucho entusiasmo después de eso", dijo Han. El CTU invitó a los activistas del cierre de escuelas a sumarse a las protestas de Stand Up, de mayor envergadura y en toda la ciudad. Las manifestaciones a gran escala y las tácticas militantes, que incluían detenciones y desórdenes, se harían familiares en el momento de la huelga.

Cuando surgió el movimiento Occupy en otoño de 2011, Stand Up y el CTU aprovecharon la oportunidad para entablar contacto con nuevos aliados que coincidían con su énfasis en la desigualdad y a los que les gustaban las tácticas audaces. Stand Up puso en marcha una semana de acción en octubre que coincidió con el inicio de la sentada de los miembros de Occupy en el centro de la ciudad. El grupo protestó en las reuniones de la Asociación de Banqueros Hipotecarios y la Asociación de la Industria de Futuros; 8.000 personas cortaron el tráfico en los alrededores de los hoteles donde se celebraban las reuniones. "¿Cómo solucionar el déficit? Impuestos, impuestos, impuestos a los ricos", coreaban.

LUCHA CONTRA LOS TIF

El programa de financiación por incremento de impuestos (TIF, por sus siglas en inglés) de Chicago pretendía destinar una parte de estos impuestos sobre la propiedad a zonas deterioradas, en lugar de al presupuesto general de la ciudad. La idea era captar fondos para las zonas más necesitadas; el programa reserva hasta 450 millones de dólares anuales.

En la práctica, sin embargo, los TIF se convirtieron en un fondo para los proyectos favoritos del alcalde, que generó a lo largo de los años más de 1.000 millones de dólares al margen del presupuesto municipal que podían repartirse entre empresas y promotores, incluso en zonas de la ciudad en las que era dudoso alegar deterioro. El dinero del TIF se ha utilizado para subvencionar viviendas de lujo y grandes superficies comerciales, pasando a menudo por las manos de promotores con conexiones políticas y grandes bancos.

El CTU y sus socios sostienen que el dinero del TIF debería destinarse a financiar escuelas que necesitan urgentemente recursos. "Hay más de 100 centros que no tienen bibliotecas independientes porque los funcionarios electos de Chicago gastan millones en clientelismo político y lo llaman desarrollo económico", dijo Jesse Sharkey, vicepresidente del CTU.

La coalición culpó a los bancos de provocar la crisis financiera, desahuciar a las familias y dejar sus casas vacías en mal estado. Señalaron que las ejecuciones hipotecarias y los desahucios estaban restando a las ciudades impuestos sobre la propiedad que podrían destinarse a las escuelas. Los manifestantes arrojaron basura de una limpieza vecinal al suelo de un céntrico Bank of America.

A medida que avanzaba el movimiento Occupy, los representantes del CTU asistieron a las reuniones semanales del comité laboral del movimiento y se ganaron al grupo para que centrara su atención en las escuelas, en lugar de en una larga lista de problemas. Incluso organizaron reuniones en la sede del CTU. Los miembros de ese grupo se convirtieron más tarde en el núcleo del Comité de Solidaridad con el profesorado de Chicago durante la huelga.

En 2013, el CTU volvió a colaborar con Occupy para protestar por el cierre de escuelas. Activistas del movimiento, miembros de sindicatos y líderes de grupos comunitarios bloquearon los ascensores del ayuntamiento en un acto de desobediencia civil, y fueron detenidos.

El sindicato no tuvo miedo de trabajar con aliados considerados demasiado radicales para la corriente dominante. "Muchos profesores y profesoras fueron detenidos la noche en que desalojaron el parque", dijo Mayle, refiriéndose a la noche en que la policía de Chicago desalojó el campamento Occupy. Los activistas que no tenían relación directa con las escuelas de Chicago también estaban dispuestos a salir cuando su aliado se lo pedía. Potter dijo: "No hay que subestimar la acción directa, correr riesgos, intentarlo. No hay que subestimar el poder de la solidaridad para hacer que la gente se arriesgue".

Al desafiar a los políticos que afirmaban que la ciudad estaba en quiebra, los miembros del CTU crearon sus propias condiciones para debatir cómo debían financiarse y gestionarse las escuelas públicas. Alcanzaron el éxito como organización y prepararon el terreno para un tipo diferente de negociación colectiva, vinculada a una amplia coalición de la comunidad laboral.

¿DEMASIADO RADICAL?

En medio de los continuos ataques políticos contra el profesorado, una lección importante para los miembros preocupados por la mala cobertura mediática se produjo cuando el CTU obtuvo buena prensa precisamente por sus movilizaciones. No se trataba de contratar a asesores mediáticos, sino de tomar el concesionario de Cadillac que obtuvo un TIF, de celebrar una vigilia en casa de Emanuel contra el cierre de escuelas, de que familias y docentes fueran arrestados juntos.

Todos estos momentos mediáticos se produjeron porque miembros de base perturbaron de algún modo a los enemigos de las escuelas y pusieron de manifiesto lo que realmente era la lucha.

Estas acciones también fueron cruciales para cambiar la cultura del sindicato. El CTU tenía poca tradición de concentraciones militantes, desobediencia civil o acciones agresivas. Muchos docentes siguen las normas por naturaleza, pero a través de estos actos miles de personas pudieron ver cómo los activistas del CTU empujaban barricadas contra policías, ignoraban órdenes, eran arrinconados, montaban sentadas, gritaban a los políticos e interrumpían reuniones, todo ello en nombre de los estudiantes. Estas acciones solían llevarse a cabo junto con familias y organizaciones comunitarias, en un momento en que muchos miembros creían que la gente culpaba al profesorado de los problemas en las escuelas.

Algunos miembros del sindicato y del CORE temían que estas actividades fueran demasiado lejos para el afiliado medio. Les preocupaba que esta militancia alejara a las bases menos activas que querían centrarse en sus problemas cotidianos en las escuelas. Sin embargo, las acciones de gran repercusión empezaron a atraer a nuevos activistas. Los afiliados se dieron cuenta de que la relación que había entre desafiar al alcalde y sus aliados, y ganarse al mismo tiempo el apoyo de las familias y el público, afectaría también a la agresividad de los directores en los centros.

UNA JORNADA ESCOLAR MÁS LARGA

Rahm Emanuel había hecho campaña con la promesa de instituir una jornada escolar más larga y emprendió esa lucha inmediatamente después de asumir el cargo. El sindicato aún estaba resentido por la aprobación de la Ley SB7. Esta permitía al distrito imponer una jornada o un curso escolar más largos sin negociar con el sindicato.

Emanuel planteó el cambio como algo obvio. La jornada escolar en primaria era de 5 horas y 45 minutos, la más corta del país. Su propuesta era alargarla a 7 horas y media y prolongar el curso escolar diez días más. El profesorado recibiría un aumento del 2% a cambio de un 20% más de trabajo. Las escuelas concertadas ya lo hacían; las familias estarían contentas, afirmaba Emanuel. "Era la primera vez que Rahm nos atacaba", dijo Mayle.

A finales de agosto, cuando el profesorado estaba en las escuelas, pero los estudiantes aún no habían llegado, CPS convenció a los docentes de 13 centros para que votaran a favor de renunciar al contrato sindical y alargar su jornada. "Sobornaron al profesorado con iPads y dinero para sus escuelas y presionaron a los directores para que convocaran rápidamente votaciones de renuncia", dijo Mayle. "Las escuelas que consiguieron fueron aquellas que contaban con personal joven, con personal de Teach For America o escuelas sin delegados del CTU".

Cuando los supervisores de distrito del sindicato (véase el capítulo 5) se enteraron de las exenciones, llamaron a la sede del sindicato y "nos pusimos manos a la obra", dijo Norine Gutekanst, directora de organización, "para transmitir inmediatamente a todos los afiliados el mensaje de que se trataba de un intento ilegal del consejo de administración de burlar al sindicato que representa a todo el profesorado, y que no debían caer en esa trampa".

"Tradicionalmente, los institutos eran nuestros miembros más fuertes y militantes", recuerda el organizador Matthew Luskin. El profesorado de primaria era más tranquilo y, en general, se sentían incómodos con la idea de llegar a las madres y los padres como activistas sindicales. Cuando Emanuel hizo un llamamiento a las familias para que exigieran la ampliación de la jornada "se colgaron en la pared unos gráficos en los que se seguía la situación de cada escuela: ¿se va a votar? ¿Ganaremos? ¿Podemos acabar con ella antes? ¿Han votado ya que sí?".

Los organizadores convocaron a personal de otros departamentos y programaron reuniones sindicales de urgencia en las escuelas de toda la ciudad. Se pidió a la afiliación que pusiera de acuerdo a todos sus compañeros, adoptaran públicamente una postura y empezaran a hablar con las familias.

"Decenas de reuniones de familias y de los consejos escolares locales se programaron contra la jornada escolar más larga", explica Luskin, "y a menudo eran las familias o los directores quienes pretendían presionar para que se votara. Los miembros tuvieron que optar por hablar con esos padres y madres en una situación que podría haber sido muy hostil. Los organizadores estaban disponibles para ayudar a la gente a prepararse, pero solo los miembros de esa escuela podían llevar el mensaje a sus familias de forma eficaz".

"En la escuela después de las clases fue genial: las familias que empezaron la reunión diciendo que sería una locura que el centro dejara pasar ese dinero e instaban al profesorado a votar sí, la terminaron diciendo 'esto se parece a la represión sindical que vimos en Wisconsin' y aprobando resoluciones que condenaban a la junta por gastar dinero intentando así poner a las familias en contra de los docentes. Fue un momento decisivo y una experiencia que ayudó al profesorado de primaria de toda la ciudad a creer que las campañas venideras eran posibles".

Emanuel no previó la resistencia que encontraría su propuesta entre las familias. Acabó dando al CTU el tema perfecto en torno al cual organizarse. En el profesorado estaban indignados por la propuesta de aumentar sus horas de trabajo sin un aumento salarial significativo. Y tanto a las familias como a los docentes les pareció una tontería simplemente añadir tiempo a una jornada escolar con pocos recursos sin añadir ningún programa nuevo.

Adam Heenan, miembro del CORE, dijo que Emanuel era el mejor organizador del sindicato. "Nos era abiertamente hostil", dijo Heenan. "Ahora estábamos en el punto de los insultos y de una mayor carga de trabajo".

Wendy Katten, una madre de CPS y directora del grupo de padres Raise Your Hand, dijo: "Nos llegaban noticias de que la gente no recibía el IEP (programa de educación individualizada, obligatorio para los niños con discapacidades) para sus hijos o de que no tenían pintura para la clase de arte en sus escuelas. Hay muchas cosas que no se están abordando ya. Si no las solucionamos, ¿de qué nos va a servir tener más tiempo?".

Chicago Parents for Quality Education ("Padres de Chicago por una educación de calidad"), una coalición de familias y grupos comunitarios, se mostró de acuerdo y afirmaron que la mejor forma de atender a los alumnos y alumnas era dotar a los centros de más recursos y distribuirlos equitativamente.

En octubre, el CTU obtuvo una resolución de la Junta de Relaciones Laborales de la Educación de Illinois. La Junta impidió a CPS solicitar a otras escuelas que trabajaran más horas, porque el distrito estaba pasando por alto al agente de negociación colectiva, el sindicato. Mientras tanto, la opinión pública se había vuelto definitivamente en contra del plan unilateral de Emanuel de ampliar la jornada escolar. Fue el alcalde quien acabó magullado, no el sindicato.

En abril de 2012, el CTU dio a conocer un informe redactado por aliados de la Universidad de Illinois en Chicago: *Beyond the Classroom: An Analysis of a Chicago Public School's Actual Workday*

("Más allá del aula: análisis de la jornada laboral real de un profesor de la escuela pública de Chicago"). En él se concluía que el profesorado de Chicago trabajaba una media de 58 horas semanales durante el curso escolar, lo que desmiente el mito de que la jornada de un profesor termina a las tres de la tarde.

Los negociadores sindicales llegaron a un acuerdo sobre la ampliación de la jornada escolar en julio de 2012, a medida que crecía el impulso hacia la huelga. El acuerdo exigía que las escuelas primarias aumentaran su jornada 1 hora y 15 minutos, hasta 7 horas lectivas. Antes, el profesorado de primaria tenían su hora de almuerzo al final de la jornada, después de que los estudiantes se fueran a casa, y el profesorado también podían irse. Con el nuevo horario, el almuerzo de una hora de los docentes se trasladó al mediodía. Los institutos añadieron 30 minutos más y también se alargó diez días al calendario escolar. Pero la jornada laboral real de cada profesor no se alargó significativamente, porque CPS acordó contratar 512 nuevos docentes, casi uno más por escuela. Los nuevos contratados debían proceder de la reserva de profesores despedidos el otoño anterior y ser especialistas en música, biblioteconomía, ciencias de la educación y ciencias sociales, idiomas, arte y otras áreas de desarrollo.

Aunque ambas partes se declararon vencedoras, lo cierto es que los dirigentes del CTU habían obligado al distrito a negociar sobre lo que, según la ley estatal, estaba prohibido.

La lucha por la ampliación de la jornada escolar proporcionó "una experiencia excelente para la campaña del contrato", dijo Mayle: reunir argumentos, conseguir que las familias se pusieran de parte del sindicato y mantenerse firmes en la mesa de negociación. Y a medida que la campaña por el contrato crecía durante 2012, la lucha por la jornada escolar encajaba con ella, cambiando la opinión pública a favor del profesorado en las mismas cuestiones en las que sus sindicatos habían estado perdiendo a nivel nacional, y demostrando que era posible replantear la conversación.

ANTICIPAR EL CIERRE DE ESCUELAS

Un centenar de escuelas públicas habían sido cerradas desde que en 2004 comenzó el plan de privatización escolar Resistencia 2010.

En su lugar se crearon 85 escuelas concertadas con una plantilla mayoritariamente no sindicada.

En lugar de adoptar la actitud de que el trabajo del sindicato consistía en reducir sus pérdidas y gestionar el declive de las escuelas públicas, los líderes decidieron luchar contra todos los cierres y evitar los intentos de enfrentar a las escuelas entre sí.

Cada otoño, el consejo votaba qué criterios utilizar para cerrar escuelas. Así que, en el otoño de 2011, el Departamento de Investigación del CTU examinó todos los criterios y métricas para predecir qué escuelas podrían ser el siguiente objetivo. De este modo, el sindicato podía organizar conversaciones con el profesorado y los socios de la comunidad con antelación. "Enviamos organizadores y personal de campo a los centros antes de la fecha límite", dijo Gutekanst. "La gente sabía lo que se avecinaba y que el sindicato iba a oponerse activamente".

El CORE había conseguido evitar algunos cierres en años anteriores (véanse los capítulos 3 y 4). En el curso 2008-2009, se anunciaron 22 cierres; tras campañas y protestas, la junta redujo el número a 16. En 2009-2010, la junta anunció 14 clausuras y la comunidad, las familias y el profesorado volvieron a tener éxito: consiguieron de nuevo evitar seis.

La lista de Mazany en 2010-2011 era aún más corta y los activistas salvaron a dos. Cada vez estaba más claro que los cierres y consolidaciones de escuelas no eran inevitables. Un grupo bien organizado podía conseguirlo y cada vez más personas de toda la ciudad estaban aprendiendo a hacerlo. En 2011-2012, el sindicato convocó una moratoria de cierres en toda la ciudad.

"Recuerdo que pensé que teníamos que dar un paso adelante", dijo el profesor de primaria Al Ramírez. La anterior administración del CTU dijo que ofrecía a los miembros formas de participar, pero no había diseñado un plan serio de organización. Recordaba reuniones en las que docentes y familias solo habían participado de forma pasiva, haciendo cola para hablar por teléfono dos minutos y luego marcharse.

Los líderes tuvieron que crear una nueva sensación de urgencia. El cambio se hizo evidente, según Gutekanst, en la forma en que los organizadores del CTU hablaron de los cierres con el profesorado. "Les dijimos que, aunque su escuela no estuviera en la lista, queríamos que vinieran a apoyar a todas las escuelas que sí lo estaban".

Ramírez describió la estrategia: "No facilitemos estos cambios a los muy ricos. Pongámoslos en evidencia allá donde podamos. Desenmascarémoslos siempre que sea posible y hagámosles las cosas difíciles públicamente".

Conseguir que el profesorado se implicara en la lucha contra los cierres, la ampliación de la jornada y la expansión de las escuelas concertadas (a menudo todo al mismo tiempo) no fue algo automático. Emanuel estaba en la cresta de la ola; parecía que el nuevo alcalde victorioso podría conseguir lo que quisiera.

Pero los dirigentes del CTU volvieron a lo fundamental. Los organizadores, el personal y los representantes electos empezaron a convocar reuniones escolares con dos objetivos: dejar que el profesorado expresara sus preocupaciones y ofrecerles un plan creíble para contraatacar.

En primer lugar, el profesorado tuvo la oportunidad de expresar su frustración por el trato que recibían sus estudiantes y sus escuelas. El organizador Brandon Johnson explicó que esta parte de la reunión consistía en "escuchar a la gente expresar su enfado y asegurarse de que este se dirigía al enemigo adecuado". El trabajo de los organizadores consistía en asegurarse de que los miembros no se limitaban a las cuestiones contractuales, sino que se interesaban por la dinámica del poder en Chicago, para que comprendieran que una élite poderosa tomaba las decisiones sobre la educación pública.

El segundo objetivo era compartir un plan de lucha. Esto incluía recabar distintas aportaciones sobre cómo ejecutar el plan. "Tenemos una estrategia general y luego los organizadores la adaptan", explica Debby Pope, miembro del CORE desde hace muchos años. "No hay una estrategia única".

"La mayoría de la gente pensaba que sería difícil ganar en esas circunstancias", dijo Johnson, y lo planteó con toda crudeza: "La profesión que amamos está siendo atacada. La única forma de defenderla es permanecer unidos. Somos todo lo que tenemos en este momento".

REDUCIR LA DESCONEXIÓN

La escuela primaria Herzl es un buen ejemplo de la estrategia del CTU de volver a lo fundamental. La escuela iba a ser reformada y el profesorado no había participado mucho en las actividades sindicales hasta entonces.

LAS FAMILIAS OCUPAN UN COLEGIO

La ocupación de la escuela primaria Piccolo fue un ejemplo de lo que Jitu Brown describió como "la respuesta más militante que Chicago ha tenido nunca" en torno a la educación, en el año previo a la huelga.

Padres y madres activistas del grupo Blocks Together ocuparon Piccolo en febrero de 2012 para protestar por una absorción privada en la que se despediría a toda la plantilla. El profesorado salió en su apoyo.

CPS se había fijado como objetivo que esta escuela de la zona oeste, que atendía a 550 alumnos (mayoritariamente negros y latinos), reabriera bajo la Academy for Urban School Leadership (AUSL), de gestión privada, conocida por expulsar a los alumnos considerados problemáticos.

Tráiganlos

Las familias votaron abrumadoramente en contra de privatizar la escuela y elaboraron su propia contrapropuesta. El plan incluía mantener al nuevo director un mínimo de dos años, aumentar la participación de las madres y los padres, financiar más programas culturales y mejorar la seguridad.

Latrice Watkins, presidenta del consejo escolar local, enumeró las mejoras que ya se habían producido: mejor asistencia, una cultura más respetuosa, un director más receptivo, padres y madres implicados en las patrullas de los pasillos e invitados a las aulas, y una mejor comunicación entre familias y docentes.

"No queremos que AUSL venga a nuestra escuela", dijo Watkins, "porque ya estamos haciendo nuestro propio cambio".

Latoya Walls, madre de Piccolo, impulsó la ocupación. "Están acostumbrados a celebrar concentraciones frente al centro; hagamos una cosa más", explicó Walls. "Les dije: 'Vengan con nosotros y ocupemos el centro'. No imaginaba que la cosa iba a ser tan grande".

Familias, docentes, estudiantes y miembros de Occupy Chicago enlazaron sus brazos en la escalinata de la escuela cantando *Ain't Gonna Let Nobody Turn Me Around*. La plaza de enfrente estaba llena de tiendas de campaña y los carteles rezaban: "No necesitamos AUSL". Ocuparon la escuela durante casi 24 horas, acapararon la atención de toda la ciudad y abandonaron el centro solo después de que los dirigentes del consejo prometieran reuniones con las familias. Sin embargo, las reuniones —celebradas en su mayoría por teleconferencia la semana siguiente— no impidieron que el consejo siguiera adelante con el cambio de Piccolo.

Su escuela había pasado por varios administradores, el centro estaba en mal estado y muchos pensaban que se le estaba privando de recursos intencionadamente para que el distrito pudiera justificar medidas drásticas.

Un organizador se puso primero en contacto con el delegado y le pidió que concertara una reunión para hablar de las condiciones de la escuela. En lugar de anunciar "una marcha, un banco de teléfonos o llenar un autobús", dijo Johnson, "el planteamiento fue: 'Esto es lo que está pasando, ustedes ya han oído las noticias, ¿qué quieren hacer?'".

Cuando los profesores y profesoras se reunieron, hablaron de cómo las escuelas habían sido creadas para fracasar y de que se sentían desatendidos. Al principio preguntaron al sindicato qué iba a hacer, como si fuera un tercero. Pero la pregunta se redirigió de nuevo a los presentes: ¿qué vamos a hacer nosotros?

"Había una desconexión; familias y docentes no habían trabajado juntos", dijo Johnson. "En realidad estamos luchando mucho, pero no estamos luchando juntos".

Así que el profesorado empezó a coordinar sus esfuerzos con grupos de la comunidad de la zona oeste. Llamaron por teléfono a las familias para que participaran y llenaron dos autobuses para acudir a las audiencias sobre el cierre, en las que muchos docentes ofrecieron testimonios convincentes.

EL PLAN DE CIERRE

El 1 de diciembre de 2011, Emanuel propuso el cierre y la eliminación gradual de siete escuelas, diez transformaciones en las que se despediría a todo el profesorado y al personal, y seis reubicaciones, en las que los operadores privados de escuelas concertadas se harían con parte de las escuelas públicas existentes. Los 23 centros se encontraban en las zonas sur y oeste de Chicago, predominantemente negras y latinas.

Dos días más tarde, el CTU y la junta comunitaria respondieron con una concentración que reunió a 500 personas en un instituto de la zona sur. El ambiente era militante. Uno de los participantes dijo a la multitud: "He pasado por cuatro —cuéntenlos: ¡cuatro!— cierres y transformaciones. Y quiero que sepáis que los he vencido todas y cada una de las veces". Angela Surney, que ayudó a luchar contra el cierre de la escuela primaria Marconi, en la que estudiaba su hijo, se llevó una ovación cuando explicó cómo ser un vencedor en lugar de una víctima.

Jitu Brown, organizadora de la KOCO, señaló que muchas de las escuelas que ahora estaban a punto de cerrarse debido a los malos resultados en los exámenes se habían debilitado cuando empezaron a recibir a estudiantes expulsados de otras escuelas clausuradas. Una representante del consejo vecinal de Brighton Park se comprometió a que su grupo acudiera a las reuniones del consejo escolar y puso como ejemplo positivo las escuelas comunitarias de su barrio, que permanecen abiertas hasta tarde y ofrecen diversos servicios. Otros participantes prometieron llevar autobuses llenos de madres y padres a la vigilia del consejo escolar.

Incluso los profesores y profesoras que no estaba directamente amenazados acudieron; 90 centros estaban representados.

Se celebraron más reuniones por toda la ciudad, organizadas en función de las zonas geográficas de la red de CPS. En Midway, por ejemplo, 60 docentes y miembros de la comunidad de 16 escuelas de una franja de la zona sur planearon una marcha el Día de Martin Luther King para salvar una escuela K-8 de 1.400 estudiantes.

CONTRA EL *APARTHEID* EDUCATIVO

En su lucha contra los cierres, uno de los principales gritos de guerra del sindicato fue su efecto dispar sobre los estudiantes de color, especialmente los negros. Los dirigentes calificaron de racistas las políticas de la junta y señalaron que, desde 2001, el 88% de los estudiantes afectados por los cierres y las reconversiones habían sido afroamericanos.

Brandon Johnson y otros dirigentes negros del CTU aparecían regularmente en la principal emisora de radio negra para plantear esta cuestión. Al privar sistemáticamente a las comunidades negras y latinas de recursos, el CTU dijo que CPS estaba abocando a las escuelas al fracaso. Tammie Vinson, delegada de Emmet Elementary, dijo: "Todas estas evaluaciones están calificando a nuestros centros como fracasados, a nuestros docentes como fracasados, a nuestros estudiantes como fracasados. Todo el mundo está fracasando en base a estas evaluaciones". Lewis describió aquel Chicago como una "época de *apartheid* educativo".

Los profesores y profesoras negros también fueron los más afectados por los cierres, ya que eran más propensos a enseñar en las escuelas de mayoría negra. En febrero de 2012, el CTU y cuatro docentes presentaron una denuncia ante la Comisión para la Igualdad de Oportunidades en el Empleo (EEOC, por sus siglas en inglés) en la que alegaron que la política de despidos de la junta "tenía un impacto amplio, creciente y sistémico sobre el profesorado afroamericano", dijo Lewis[7].

En apoyo de su acusación, el sindicato señaló que, en el año escolar 2011, solo el 29% del profesorado titular de CPS era afroamericano, pero los negros fueron el 43% de los afectados por los despidos de ese año. La cosa empeoró. En un artículo de opinión de enero de 2013, Johnson escribió: "En 2000, el 41% del profesorado de CPS eran negros. Hoy, solo el 25% lo son".

Para paliar las pérdidas, el CTU luchó por conseguir un compromiso contractual que ayudara al profesorado a seguir a sus alumnos cuando las escuelas cerraban, e incluso consiguió que el consejo accediera a contratar una plantilla racialmente diversa (véase el capítulo 10).

La nueva honestidad del CTU en el tenso tema de la raza le procuró muchos aliados, no solo en las comunidades, sino dentro de las propias filas del sindicato. "La aparición del CORE nos permitió a muchos afroamericanos decir: 'Esto es algo que podemos aceptar'", afirma la profesora de secundaria Kimberly Bowsky, que se afilió al CORE en cuanto empezó a funcionar.

Jen Johnson cita el acercamiento a las iglesias negras, las relaciones con PUSH (la organización de Jesse Jackson) y la propia relevancia personal de Karen Lewis. Durante décadas, el barrio negro de la zona sur ha patrocinado cada agosto un desfile de vuelta al cole, con bandas y niños que hacen gimnasia. "Creo que el CTU siempre ha participado, pero en los últimos años ha crecido enormemente", dijo Johnson. "Tenemos una carroza, Karen se sienta en ella, y salimos con nuestras camisetas rojas".

---

7. El CORE había presentado en 2009 una denuncia ante la EEOC por un tema similar. Véase el capítulo 3.

Cualquier político puede montar una carroza, pero el CTU había dejado claro de palabra y obra que la lucha contra el *apartheid* educativo era el núcleo de la misión del sindicato.

'SALVEMOS NUESTRAS ESCUELAS'

A medida que el CTU y la junta comunitaria llevaban a cabo su programa proactivo por toda la ciudad, el ambiente empezó a cambiar.

Las tácticas de la coalición sindicato-comunidad fueron de confrontación y se intensificaron. Los miembros de la coalición interrumpieron y tomaron el control de una reunión del consejo escolar, entonando cánticos y reconduciéndola después de que los miembros del consejo huyeran. Padres y activistas de la comunidad ocuparon escuelas. En enero de 2012, la junta comunitaria organizó una sentada de cinco días en el ayuntamiento a la que acudieron 200 personas, pero el alcalde se negó a reunirse para hablar del cierre de escuelas.

En cada acción, el CTU hizo hincapié en el panorama general. Estos ejemplos visibles de acción conjunta del sindicato y la comunidad fomentaron la confianza del profesorado y los miembros de la comunidad en los tipos de tácticas que se utilizarían más tarde durante la huelga.

Quinientas personas hicieron una vigilia a la luz de las velas delante de la casa del alcalde para impugnar los planes de cierre, un esfuerzo liderado por grupos de la comunidad, con el CTU siguiendo su ejemplo. El día de la votación, cientos de familias, estudiantes, docentes y miembros de la comunidad se presentaron de madrugada para inscribirse en la lista de oradores.

La lucha fue brutal y, al final, la junta votó a favor de casi todos los cierres y otras medidas propuestas.

Emanuel había ganado ese asalto, pero el sindicato y las familias podían celebrar que las comunidades se habían movilizado para apoyar una visión de la educación que abordaba la pobreza y el racismo. Las acciones habían consolidado el apoyo al profesorado, mientras que Emanuel y la junta directiva habían demostrado que no les interesaba nada de lo que las familias tuvieran que decir. Las redes y los métodos utilizados para educar y movilizar a los miembros y aliados se acabarían solapando con el trabajo del CTU para preparar la campaña contractual.

AGENDA DEL CTU PARA LAS ESCUELAS

Mientras se libraban todas esas batallas, "empezamos a hablar de la necesidad de tener un programa positivo. No podíamos limitarnos a estar en contra; teníamos que estar a favor de algo", dijo Carol Caref, ahora jefa del Departamento de Investigación del CTU.

LAS ESCUELAS QUE MERECEN LOS ALUMNOS DE CHICAGO

El informe del CTU dejaba al descubierto la terrible escasez de recursos de las escuelas de Chicago, formulaba recomendaciones sobre lo que necesitaban los alumnos —respaldadas por los resultados de las investigaciones— y sugería de dónde podía proceder el dinero.

El sindicato argumentó que los estudiantes necesitaban enfermeras y trabajadores sociales que les ayudaran a afrontar problemas de salud como el asma, problemas de audición y visión, falta de alimentos y los traumas cotidianos a los que algunos se enfrentaban. Solo 202 enfermeras y 370 trabajadores sociales prestaban servicio en 648 escuelas.

Tras constatar que 170 escuelas de primaria carecían de biblioteca, el sindicato las reclamó, además de instrucción multimedia, educación física, educación artística (música, teatro, arte, danza, coro, banda) y laboratorios de ciencias e informática.

Las directrices de Chicago sugerían sobre el tamaño de las clases un tope de 28 alumnos para los cursos inferiores y de 31 en la escuela media, pero estas directrices se incumplían a menudo, con hasta 40 por aula. El CTU citó estudios que demostraban que los estudiantes rendirían mejor con entre 13 y 17 alumnos por clase, sobre todo en los cursos inferiores.

El informe vinculaba la seguridad laboral de los afiliados al bienestar de los alumnos y reclamaba "una plantilla diversa y estable de docentes y paraprofesionales que proporcione un entorno seguro".

Y el CTU explicó a los habitantes de Chicago de dónde podía sacarse el dinero para financiar esas excelentes escuelas: de los TIF, de los impuestos progresivos y del fin de las lagunas fiscales y las subvenciones a las empresas.

Así nació The Schools Chicago's Students Deserve ("Las escuelas que merecen los alumnos de Chicago"), que abogaba por una jornada escolar mejor en lugar de simplemente más larga. El informe de 46 páginas de febrero de 2012, fruto de meses de reuniones e intercambios, se convirtió en la principal declaración pública del sindicato sobre cómo debería ser la educación en Chicago, una sinopsis punto por punto de aquello por lo que el sindicato estaba luchando exactamente.

"La junta comunitaria del CTU había estado presionando en este sentido, por lo que se implicó mucho", dijo Caref. Los miembros de la junta hicieron hincapié en la necesidad de implicar a las familias en los planes escolares. Activistas de PURE, un grupo de padres y madres de toda la ciudad, y VOYCE, una organización juvenil, escribieron secciones.

"No creo en esta basura que siguen diciendo sobre nosotros, solo creo en pensar en nosotros mismos", explica Bowsky. "El tamaño de las clases es un imperativo: tener una proporción de niños razonable para que un adulto pase tiempo con ellos y les preste atención. Decir a las familias, los docentes y estudiantes que tenemos que aumentar el número de alumnos por clase, simplemente por dinero, que no podemos permitírnoslo... bueno, los jefes que toman estas decisiones nunca se dicen eso. Sus hijos tienen más espacio en las aulas".

El informe se distribuyó entre los aliados, se entregó a los representantes estatales y a los concejales, y se difundió en los medios de comunicación. Los profesores y profesoras activistas llevaron copias a todas las reuniones a las que asistieron. Brandon Johnson dijo que las familias vieron el informe como un soplo de aire fresco. "La gente se sintió aliviada de que hubiera un documento que expresara sus deseos", explicó. "Alguien habla realmente de la pobreza, habla de un plan de estudios enriquecido. Era una guía para lo que estábamos luchando".

LECCIONES

- **Mientras los líderes del CTU hacían planes para reconstruir el sindicato, eran plenamente conscientes de que la dirección tenía su propio plan. Se informaron e informaron a su vez a las bases sobre todos los aspectos de la reforma educativa (véase el apéndice) y sobre la financiación de la ciudad para que la dirección no los pillara desprevenidos.**

- Desde el principio, los nuevos dirigentes incorporaron a antiguos oponentes al equipo negociador para evitar divisiones innecesarias y crear un comité representativo.
- Los líderes del CTU se negaron a renunciar a lo que legalmente se les debía a los afiliados (incluido un aumento salarial contractual) a cambio de promesas no vinculantes. No se dejaron arrastrar por el juego de CPS ("¿A qué vas a renunciar para salvar a los niños?", que habría significado que el profesorado aceptara la culpa por el estado de las escuelas.
- El CTU no intentó gestionar la reducción de las escuelas, sino que se opuso por completo. En lugar de eso, el sindicato jugó a la ofensiva y se negó a aceptar lo que sus enemigos llamaban realidad.
- El sindicato ofreció soluciones proactivas para mejorar las escuelas. Rebuscó y publicó su propio plan bien pensado para Chicago, apuntando alto y explicando de dónde podría sacarse el dinero.
- El CTU puso nombre a los enemigos: el 1%, la desigualdad, una campaña pagada por multimillonarios para desfinanciar y privatizar la educación pública y, sobre todo, el racismo institucional, al que denominaron *apartheid* educativo. Con ello, ilustraron a muchos y convirtieron en aliados a quienes ya eran conscientes del racismo en el sistema escolar.
- El CTU aprendió que jugar con las reglas de los políticos significa perder o perder. Los dirigentes estaban decididos a no aceptar las condiciones dictadas por los legisladores y, en su lugar, a devolver las grandes decisiones al órgano electo del sindicato. La democracia funcionó. El rechazo posterior del apoyo del CTU al SB7 no desvió ni debilitó al sindicato. Al contrario, la práctica democrática lo preparó para las grandes batallas que se avecinaban y consiguió que los miembros del grupo del CORE se comprometieran más. El CTU y sus socios comunitarios planificaron y elaboraron estrategias de igual a igual. Utilizaron tácticas de escalada que se basaban en lo que querían hacer los grupos de base.
- En la campaña por una mejor jornada escolar, el CTU no aceptó los límites legales sobre temas obligatorios de negociación. Con sus aliados, construyeron una campaña que hizo que el alcalde negociara a despecho de las normas.
- El CTU reconoció rápidamente sus puntos en común con Stand Up Chicago y Occupy Chicago, nuevos grupos que estaban emprendiendo acciones audaces y planteaban cuestiones de justicia económica de gran calado. El sindicato se alió con estos grupos y estableció las conexiones con su propia lucha, ganando aliados que proporcionarían un apoyo clave para la huelga. En lugar de pensar que era demasiado lío, el CTU aprovechó las oportunidades para mostrar su solidaridad y abrió los ojos a sus miembros a la situación de las demás luchas, como en Wisconsin, Stand Up Chicago y Occupy.

8. CAMPAÑA DE CONTRATOS

Los nuevos dirigentes del CTU habían empezado a sentar las bases para una campaña contractual y una posible huelga desde el momento en que asumieron el cargo en 2010, a dos años de la expiración del contrato. Pasaron el primero de ellos insuflando nueva vida a las estructuras del sindicato e informando a los dirigentes sobre lo que haría falta para presentar una verdadera batalla contra el convenio (véase el capítulo 5).

Pero cuando empezó el segundo curso escolar, en otoño de 2011, tuvieron que acelerar el ritmo de organización e iniciar la campaña contractual en serio. En junio de 2012, el sindicato tendría que ganar una votación sobre la huelga y estar preparado para llevarla a cabo.

Los legisladores de Illinois le habían puesto al CTU el listón aún más alto que a la mayoría de los sindicatos —el 75% de los afiliados tendría que votar a favor para autorizar una huelga—, pero los principios básicos eran los mismos que en cualquier lucha contractual. Lo hicieron con una organización a la vieja usanza.

Esto significó miles y miles de conversaciones individuales entre los líderes de las escuelas y sus compañeros de trabajo. Significó colocar gráficos en la pared de la oficina del sindicato para hacer un seguimiento de cada centro y cada delegado. Significaba que, en cada escuela, los organizadores evaluaban, reevaluaban y volvían a evaluar su apoyo. Y no solo trabajaban como tales quienes formaban del Departamento de Organización, sino también los supervisores y delegados de distrito.

"Hicimos muchos recuentos", dijo más tarde Norine Gutekanst, directora de Organización. Todos esos estaban preparando el terreno para el gran recuento de junio, cuando el CTU contabilizaría con orgullo que 23.780 personas (el 90% de sus miembros) habían dicho sí a la huelga.

Al mismo tiempo, hubo muchas discusiones estratégicas, no solo entre los directivos y el personal, sino también con los afiliados y afiliadas. "A la gente no se le prometía una victoria si íbamos a la huelga", recuerda el organizador Matthew Luskin, "solo que tendríamos una oportunidad. Fuimos brutalmente honestos al decir que una huelga nos podía hacer perder, que no sería suficiente por sí misma, y que incluso de llegar la victoria solo sería parcial".

CONSTITUCIÓN DE LOS COMITÉS DE ACCIÓN CONTRACTUAL

Los sindicatos tienen muy claro cómo estructurar una red de afiliados. La jerga varía de un sindicato a otro, pero la idea es la misma: una estructura similar a una cadena telefónica, en la que cada miembro del Comité de Acción Contractual es responsable de mantenerse en contacto regular con unos diez compañeros de trabajo.

Una persona por escuela, a menudo un delegado, sería el jefe del Comité de Acción Contractual, en contacto con todos los miembros del comité de su centro. Los diez contactos de cada uno de ellos podrían incluir no solo al profesorado y a paraprofesionales del CTU, sino también al personal representado por otros sindicatos, como los conserjes, los trabajadores del comedor y los auxiliares de educación especial.

Igualmente importante era la comunicación con las familias. Se pidió a los miembros que se pusieran en contacto con los padres y madres simpatizantes y organizaran un debate sobre las cuestiones que los habían llevado a apoyar una huelga.

Los supervisores de distrito del CTU formaban el siguiente rango de liderazgo. Cada uno de ellos se encargaría de mantenerse en contacto con todos los responsables de los Comités de Acción Contractual de su zona. Una vez al mes, cada DS llamaba a todos los delegados de su grupo para transmitirles los últimos puntos de discusión y las peticiones del sindicato, y saber cómo iban las cosas. Según Gutekanst, esta "relación personal mensual continua" entre el DS y el delegado se convirtió en un elemento clave de la campaña.

¿De dónde procedían los miembros? Ciertamente, no todos pertenecían al CORE; de hecho, algunos habían participado activamente en comités rivales. Los líderes sindicales querían atraer a la acción a un amplio abanico de afiliados. Muchos fueron reclutados entre los asistentes a los cursos de formación, donde las invitaciones se ampliaron para incluir a otros activistas y delegados.

Además, el CTU organizó muchos actos extraescolares de divulgación por toda la ciudad: invitó a las bases a hacer preguntas y a escuchar a los responsables y organizadores sobre la lucha contractual y los problemas actuales. Se enviaban invitaciones por correo electrónico a todos los afiliados y afiliadas de una zona determinada de la ciudad. El sindicato también celebró reuniones similares escuela por escuela, centrándose en las que aún no tenían voluntarios para sus comités de acción. "A cada acto al que íbamos", dijo Gutekanst, "siempre intentábamos unir a gente para formar parte del equipo de acción de contratos".

Los organizadores trataron de reclutar a las personas más respetadas y de mayor confianza entre los compañeros de trabajo, y a aquellas que representaran la diversidad racial y profesional de cada centro.

Por supuesto, los activistas adaptaron este modelo a las realidades de sus propias escuelas. En la Academia Seward, donde el delegado era bastante inactivo y mucha gente se mostraba reticente a participar o "no creía en absoluto en el sindicalismo", la profesora de lengua y literatura Kimberly Bowsky dijo que "todo lo que hacíamos era educar. Educábamos a la gente que no conocía el sindicalismo. Así que no nos dividimos en un Comité de Acción Contractual. Todos los que acudieron a la reunión del sindicato formaban parte del comité".

Seward pasó de no celebrar nunca reuniones sindicales a celebrarlas una vez al mes. Estos encuentros implicaban "un proceso constante en el que tratar de conquistar al delegado, hablar de los temores de la gente y transmitir que formábamos parte del sindicato, para dejar de pensar que esto solo consistía en pagar cuotas en algún lugar de la sede", explicó Bowsky.

"Tuvimos que trasladar a gente. Había quien pensaba que no quería trabajar al lado de tal o cual profesor que no sabía lo que están haciendo... Tuvimos que demostrar a nuestros propios miembros que estábamos en un contexto concreto, que no era solo una cuestión de competencia, sino de poder, de economía. Y también ayudó que el alcalde siguiera abriendo la boca".

En las escuelas amenazadas de cierre, la lucha contra este y la campaña contractual eran la misma cosa. Los educadores de

Emmet Elementary —en su mayoría veteranos con 25 años o más de carrera, con un nivel salarial alto— reconocían que su escuela era un objetivo probable. "Entendimos que podían cerrar Emmet", dijo la delegada Tammie Vinson. "Así que no fue difícil convencer a la gente para vestirnos de rojo y mostrar solidaridad".

"Las conversaciones eran: 'No creas que puedes entrar en tu aula, cerrar la puerta y que todo vaya a pasar de largo'", dijo. "Es mejor formar parte de algo, hacernos oír... Nuestro plan como sindicato consistía en hacer saber a la gente que estábamos juntos en esto".

PROBAR LA RED

A partir de finales de 2011, los miembros del comité empezaron a distribuir una carta abierta para que la firmaran el profesorado y las familias; en ella mostraban su apoyo a un plan de estudios rico (enseñanza artística, recreo, tecnología, almuerzos de calidad, sistemas de calefacción y refrigeración funcionales, más trabajadores sociales, orientadores y personal de alfabetización, y programas extraescolares) como parte de la lucha contra la prolongación de la jornada escolar (véase el capítulo 7). Además, había versiones en inglés y en español.

La distribución de la carta dio a los miembros la oportunidad de practicar sus habilidades organizativas, al tiempo que aumentaba su confianza a la hora de hablar con las familias sobre los problemas escolares. También fue la primera prueba de la nueva red de organización.

Para entonces, los delegados también estaban difundiendo la idea de que los simpatizantes del sindicato debían vestir de rojo todos los viernes, un modo informal de calentar a la gente para una mayor movilización, y también de evaluar hasta dónde había llegado la red de apoyo hasta ese momento.

La genialidad de la táctica de vestir de rojo es su sencillez. Es algo concreto y de bajo riesgo que un delegado puede pedir a cualquiera, incluso a alguien que no tiene tiempo para participar. La visibilidad ayuda a mitigar los temores, ya que los compañeros y compañeras que estaban indecisos pudieron comprobar por sí mismos el creciente nivel de apoyo sindical.

Al principio, mucha gente se limitaba a llevar un pañuelo rojo o una blusa con motivos rojos los viernes, pero a medida que el entusiasmo y la confianza aumentan, la gente se vuelve más optimista y participativa.

Cada vez eran más los que pedían camisetas rojas del CTU. El sindicato empezó a venderlas en las reuniones mensuales de la Cámara de Delegados. "La gente venía con pedidos para toda la escuela", recuerda Debby Pope, que ahora trabaja en el Departamento de Reclamaciones del CTU.

La táctica "empezó a causar un poco de revuelo", dijo Pope. Los administradores se dieron cuenta. El alumnado se dio cuenta. A los afiliados les encantó. Muchos enviaron fotos de grupo en sus escuelas, todos de rojo, para la web del CTU. Jackson Potter, coordinador de personal, calcula que, en el momento álgido de la campaña, el 90% de los centros escolares contaba con un número significativo de miembros vestidos de rojo los viernes. "Esta pequeña y sencilla táctica creó unidad muy rápidamente", dijo el educador sindical Steven Ashby, que ayudó a formar a los miembros del CTU para la campaña contractual. "De verdad vigoriza a la gente".

Para profesionales de toda la ciudad como Charlotte Sanders, conseguir que la gente se pusiera las camisetas rojas del sindicato fue un gran reto al principio, porque no veían a otros de su grupo llevándolas. Sanders no trabaja en una sola escuela, sino que se desplaza de una a otra junto con una trabajadora social.

Pero ese reto se convirtió para ella en una oportunidad de organización. "Los jueves les enviaba un mensaje de texto donde decía: 'Mañana es el día del espíritu'", explica. "Hice llamadas telefónicas personales, lo que me vino muy bien para saber cómo les había ido la semana. Antes de la manifestación del 23 de mayo insistí: 'Todo el mundo necesita una camiseta'".

Por supuesto, mientras que algunas escuelas se vestían de rojo los viernes, otras no. Algunos directores y directoras especialmente intimidatorios incluso anunciaban que el viernes era el día del espíritu escolar, obligando al profesorado a llevar camisetas de la escuela. Pero esa también era información útil. El papel del supervisor del distrito consistía en ponerse en contacto con la dirección de cada centro y averiguarlo: ¿Llevaban la camiseta roja? ¿Firmaban la carta abierta? ¿Qué obstáculos encontraban los miembros del comité?

La formación en la conferencia de delegados de marzo de 2012 fue crucial. Estos, junto a los miembros del Comité de Acción Contractual, repasaron las listas de afiliados de sus centros, nombre por nombre, evaluando si cada persona vestía o podría vestir de rojo de rojo, si acudiría a una acción y votaría sí a la autorización de huelga.

Luskin recuerda: "Nos centramos en cartografiar y evaluar cada centro, con el mensaje de que estas evaluaciones eran objetivos para la movilización y la labor del delegado consistía en tener un plan sobre cómo mover a la gente. Les ofrecimos técnicas para superar obstáculos. Les sirvió para darse cuenta de que podían conseguir apoyo con estas habilidades, en lugar de limitarse a lamentarse de los lugares en los que faltaba".

DESARROLLO DE LAS DEMANDAS

El CTU contaba con 28 comités de miembros de larga trayectoria en ámbitos como la educación infantil, las sustituciones, la educación especial y los exámenes. Cada comité planteó sus reivindicaciones. Otros miembros participaron en reuniones extraescolares celebradas por toda la ciudad. Los dirigentes aprovecharon todas las oportunidades para captar tantos miembros como pudieran.

La escuela primaria Curtis contaba con seis miembros del Comité de Acción Contractual, que se reunieron para analizar el contrato en detalle: "¿Qué quieren mejorar? ¿Qué odian de lo que hay ahora que podríamos eliminar?", dijo Andrea Parker, delegada y supervisora del distrito. "Los docentes de tercer grado hablaban con otros colegas de tercer grado, luego volvíamos a reunirnos y discutíamos". Ella llevaba los resultados de estas conversaciones a las reuniones de delegados o los enviaba por correo electrónico a la sede del sindicato.

Algunas reuniones estaban destinadas a grupos específicos para asegurarse de que sus necesidades particulares no quedaran relegadas a un segundo plano. Los paraprofesionales, por ejemplo, son educadores que ayudan a los maestros o los profesores en el aula para proporcionar ellos mismos la instrucción especializada. A menudo ocurre que los sindicatos del profesorado se centran únicamente en los docentes, dejando a los demás miembros alienados; Chicago no fue una excepción. "Muchos paraprofesionales se sentían desilusionados y desconectados del sindicato", recuerda Kristine Mayle, secretaria financiera.

Así que la nueva dirección del CTU prestó especial atención a los paraprofesionales y se reunió con ellos y ellas por categorías laborales. Incluso los auxiliares de conversación —solo había ocho en toda la ciudad— celebraron su encuentro y elaboraron su propia lista de reivindicaciones. A los paraprofesionales de toda la ciudad, como Sanders, les preocupaba el tiempo de desplazamiento. "Si tienes una escuela en la zona sur y has de viajar a la zona norte, no llegas bien a ningún sitio", explicó Sanders, pero el consejo solo permitía un margen de 15 a 20 minutos y quería que los trabajadores y trabajadoras viajaran también en sus descansos para comer (el sindicato ganó en este punto y mantuvo el límite de tiempo de viaje fuera del contrato).

Después de que cada grupo presentara sus demandas, las propuestas fueron ultimadas por el Comité de Asuntos Profesionales de toda la ciudad. Este órgano está formado por presidente de comités que representan a distintas materias y grados: el comité de primaria, por ejemplo, y el de los trabajadores y trabajadoras sociales. "Las reuniones fueron reducidas al principio", dijo Mayle, "pero aumentaron a 25 o 30 miembros cuando se dieron cuenta de que los escuchábamos".

El PPC y los responsables sindicales pasaron un mes examinando unas 500 propuestas de los distintos comités y reuniones de los miembros. Eliminaron las que parecían inviables, pero deliberadamente mantuvieron algunas que parecían "un sueño hecho realidad", como tener una impresora a color para cada profesor.

Un objetivo clave era garantizar que las propuestas del sindicato reflejaran su visión de la educación pública. Los afiliados y afiliadas estaban orgullosos de que sus propuestas representaran las escuelas que merecen los estudiantes (aunque no las ganaran todas), en claro contraste con las propuestas del consejo. Igualmente importante era asegurarse de que la lista final incluyera un objetivo alcanzable para cada subgrupo de afiliados, importante para la equidad y también para cimentar el apoyo de todos y todas a la huelga.

Mayle cree que el sindicato estuvo a punto de conseguir ese objetivo. En el caso de los trabajadores sociales, los psicólogos escolares y los terapeutas ocupacionales, fonólogos y fisioterapeutas, por ejemplo, el CTU propuso y consiguió la garantía de un espacio privado para trabajar con el alumnado, incluido un ordenador con acceso a internet y un archivador con cerradura.

BANCA TELEFÓNICA

En el pasado, el sindicato había dependido en gran medida de las llamadas telefónicas de los afiliados para obtener información sobre los candidatos políticos o la legislación, pero a menudo se consideraba una forma de recompensar a los simpatizantes leales con un estipendio por hacer el trabajo. La nueva dirección convirtió la banca telefónica en una forma de mantener conversaciones en profundidad con las bases.

"El objetivo de nuestras formaciones", explica Luskin, "era evitar que la gente las tratara como convocatorias para conseguir sin más que alguien acudiera a un acto y, en su lugar, asegurarnos de que se tratara de conocer las preocupaciones reales de la afiliación, junto con el debate sobre la estrategia para ganar. Queríamos asegurarnos de que los miembros más jóvenes dialogaban con los activistas sindicales, de que escuchábamos qué temas eran importantes para ellos y ellas, por qué estaban dispuestos a luchar, qué temores tenían".

El año anterior a la expiración del contrato, la campaña se centró sobre todo en llamar a la nueva afiliación, a quienes llevaban tres años o menos trabajando en el distrito. Los nuevos inscritos solían ser los menos implicados en el sindicato y, al ser los peor pagados y los menos protegidos, eran los más vulnerables, y probablemente los más asustados a la hora de actuar. La campaña también se centró en los miembros de las escuelas en transformación, los paraprofesionales, los clínicos que cambiaban de centro y las escuelas en las que no había delegado.

"Creo que habríamos tenido problemas si no hubiéramos pasado ese tiempo interactuando con el profesorado joven", dijo la profesora de educación especial Margo Murray, que participó en muchos bancos telefónicos.

Fueron conversaciones en profundidad. Miembros formados por el Departamento de Organización (a veces voluntarios, otras veces remunerados) describían los objetivos de negociación del consejo escolar y del alcalde, escuchaban las opiniones de las bases y proyectaban una visión de cómo podría ganar el sindicato. Se pedía a los afiliados y afiliadas que hicieran algo: acudir a una manifestación, asistir a un curso de formación, participar en el comité de contratos de su centro escolar con actividades de divulgación dirigidas a las familias, o llenar autobuses para ir a la capital del estado[8]. Los comunicantes también aconsejaron a las bases que ahorraran dinero en sus propios fondos de huelga, en caso de que esta se iniciara.

"Al principio la respuesta fue: 'No voy a ir a la huelga, tengo todos estos préstamos estudiantiles, no puedo permitirme pasar tiempo sin trabajar'", explica Murray. "Yo les decía: '¿Te puedes permitir pasar tiempo en el trabajo si acaban destruyendo nuestro contrato?'. Les hablaba de las cosas que querían quitarnos y una de las más importantes eran los caminos y niveles que daban un sueldo más alto a cambio de más formación (véase el capítulo 10). Si nos lo quitan, no se nos reconocerá el mérito de haber obtenido ese título tan caro".

"Entré a fondo en el asunto: qué ocurre cuando los sindicatos tienen que enfrentarse a la dirección y acabamos divididos en lugar de unidos... La conversación solía durar 20 o 30 minutos. Para entonces ya estaban muy receptivos".

Por supuesto, además de una herramienta de educación y movilización, las llamadas eran una forma de tantear: la persona que llamaba hacía un seguimiento de lo dispuestos que estaban los afiliados a votar a favor de la huelga. Para ganar una votación se necesitaban métodos como este para evaluar objetivamente dónde estaban realmente las bases, no solo dónde esperaban los dirigentes que estuvieran, de modo que el sindicato pudiera saber dónde concentrar sus esfuerzos.

El CTU encontró formas de reevaluar constantemente su apoyo y poner a prueba su capacidad de movilización, a lo largo de toda la campaña del contrato e incluso durante la huelga. Las primeras pruebas fueron más suaves —participando en los viernes de camisetas rojas, firmando la carta abierta—, pero a medida que se intensificaba la campaña, también se intensificaban las

8. Para más información sobre el contenido de una conversación de organización, véase el capítulo 5.

peticiones a las bases: emitir un voto de práctica a favor de la huelga, acudir a un mitin, emitir un voto real a favor de la huelga, organizar piquetes informativos… Y cada día durante la huelga, los líderes de los afiliados contaban la participación en los piquetes. En un momento dado, el poder del sindicato dependía del número de personas que pudiera movilizar.

EQUIPO DE NEGOCIACIÓN

La nueva dirección tuvo que convocar un equipo de negociación inmediatamente después de asumir el cargo en 2010, con el fin de negociar los despidos. Nombraron a 30 miembros procedentes de todos los sectores, rangos de antigüedad y categorías laborales, incluidos los miembros del comité ejecutivo, pero también las y los mejores líderes de otros grupos, una medida diseñada para crear aceptación y cooperación.

El equipo para la negociación del contrato era similar, con 30 miembros y 15 suplentes. Muchos se habían trasladado ya en 2010. Algunos que se habían convertido en personal sindical tuvieron que ser sustituidos y el sindicato volvió a añadir a gente para asegurarse de que el equipo fuera un grupo representativo y de que todas las bases estuvieran cubiertas.

Un grupo más pequeño formaba el equipo principal y era el que más hablaba en las negociaciones: los cuatro dirigentes del sindicato, dos abogados y el coordinador de personal. A los miembros del equipo, sobrecargados de trabajo, les resultaba difícil asistir a muchas sesiones de negociación, sobre todo durante el curso escolar, pues se celebraron un número absurdo de ellas. Las negociaciones comenzaron en noviembre de 2011 y las dos partes iniciaron la mediación en febrero de 2012. Cuando el sindicato presentó el preaviso de huelga en agosto, se habían celebrado casi 50 sesiones.

Así que el pequeño equipo se encargaba de gran parte de la negociación diaria, pero no firmaba ningún acuerdo provisional hasta contar con la aprobación del gran equipo de negociación, al que reunían para consultar cada semana o cada dos semanas. Si el equipo estaba dividido sobre un tema, los miembros lo llevaban a sus centros para conocer la opinión de sus colegas. Así decidieron, por ejemplo, aceptar la propuesta de la dirección de poner fin a la paga diferida. A partir del otoño de 2013, el profesorado solo cobraba durante el curso escolar. Con el antiguo sistema, parte de su sueldo se retenía y se pagaba en verano. La paga anual total era la misma.

Se dieron cuenta de que, aunque con el antiguo sistema a los afiliados y afiliadas les gustaba la comodidad de no tener que ahorrar durante el año, también desconfiaban del departamento de nóminas de CPS, que tenía la costumbre de meter la pata. Algunos consideraban que, en lugar de prestar dinero al distrito —mientras este retenía la nómina y cobraba intereses—, se podía confiar en que ellos administraran su propio dinero. "Los miembros empezaron divididos, pero al final se impuso la desconfianza hacia la gestión de nuestras nóminas por parte de CPS", dijo Mayle.

UN ANTIGUO RIVAL EN EL EQUIPO NEGOCIADOR

Keith Vandermeulen, profesor de matemáticas, se presentó en 2010 como candidato a secretario de finanzas por el UPC y perdió frente a Kristine Mayle. No obstante, siguió activo en el sindicato y se convirtió en miembro del gran equipo negociador.

En un artículo de junio de 2012 para la web del sindicato, Vandermeulen se describió sin rodeos como un antiguo rival político, pero elogió el enfoque integrador que habían introducido los nuevos responsables. "El proceso ha sido democrático, pero bien organizado por el equipo de la mesa", escribió. "La dirección del sindicato ha seguido muchas de las recomendaciones de las bases".

Él predijo que la diversidad de voces de las bases en el equipo negociador produciría al final un contrato mejor.

Durante la negociación, los miembros del equipo pasaban notas a la presidenta Karen Lewis si tenían alguna pregunta o si oían a algún miembro del distrito decir algo que sabían que no era cierto en su escuela. Lewis podía hacer la pregunta ella misma o llamar al miembro a la mesa para que hablara directamente a la junta.

"Estoy muy contenta de ver hasta qué punto el personal clínico puede hablar en las reuniones, porque no somos ni una cosa ni otra: no somos profesores ni paraprofesionales", dijo la trabajadora social Susan Hickey.

Algunos días, el sindicato convocó a más miembros para tratar un tema concreto. Por ejemplo, Mayle invitó al profesorado de educación especial a "contar a la junta cómo era su día a día. Explíquenles por qué tenemos que hacer cumplir la ley estatal".

"Había miembros que rompían a llorar", dijo Mayle. "Y la junta tuvo que sentarse allí con ellos y aceptarlo".

Fue bueno hacer que la dirección se sintiera culpable. Pero más que eso, significó una llamada de atención para que vieran lo inteligentes y elocuentes que eran las bases, mostrando lo preparado que estaba el sindicato para la lucha que se avecinaba, y lo formidable que sería el apoyo de sus miembros. "Nuestra gente sabe mucho más de las escuelas que ellos, y se lo demostramos día tras día", dijo Mayle.

VOTO PRÁCTICO

El proyecto de Ley 7 del Senado, aprobado por la asamblea legislativa de Illinois en 2011, exigía que el CTU obtuviera el voto afirmativo del 75% de todos los afiliados y afiliadas (no solo de los que votaban) antes de convocar una huelga. Es decir, se necesitarían casi 20.000 personas que dieran el sí para sancionar un paro. Se suponía que era imposible. "En efecto, no tendrán capacidad para hacer una huelga", se regodeó Jonah Edelman, del grupo de reforma educativa Stand for Children, que impulsó esta norma. El grupo de Edelman había investigado las votaciones de contratos anteriores y descubrió que el 48% era el mayor porcentaje de afiliados del CTU que hasta entonces había sido capaz de reunir[9].

En la dirección del CTU estaban convencidos de que el 75% no era imposible, pero nadie podía negar que era mucho pedir. Sabían que necesitaban votar antes de que terminara el curso escolar, mientras los temas estaban candentes y los miembros mantenían conversaciones diarias entre sí, para no ir en frío a las urnas.

CONFERENCIA DE LABOR NOTES

El fin de semana anterior al simulacro de votación en toda la ciudad del 10 de mayo, el CTU envió a 150 miembros a la conferencia nacional bienal de Labor Notes, celebrada del 4 al 6 de mayo en Chicago. El encuentro reunió a 1.500 dirigentes sindicales y activistas de base de todo el país y de todo el mundo.

9. Para más información sobre el SB7, véase el capítulo 7.

Algunos eran reformistas como el CORE, que se había ganado el liderazgo en sus sindicatos locales; muchos de ellos habían protagonizado huelgas, como el profesorado de Wisconsin o un sindicalista egipcio que habló de una oleada de huelgas de una década de duración en su país. También estaban allí muchos compañeros y compañeras sindicalistas de Chicago: los miembros del Sindicato de Tránsito (Transit Union) destacaban especialmente con sus camisetas naranjas de Occupy Transit.

Cuando la profesora de secundaria Jen Johnson habló de lo que estaba en juego en la inminente huelga del CTU, la multitud nacional e internacional congregada rugió.

"Nuestros miembros descubrieron que la gente miraba hacia Chicago", dijo Norine Gutekanst. "Reforzó la trascendencia de lo que hacíamos, su importancia. Creo que también les abrió los ojos a esta riqueza realmente maravillosa de organización y conectividad... Nos ayudó a ver que formábamos parte de algo mucho más grande".

A principios de la primavera de 2012, un delegado decidió hacer un sondeo en una escuela sobre la conveniencia de la huelga: "Un golpe brillante", dijo Pope. Cuando el delegado anunció el resultado —un sí unánime— a la Cámara de Delegados, la respuesta fue "electrizante".

Otros centros no tardaron en hacer lo mismo con sus propios simulacros de huelga. La actividad fue muy popular entre los afiliados, ya censurados en el consejo escolar. La oficina del sindicato recibía llamadas de los delegados y delegadas: "Mi equipo se reunió ayer y votamos a favor de la huelga". Y cuando los organizadores iban a las escuelas a celebrar reuniones, pedían que se levantara la mano: "¿Cuántos y cuántas de aquí votarían a la huelga". En abril, 150 escuelas habían votado abrumadoramente a favor de la huelga en estas encuestas informales, según declararon los dirigentes del CTU a la prensa.

Pero el sindicato necesitaba una foto completa de su fuerza, en todos los centros a la vez. Así que el 10 de mayo, el Comité de Acción Contractual hizo un simulacro formal de un día en todo el distrito.

Esta votación práctica funcionó a varios niveles. Fue una forma de conseguir que los miembros del comité hablaran con la gente sobre los problemas, y una señal para los afiliados y afiliadas de que se iba a celebrar una votación sobre la huelga. Pero, sobre todo, era una forma de poner a prueba la capacidad de los organizadores de base para movilizar a los simpatizantes. Tendrían que conseguir una participación sin precedentes.

La dirección planificó el simulacro de forma que imitara fielmente el funcionamiento de la votación real de la huelga. Los delegados y delegadas de cada centro recibieron por correo papeletas e instrucciones. Montaron las urnas, contaron los votos y comunicaron los resultados por teléfono. La organización recopiló las cifras en gigantescos gráficos murales en la sala central de operaciones del sindicato.

Las papeletas tenían una encuesta de cuatro preguntas diseñadas para obtener un sí ("¿Las propuestas de negociación de la junta faltan al respeto a los miembros del CTU?"), sin invocar realmente la palabra *huelga*. De este modo, el sindicato podía utilizar los resultados de la votación en comunicados públicos que hicieran hincapié en los problemas que cabreaban al profesorado, no en la perspectiva de una huelga que aún estaba a meses vista.

Las respuestas a las preguntas de la encuesta fueron, por supuesto, abrumadoramente afirmativas. Lo importante ahora era contar en cada colegio cuántas papeletas podría recoger el sindicato.

En algunos centros —por ejemplo, los que carecían de delegados, los que tenían directores matones y aquellos en los que la mayoría del profesorado era relativamente nuevo— los y las líderes pensaban que el apoyo podría seguir siendo escaso. Los colegios con menos papeletas devueltas revelarían las áreas en las que la organización debían centrarse más.

Las cifras fueron contundentes: el 98% de los participantes se mostró favorable a las propuestas del comité, y más del 80% de los afiliados y afiliadas participaron en la votación, lo que indicaba claramente que la campaña había funcionado. Muchas papeletas llevaban comentarios manuscritos como "¡Tenemos que ir a la huelga!" o "¡Estoy dispuesto a ir a la huelga!".

RALLY

Tres semanas antes del último día de clase, 7.000 afiliados y afiliadas con camisetas rojas del CTU acudieron el 23 de mayo a una manifestación y una marcha después de clase. Muchos llegaron en alguno de los 100 autobuses patrocinados por el sindicato; otros y otras compartieron coche.

"Fue hermoso, porque algunas personas seguían teniendo miedo, aunque se presentaron allí", dijo Vinson. "Cuando llegamos, cuando estábamos ya en el teatro, el ambiente era muy animado. Todo el mundo vestía de rojo. Sabíamos que en ese momento podíamos hacer algo importante".

Por primera vez, "dimos ejemplo de que no se trataba solo de dos o tres en cada escuela, sino de todo el personal", dijo Sanders. De su grupo de 40 paraprofesionales de toda la ciudad, unos 35 asistieron. No valían las excusas. Cuando le decían: "Tengo que recoger a mis hijos", ella respondía: "Recoge a tus hijos y vente con ellos para acá".

Las pancartas decían "Sí al respeto", "Sí a clases más reducidas" y "Sí a las necesidades del alumnado". La gran afluencia de público reforzó el creciente ánimo de euforia y poder. El profesorado cantó *9 to 5* de Dolly Parton y *Respect* de Aretha Franklin. Dos padres y un estudiante de secundaria pronunciaron discursos conmovedores.

"Un tipo de entusiasmo especial se estaba creando", recuerda Adam Heenan, profesor del instituto Curie Metro. Claro que en el profesorado estaban entusiasmados por aparecer en los titulares, pero era mucho más que eso. "Los nuevos, profesoras y profesores jóvenes que nunca habían formado parte de este movimiento, podían verse a sí mismos como parte de él sin sentirse culpables", dijo. "No se trata de codicia, sino de la mejora de las condiciones de enseñanza y aprendizaje".

"El profesorado joven que no tiene antecedentes de sindicalismo en sus familias, ni siquiera en sus ciudades, no solía participar, pero esa manifestación fue el punto de inflexión. Me sentí muy orgullosa de que los docentes de mi escuela quisieran ir".

Durante una pausa en el discurso de Karen Lewis, alguien gritó "¡Huelga!" y todo el auditorio hizo suyo el cántico. "¡Huelga! ¡Huelga! ¡Huelga!" resonó por toda la sala, promovido por las bases, no por la dirección.

Algunos líderes habían recelado de la idea de la directora de comunicación, Stephanie Gadlin, de invitar a la prensa al mitin y hacerlo público: temían revelar sus planes. "Pero tenía razón", dijo Gutekanst. "Fue un acto estimulante y muy vivo". La gran afluencia de público demostró lo lejos que había llegado el profesorado y la emoción de la acción los impulsó a seguir adelante.

"Era exactamente lo que se necesitaba para asegurarnos de que, cuando llegara el momento de votar la huelga, estaríamos preparados", dijo Vinson.

Tras la concentración, los profesores y profesoras vestidos con camisetas rojas tomaron las calles de Chicago. Una oleada de miembros del CTU se unió al grupo Stand Up Chicago, patrocinado por el sindicato, para marchar con 10.000 personas hasta la Bolsa de Chicago. Juntos protestaron contra los 77 millones al año que el mercado de derivados recibía del estado y pidió un pequeño impuesto sobre todas las transacciones financieras emitidas en Illinois a través de la Bolsa para poder pagar buenos salarios de trabajos locales.

Miles de manifestantes de Stand Up y el público congregado del centro de la ciudad recibieron a los miembros del CTU con vítores y apoyo, lo que ayudó a calmar los miedos de quienes temían la reacción del público si iban a la huelga. "Me hizo sentir orgulloso de ser profesor, un profesor sindicalizado", dijo Parker.

Las diversas evaluaciones —los días de las camisetas, la carta abierta, el simulacro de votación de la huelga, los mítines— eran todas "pruebas que nos habíamos puesto a nosotros mismos", como dijo Potter. Y el CTU las estaba superando con nota. El sindicato estaba preparado para el escollo definitivo de la campaña contractual.

VOTACIÓN DE LA HUELGA

Tras el simulacro de voto y la concentración, la organización del CTU sabía que contaba con el apoyo y la estructura necesarios para hacer lo que parecía imposible. Aun así, votar de verdad a favor de la huelga sería un paso más audaz que cualquiera de los que habían pedido a sus bases hasta entonces, y 20.000 personas tenían que dar ese valiente salto a la vez, lo que no era fácil de coordinar.

Los políticos que aprobaron el SB7 probablemente habían dado por sentado que la votación tendría lugar un solo día, pero los líderes sindicales se dieron cuenta de que la ley no lo especificaba. Como hay gente que está enferma o fuera de la ciudad un día puntual, decidieron mantener abierta la votación durante tres jornadas, del 6 al 8 de junio. Los miembros no escatimaron esfuerzos:

una delegación de la Escuela Beard incluso fue a un hospital de rehabilitación para llevar una papeleta a un compañero que se estaba recuperando de una operación.

La junta también había supuesto que el sindicato celebraría la votación mucho más tarde. Pero en la dirección se dieron cuenta de que habría sido casi imposible emprenderla en verano; había que hacerla en los centros, antes de que los afiliados y afiliadas se fueran de vacaciones. "Al igual que los tres días de votación", dijo Mayle, "esta fue otra forma de burlar la ley".

Como en la ronda de prácticas, un delegado dirigió la votación en cada colegio, pero esta vez el sindicato recogió todas las papeletas físicas y las contó en una sede central. Para evitar acusaciones de fraude, un centro de trabajadores aliado, Arise Chicago, contrató a miembros del clero para que observaran el recuento, que tuvo lugar cada una de las tres noches.

Los supervisores de distrito trabajaban largas jornadas. Cada mañana madrugaban para hablar con la gente antes de ir al colegio y recordarles que tenían que votar. Después del trabajo, se apresuraban al centro de la ciudad para contar a mano los votos desde las cuatro de la tarde hasta medianoche. Los miembros del clero firmaban sobre la cinta cuando se sellaban las cajas por la noche y las volvían a abrir al día siguiente.

La pila de votos del sí creció rápidamente, y la del no era minúscula: ninguna sorpresa. Pero la clave estaba en la participación. Cerca del recuento, en una sala más pequeña con las paredes cubiertas de carteles, la organización controló cuántos votos habían llegado de cada centro cada día. A la mañana siguiente, docenas de voluntarias y voluntarios (incluidos 30 empleados y afiliados cedidos por SEIU Healthcare de Illinois-Indiana) se desplazaban a los colegios con menor participación para entregar folletos a la afiliación de camino al colegio, recordándoles lo importante que era que votaran ese día: "Necesitamos que todos voten", era el mensaje, "independientemente de cómo voten".

Hizo falta un cuarto día para terminar de contar las más de 24.000 papeletas. Pero los resultados hablaban por sí solos: el 90% del profesorado —y el 98% de los participantes— habían votado a favor de autorizar la huelga.

Como reza el dicho, a veces el jefe es el mejor organizador. El umbral del 75% era una medida antisindical, pero también resultó ser un gran motivador, que añadió urgencia a la presión para que todos los miembros votaran y para que cada escuela organizara un equipo de acción sindical, cosas que serían importantes para el éxito de la huelga. "El sindicato tenía que estar en su mejor momento", dijo el educador sindical Steven Ashby.

Ahora el impulso estaba del lado del sindicato. Durante el verano, el CTU contrató a varias docenas de miembros para que trabajaran como organizadores en prácticas, asegurándose de que sus compañeros y compañeras se mantuvieran en contacto con el sindicato y al día de la negociación durante las vacaciones de verano, y de que también llevaran a cabo actividades de divulgación en la comunidad. Los becarios y becarias se pasearon con sus camisetas rojas del sindicato hablando con "madres y padres en cualquier esquina: en las tiendas de comestibles, paseando por la calle…", contó Sanders, uno de los participantes. "Les dijimos que no se trataba solo de más dinero. Hablamos con las familias, les aseguramos que, evidentemente, nos gustaría un aumento, igual que a ellas en su trabajo, pero la clave estaba en las condiciones de nuestras escuelas".

Les explicaban las cifras: un solo orientador tratando de atender a 3.000 estudiantes, trabajadores sociales en una escuela distinta cada día de la semana, dos o tres paraprofesionales en una escuela que había tenido cinco o seis una década antes. "Siempre les decía: 'Cuando ibais a la escuela os ofrecían música, arte, algunas escuelas tenían coros… Ahora no. El profesorado está saturado por el número de alumnos, y algunos tienen necesidades especiales. Es difícil cuando tienes a tu cargo 36 o 38 estudiantes'".

"Queremos que el alumnado reciba la misma buena educación que los hijos de Rahm Emanuel", fue el lema de Sanders.

Los becarios y becarias también organizaron reuniones comunitarias, invitando a familias que habían conocido y a miembros del CTU que vivían en la zona. Los concejales invitados no aparecieron, pero los residentes locales acudieron en masa. En su propio barrio de Englewood, Sanders esperaba que asistieran unas 20 o 30 personas, pero fueron 100. "En las comunidades más necesitadas se sufre el doble", dijo. "Iba a ser una hora, pero resultaron ser dos y media".

EL ÁRBITRO OFRECE UN AUMENTO

La SB7 —la misma ley que pretendía impedir la huelga— también exigía que un árbitro elaborara un informe de investigación y una recomendación, y que al menos una de las partes la rechazara, antes de que el CTU pudiera recurrir a la huelga. Este informe llegó en julio.

El árbitro, Edward Benn, hizo propuestas económicas mucho más favorables que las de la ciudad. Propuso un aumento del 15% (frente al 2% del alcalde), casi suficiente para igualar el aumento del 20% de la jornada y el curso escolar que la junta quería aplicar. Pidió que se mantuvieran los aumentos salariales por años de servicio y títulos avanzados.

Pero los dirigentes del CTU aconsejaron a los delegados que rechazaran el informe. No se trataba de dinero. "No aborda las cuestiones educativas que nos preocupan", dijo Mayle. "Cosas como conseguir profesorado de arte extra, reducir el papeleo... las cosas que afectan al día a día no las tocó". Por supuesto, el informe en realidad no podía tratar esos temas, solo se pronunciaba sobre los de negociación obligatoria y, por tanto, declarables en huelga. A Jim Cavallero, delegado y profesor de educación especial en un instituto, le sorprendieron los aspectos positivos de las recomendaciones del árbitro, dado lo antisindical que se había vuelto la política de Chicago. Pero las cuestiones relativas a la calidad de la educación —como clases más reducidas, ordenadores en las aulas y servicios de enfermería y asistencia social para el alumnado— preocupaban mucho más que el dinero, como dijo Cavallero. Esperaba que el CTU utilizara las propuestas salariales del árbitro como moneda de cambio para mejorar los programas para los estudiantes y las condiciones laborales del profesorado.

Otra razón para rechazar el informe, según Mayle, era que aceptar una propuesta de terceros enviaría un mensaje equivocado para futuras negociaciones. "No queremos sentar un precedente en el que alguien de fuera establezca las condiciones de nuestro contrato", dijo. "Queremos poder negociarlos".

La Cámara de Delegados del sindicato rechazó el informe por unanimidad. El consejo escolar también rechazó rápidamente las conclusiones de este en una sesión a puerta cerrada. Emanuel tachó el informe de "no ajustado a la realidad", y el director general del distrito dijo que los aumentos para el profesorado obligarían a despidos y recortes.

Lo irónico es que la junta proponía lo siguiente: "Esperad a que lo haga el investigador", apuntó Mayle entonces. "Ahora ese investigador ha dicho algo que no les gusta".

Las sesiones de negociación programadas continuarían según lo previsto. Pero como tanto el consejo como el sindicato habían rechazado el informe, el CTU era ahora libre de ir a la huelga al cabo de 30 días.

Poco después, el sindicato obtuvo una importante victoria, cuando la ciudad —reconociendo el impulso y el poder del CTU— llegó a un acuerdo provisional sobre la ampliación de la jornada escolar[10]. Mayle dijo que el acuerdo demostró que el poder de la gente y la acción directa podían conseguir lo que se proponían. "Solo hicieron falta 10.000 personas en la calle, una votación para autorizar la huelga y que un investigador les dijera que estaban locos, ¡así funciona!".

LOS ALIADOS COMUNITARIOS SE CALZAN LAS BOTAS

Acciones como la concentración del 23 de mayo habían preparado a los aliados de la comunidad para las movilizaciones masivas que se avecinaban. Ya habían luchado muchas veces en la calle con el profesorado y tenían experiencia en convocar grandes eventos.

Los grupos de la junta comunitaria organizaron actos educativos para sus miembros en vísperas de la huelga, desmenuzando las complejidades de las negociaciones contractuales y preparando a las familias para lo que les esperaba. Algunos, como la KOCO, Action Now y el consejo vecinal de Albany Park, recorrieron sus barrios para recabar apoyos para la inminente huelga.

Los grupos de la junta comunitaria también hicieron campaña ese verano para conseguir que la cuestión de una junta escolar elegida se incluyera en la votación de noviembre (véase el capítulo 6), una reivindicación que encajaba perfectamente con la visión común de ambos grupos de escuelas públicas de alta calidad para todos los estudiantes, independientemente de su raza o ingresos.

10. Para más información sobre el acuerdo, véase el capítulo 7.

A lo largo de la campaña, el profesorado también se había puesto en contacto con las familias. Las conversaciones se centraron en "temas como el exceso de exámenes, el hacinamiento en las aulas, la proporción profesor-alumno: cosas que preocupan a las madres y los padres", dijo Bowsky. A diferencia del distrito, "no sobornábamos a las familias con iPads o nuevos campos de fútbol, sino que les decíamos que sus hijos e hijas eran personas que merecían lo mejor. Hablamos sobre lo más importante: lo que hacemos con los niños y las niñas".

Desde el profesorado empezaron "simplemente intentando captar a las familias allí donde estaban", dijo Cavallero. Muchas decían: "Bueno, no sé mucho del tema, pero hacéis un gran trabajo con nuestros hijos". Era un buen punto de partida. En el momento de la huelga, según Cavallero, su escuela tenía mucho apoyo tanto de las familias como del alumnado.

PREAVISO DE HUELGA

Mientras tanto, el sindicato y la junta estaban lejos de llegar a un acuerdo. Los salarios y los costes sanitarios seguían sin resolverse, al igual que las disputas sobre las evaluaciones y la disciplina. Y aunque los 512 nuevos profesores y profesoras que se contratarían en virtud del acuerdo de ampliación de la jornada escolar aumentarían la variedad de clases ofrecidas, el aumento solo supondría un docente más por escuela. El cambio no solucionaba el problema del hacinamiento en las aulas.

La nueva jornada escolar más larga entró en vigor para algunos miembros del CTU a mediados de agosto, cuando empezaron a funcionar 240 escuelas con un horario especial. El resto de los 600 centros del distrito abrirían sus puertas al alumnado el 4 de septiembre. El director general de escuelas, Jean-Claude Brizard, no tardó en informar de que la ampliación de la jornada estaba funcionando.

El CTU dijo lo contrario. El profesorado se veía obligado a hacer otras tareas durante sus periodos de preparación, lo que violaba el acuerdo. Los sindicatos de docentes de todo el país se ven siempre obligados a luchar para defender sus periodos de preparación, un tiempo precioso de la jornada escolar que dedican a planificar las clases, corregir los deberes e incluso llamar a las familias a reuniones. Por supuesto, el profesorado sigue trabajando muchas horas no remuneradas después de clase para cumplir estas tareas. Los horarios de los nuevos cargos cambiaban constantemente. Asistentes y paraprofesionales declararon haber supervisado hasta 96 niñas y niños cada uno durante los recreos recién implantados.

El 22 de agosto se reunió la Cámara de Delegados del sindicato. Las bases, aunque no pueden votar, también tienen derecho a asistir a estas reuniones. Alrededor de 1.000 personas acudieron. Los dirigentes del CTU explicaron las propuestas de ambas partes y preguntaron a los delegados qué querían hacer.

Estos últimos estaban indignados con las propuestas de contrato de la junta, según informó el copresidente del CORE, Al Ramírez. "Para ellos, ver que querían eliminar gran parte del contrato, destriparlo", dijo, "comprobar que querían imponer un nuevo sistema de evaluación, una propuesta de compensación irrespetuosa y, finalmente, ese último párrafo sobre los derechos de gestión fue la gota que colmó el vaso". Hubo un grito colectivo, un coro en contra: "¡Ni hablar!".

Se presentó una moción para autorizar a Lewis a dar a la junta un preaviso de huelga de diez días (exigido por la ley de Illinois) y los delegados y delegadas votaron a favor.

"Todavía no hay una jornada escolar mejor", dijo Lewis en una conferencia de prensa ese mismo día, "y si lo dejamos en manos de estos tipos, nunca la habrá".

"Teníamos que hacerlo", dijo Bowsky. "Para mí, fue así durante un año".

Una semana después, el 29 de agosto, Lewis presentó el preaviso. Al día siguiente, el CTU anunció la fecha de la huelga: el 10 de septiembre.

El voto de los delegados y delegadas demostró que estaban preparados, pero los miembros del Comité de Acción Contractual continuaron su labor de divulgación para asegurarse de que las bases también lo estuvieran. "Era muy importante que la gente supiera que no había que tener miedo", dijo Heenan más tarde. "Si había personas que habían estado en un piquete antes, tenían la oportunidad de contarnos cómo era... Incluso participó alguien que había rechazado el piquete hacía 25 años contándonos por qué se arrepentía".

PRÁCTICA, PRÁCTICA, PRÁCTICA

A medida que se acercaba la fecha de la huelga, el sindicato organizó piquetes para informar a las familias y dar a los afiliados y afiliadas una idea de lo que podría ser un piquete. A los que aún no habían vuelto al trabajo se les pidió que acudieran a las escuelas de inicio temprano. Con pancartas que proclamaban que estaban "luchando por las escuelas que merece el alumnado de Chicago", hablaron a las familias y a los transeúntes sobre los temas en juego.

Aproximadamente la mitad de las escuelas de inicio temprano organizaron piquetes, y la respuesta de la comunidad fue alentadora. En Ruggles Elementary, oficiales en un camión de policía tocaron la bocina e hicieron sonar sus silbatos para mostrar solidaridad. Los conductores que pasaban por Azuela Elementary salieron de sus coches para coger pegatinas de solidaridad de los maestros que portaban pancartas en la esquina de la calle.

EL PROFESORADO DE DRUMMOND RECUPERA SU VOZ

Una de las escuelas que organizó un piquete informativo fue Drummond Elementary, un centro Montessori en un barrio aburguesado de la zona norte. Drummond era una escuela pequeña con familias comprometidas, por lo que, en cierto modo, el profesorado las conocía bien, "pero nunca hablamos de cosas importantes", dijo la delegada Anne Carlson, como, por ejemplo, "qué se siente al estar delante de una clase y tener que decirles que han de hacer un examen de dos horas. Teníamos una buena base para estar cerca, pero sin haber cruzado nunca esa línea".

El piquete puso las cosas en marcha. Uno de los padres echó una mano para repartir folletos. Otro ayudó a organizar una reunión informativa en el barrio, celebrada el 28 de agosto en un bar propiedad de una de las familias. Acudieron dos profesores y una docena de padres y madres. Alguien vigilaba a los niños y niñas en la parte de atrás.

El ambiente relajado lejos de Drummond ayudó a rebajar la ansiedad de la gente. "Cuando te reúnes en la escuela sientes que las paredes tienen oídos", dijo Carlson, debido a "esa cultura del miedo que se ha creado en los centros públicos". Por fin, las familias y el profesorado podían hablar más abiertamente de sus preocupaciones educativas.

"Fue muy revelador para las familias", dijo Carlson. "Fue la primera vez que desde el profesorado pudimos sincerarnos sobre cosas que llevábamos años viviendo... Pudimos respirar aliviados porque a todos nos importa lo mismo".

Las cosas despegaron después. "Les dijimos a las familias: 'Nos encantaría que os encargarais de esto y lo llevarais a cabo'", explicó Carlson. Y así lo hicieron: publicaron información en la página de Facebook de la Organización de Padres y Profesores, elaboraron un folleto explicando los problemas y las formas en que las familias podían apoyar a los huelguistas, lo cotejaron con el profesorado y lo distribuyeron en un pícnic.

La reunión de Drummond no solo sentó las bases de un fuerte apoyo a la huelga. También plantó la semilla de un grupo de familias y profesionales que lucharía contra el exceso de exámenes después de la huelga.

Los manifestantes de la Academia Arnold Mireles fueron recibidos calurosamente cuando decidieron marchar por la avenida principal del barrio coreando: "¡Necesitamos profesores, necesitamos libros, necesitamos el dinero que se llevó Rahm!".

"La gente salía de las tiendas para coger folletos. Levantaban los puños, saludaban y seguían tocando la bocina mientras bajaban por la calle", informó Bowsky. "Luego recorrimos el barrio y coreamos y hablamos con la gente que íbamos conociendo". Ella había liderado los esfuerzos en la Academia Seward, pero se alegró de que algunos de sus colegas se ofrecieran a liderar la participación en el piquete que les había sido asignado. "Tenían algunas tareas que hacer y me llamaron; me invitaron", dijo, "aunque yo ya había decidido ir".

Veronica McDaniel, bibliotecaria de un centro de enseñanza media, se alegró de tener la oportunidad de conectar con los miembros de la comunidad y disipar los rumores de los medios. Pidió a las familias que conoció en el piquete que le contaran de qué disponen sus hijos en sus centros: "Estamos intentando conseguir programas decentes en todas nuestras escuelas".

"Es difícil exagerar el efecto transformador que tuvo en los afiliados, ya que hablaron directamente con las familias sobre la lucha del sindicato y consiguieron ganarse su apoyo", afirmó Luskin.

Durante el periodo de espera de diez días entre el preaviso y la huelga, los miembros también acudieron a organizaciones comunitarias, iglesias y paradas de tren para hablar de lo que se avecinaba y pedir apoyo. Una vez más, la respuesta fue abrumadoramente positiva. "Hablando con la gente de la calle, a veces no tienen hijos en la escuela", dijo Vinson, "pero en muchos barrios no solo se atacaba a las escuelas, sino también a las viviendas.

Hablamos de salarios justos. Encontramos formas de conectar todos estos temas. Si las familias intentan salir adelante con salarios mínimos, esas tensiones se manifiestan en el aula. No se puede culpar a las madres y los padres por su nivel de compromiso cuando están lidiando con tanto estrés".

Bowsky y otro profesor fueron a misa a la parroquia de Holy Cross, invitados por el padre Bruce Wellems, para explicar los problemas de la huelga a un par de cientos de miembros de la comunidad. "Ese sacerdote en particular estaba muy implicado en el barrio", dijo Bowsky, "así que pudo relacionarlo con lo demás que estaba pasando, incluido el posible cierre de hospitales que atienden a toda la comunidad, y explicárselo en español a la gente".

La última semana de agosto, el profesorado que quedaba regresó con toda una semana de días programados de desarrollo profesional antes de que volvieran los alumnos. "Fue como un regalo", dice Heenan, que tuvo muchas oportunidades de hablar con sus colegas sobre los preparativos de la huelga. "Yo me ocupé de la logística, de los folletos de huelga. Repasamos todos los detalles, desde dónde estaría el cuartel general hasta cuál sería la cuenta de X".

El día antes de que el alumnado volviera a la escuela —y una semana antes de que finalizara el plazo de la huelga—, el sindicato se unió a docenas de otros sindicatos para celebrar un mitin por el Día del Trabajo. La Federación del Trabajo de Chicago llevaba años sin patrocinar un mitin ese día. Pero esta vez coincidía con la fecha de la Convención Nacional Demócrata. La dirección del CTU sabía que asistirían muchos dirigentes sindicales destacados de Chicago y del país, que se codearían con Rahm Emanuel y otros funcionarios y funcionarias demócratas que lideraban el ataque contra el CTU. Les preocupaba que el alcalde y la prensa dieran una imagen de falta de apoyo sindical oficial a la inminente huelga.

Así que el CTU urdió un plan para el Día del Trabajo. Los activistas se pusieron en contacto con los principales sindicatos y organizaciones comunitarias. Una vez que estos grupos se adhirieron y se aseguró el carácter de la manifestación como pro-CTU, prohuelga, anti-Rahm, y anticorporativo, llevaron el evento a la federación para su aprobación.

LA CIUDAD SE PREPARA

También la ciudad se estaba tomando claramente en serio la amenaza de huelga. El alcalde 1% Emanuel empezó a adoptar un papel más activo. Su asesor educativo y el presidente del consejo de CPS fueron algunos de los que se unieron a las negociaciones para intentar evitar la huelga. El distrito pidió a los directores y directoras que informaran de cualquier actividad sindical que consideraran perjudicial como "actividad de tipo acoso-amenaza".

Mientras docenas de docentes y aliados se concentraban frente a una reunión del consejo de educación el 22 de agosto, junto a una rata hinchable gigante prestada por los Teamsters, el consejo votó gastar 25 millones de dólares en medidas alternativas para el alumnado en caso de huelga. Con ese dinero se contrataría a organizaciones como las YMCA locales para proporcionar comida, refugio y servicios no lectivos.

El profesorado, que llevaba años viendo cómo se negaban recursos a sus escuelas, estaba indignado porque el distrito pudiera encontrar tan fácilmente el dinero para su plan de huelga. "Es mucho dinero", se indignó Ramírez. "Díganme que no se podría utilizar para otra cosa mejor".

LECCIONES

- La campaña contractual del CTU se basó en principios organizativos de probada eficacia, incluida una red de acción entre miembros y un seguimiento numérico detallado del nivel de apoyo del sindicato en cada escuela.
- Un proceso inclusivo para desarrollar las demandas de negociación, que implique muchas reuniones con diferentes subconjuntos de los afiliados y afiliadas, para que todo el mundo participara en la campaña.
- Acciones que los afiliados y afiliadas organizaron a nivel local, que contaron con militantes de base que iniciaron sus propios planes y utilizaron sus propias armas fueron cruciales para desarrollar las aptitudes y la confianza de las bases y, al mismo tiempo, ampliar la capacidad de todo el sindicato.
- Una serie de acciones escalonadas —desde vestirse de rojo hasta una votación práctica— reforzaron la confianza de los miembros y pusieron a prueba repetidamente su apoyo antes de la votación de la huelga real.
- El CTU no dejó que la ley y los escollos de la legislatura arrinconaran al sindicato. Los dirigentes tomaron lo que la administración había diseñado como un obstáculo

difícilmente salvable —el requisito del 75% de los votos de huelga— y lo utilizó como reto para organizar una votación de huelga casi unánime.

- Los y las líderes sindicales no prometieron que la huelga tendría éxito, solo que era la única oportunidad de dar un golpe a favor del alumnado y de un contrato decente.
- Durante las negociaciones, los miembros del equipo negociador llevaron a sus centros las preguntas controvertidas para averiguar qué pensaban sus compañeras y compañeros. La abrumadora mayoría de las familias respondieron positivamente a la información sobre la lucha por el contrato, cuando la información procedía de una organización sin ánimo de lucro o de un docente en el que confiaban.
- Una manifestación masiva fue el punto de inflexión emocional que dio alas al profesorado para demostrar su poder y el amplio apoyo público que habían ganado.

9. HUELGA

El presidente del consejo escolar, David Vitale, tembló visiblemente, a última hora de la tarde del domingo 9 de septiembre, al anunciar que las conversaciones habían fracasado. Hizo hincapié en las concesiones de la junta a las propuestas económicas de los miembros del sindicato: "Esto debería satisfacer la mayoría de sus necesidades", dijeron, a lo que añadieron que, desde la junta, no estaban seguros de qué más quería el profesorado.

Media hora más después, ante una multitud de sindicalistas con camisetas rojas flanqueando las puertas, los responsables del CTU salieron estoicamente de la oficina sindical para anunciar la huelga.

Las dos partes seguían muy distanciadas en cuanto a la evaluación del profesorado y los derechos de revocación. Para el vicepresidente Jesse Sharkey, lo más importante eran las cuestiones pedagógicas, como el tamaño reducido de las clases, un plan de estudios de lengua, arte, música y educación física para todo alumnado, y servicios de enfermería y asistencia social en los centros para atender las muchas necesidades que los más pobres traen a la puerta de la escuela y perjudican su rendimiento académico. En el fondo, la huelga sería nada menos que un enfrentamiento entre dos visiones opuestas de la educación pública.

"La gente estaba ya tan harta que, aunque una huelga daba miedo, no les horrorizaba la idea", afirma Jen Johnson, miembro del equipo que coordinaba la logística de la huelga. "Estábamos preparados desde el punto de vista organizativo, mental y emocional".

Por fin, los planes largamente trazados empezaron a ponerse en marcha. Esa noche, Jim Cavallero, miembro del equipo negociador, envió un mensaje de texto a los cuatro cabecillas de huelga de su pequeña escuela, Chicago Academy High. Cada uno tenía que convocar a diez miembros. "Ya habíamos hablado de lo que íbamos a hacer si salíamos y cada persona tenía un papel", dijo Cavallero. "Uno se aseguraba de que iba a haber café, otro de que sabíamos dónde iba a aparcar la gente...".

EN LAS LÍNEAS DE PIQUETE

El lunes 10 de septiembre por la mañana, un coro constante de bocinas sonó en señal de apoyo, mientras la afiliación y el alumnado se unían a los piquetes, cada vez más numerosos, frente a cada una de las 600 escuelas de la ciudad, además de la sede de la junta. Los adolescentes se colocaron junto a sus profesores y profesoras y animaron, agitando pancartas y haciendo sonar sus matracas. "También vi a madres y padres en todas las escuelas que visité", dijo la secretaria financiera Kristine Mayle. "En algunas, las familias trajeron parrillas y cocinaron el desayuno para el profesorado en las líneas de piquete".

Los miembros del Comité de Acción Contractual se convirtieron en cabecillas de huelga. Eran responsables de un equipo de diez miembros en la línea y se mantenían en contacto con ellos para conocer los planes y la moral. Cada escuela tenía un capitán principal (a menudo el delegado o delegada), que se mantenía en contacto con un coordinador de huelga para un grupo de escuelas. Los supervisores y supervisoras de distrito asumieron el trabajo de coordinador de la huelga.

ENTRENAMIENTOS DE HUELGA

El personal del sindicato impartió una serie de cursos de formación sobre la huelga a finales del verano, abiertos a los miembros del Comité de Acción Contractual y a cualquier otra persona que cada escuela quisiera enviar. Según el coordinador de personal Jackson Potter, las formaciones abarcaron:

- Cronología de un día de huelga: ir a las escuelas por la mañana, ir al lugar compartido por la tarde y actividades organizadas por tu escuela entre medias si es posible.
- Razones: por qué el sindicato estaba en huelga; las últimas actualizaciones de la negociación.
- Derechos legales: tu derecho a estar en la acera y un número de teléfono para ponerte en contacto con un abogado si te dicen que tienes que irte.
- Logística: cómo gestionar los baños y el aparcamiento.

- Cadena telefónica: qué decir a los afiliados para que se unan al piquete.
- Comportamiento en los piquetes: no te enzarces en acalorados debates con personas hostiles; no te enemistes con las familias que llevan a sus hijos a los centros de retención.
- Cánticos: cada lugar debe tener un líder de cánticos.
- Boletines diarios: los coordinadores los distribuían en las líneas.

Además de lo básico, los entrenamientos también cubrieron cómo llegar a las familias y a los barrios escolares, la mejor manera de hablar de temas de huelga con los padres y madres, y la organización de acciones locales visibles.

El trabajo diario del capitán de huelga consistía en asegurarse de que todo el profesorado estuviera en la línea de piquete, con pancartas. Si alguien no se presentaba, lo llamaba o pedía a alguien de la cadena telefónica que lo hiciera: "¿Estás enfermo? ¿Necesitas que te lleven? ¿Estás hoy en otro piquete?".

En Curie Metro High, un gran instituto con 260 docentes y 22 cabecillas de huelga, "no habríamos podido conseguirlo sin utilizar un programa llamado GroupMe", explica Adam Heenan. Esta aplicación gratuita permite a los miembros de una lista de teléfonos móviles enviar mensajes de texto masivos a todo el grupo.

Después, los cabecillas se ponían al teléfono con sus coordinadores de huelga para informarles de lo que había ido bien y mal ese día, de las nuevas tácticas de piquete que se les habían ocurrido a las bases, de quiénes no estaban allí y cómo estaban haciendo el seguimiento, de cualquier problema con policías o esquiroles.

Los coordinadores de la huelga hacían rondas, visitando cada escuela de su grupo de ocho a doce, al menos una vez al día y traían materiales de la sede (pancartas de piquete y un boletín diario de una página llamado *On the Line*), actualizaciones de la negociación y planes para las concentraciones de la tarde.

Los coordinadores de huelga también tenían autoridad para reasignar a los piquetes de su zona para apoyar a las escuelas más débiles o a las que necesitaban un impulso moral. Se coordinaban entre los centros para trasladar a los miembros cuando se presentaban oportunidades de gran visibilidad y, en ocasiones, movilizaban rápidamente a los afiliados y afiliadas para acciones locales, como cuando el sindicato se enteraba de que el alcalde iba a asistir a un acto en las proximidades.

La paraprofesional Charlotte Sanders visitaba ocho o nueve centros cada día. Se presentaba en el primero a las cinco y media de la mañana para levantar la moral cuando era necesario. "Si una escuela necesitaba más ayuda, pasaba más tiempo con sus miembros", explica. "También estaba atenta a problemas como que los administradores intentaran echar a los huelguistas".

"En general, me sorprendió la cantidad de gente que acudió", confesó Sanders. "Una piensa que la gente se dirá: 'Tengo un día libre', pero a las seis de la mañana estaban en la cola... Una profesora vino con un bebé de dos meses. Su marido se sentó en el coche con el bebé y ella se puso en la cola".

Y no solo los miembros del CTU. "Las familias venían todos los días a traernos café", dice Anne Carlson, de Drummond Elementary. "Nunca tuvimos que comprar comida. Las familias venían todos los días a las seis y media de la mañana y los estudiantes también. Creaban sus propias pancartas y marchaban por el colegio".

No todos se implicaron, por supuesto, pero "los que lo hicieron vinieron todas las mañanas", informó Andrea Park, profesora de la escuela primaria Curtis. "El padre de un alumno de tercero, en particular, a veces estaba allí antes que el profesorado".

Los ánimos andaban caldeados. Algunas personas formaron piquetes con pancartas, otras se sentaron en sillas de jardín a charlar. "Hubo muchos cánticos, bailes y comida", recuerda la periodista de Labor Notes Theresa Moran, que visitó varios lugares. Muchos piquetes "tenían el sabor del barrio", dijo.

INSIGNIA ROJA DEL CORAJE

"El uniforme diario era la camiseta del sindicato o llevar algo rojo", dijo Charlotte Sanders. Antes de la huelga había dicho a sus colegas: "Esta va a ser vuestra insignia roja del coraje. Podréis mostrar ante otras personas quiénes sois". Y era cierto: los miembros de la comunidad llegaron a reconocer las camisetas y lo que representaban. "Incluso después de la huelga, la gente veía nuestras camisetas y decía: '¡Estás con el sindicato! Estoy con vosotros'".

Algunos llevaron tambores caseros. En Kenwood High, alguien instaló altavoces en la parte trasera de un camión para poner música, y los profesores y profesoras bailaron en fila; una marcha improvisada llevó el camión de la música ante la casa de Obama y la del presidente del consejo escolar. En la zona oeste, docentes, madres y padres de un par de escuelas primarias se reunieron para hacer una barbacoa en un parque infantil, con una banda que tocaba música en directo. Una personalidad de una emisora de radio se acercó a repartir dónuts a los distintos piquetes.

La gente bromeaba diciendo que se divertían demasiado en la huelga, según Tammie Vinson, delegada de Emmet Elementary. Su piquete tuvo una participación del 100%. "Unió a la gente con un vínculo más fuerte. Teníamos una conversación social habitual que no podíamos disfrutar durante la jornada escolar", dijo. "Desayunábamos o comíamos juntos después de los piquetes. Nos unimos mucho más. Cuando terminó la huelga seguimos en contacto".

Cuando los huelguistas desfilaron por el barrio cercano a la Academia Seward, la respuesta general de los conductores y transeúntes fue "fantástica", pero "recibimos algunos pulgares hacia abajo", dijo la profesora Kimberly Bowsky. En un momento dado, se enzarzó en una pelea a gritos con una persona que estaba en una acera cercana. Parecían enfadados por sus propias malas experiencias en la escuela; ella intentó hacerles ver que el problema no era el profesorado, sino el sistema, que hace que ellos fracasen. Dos de estos se convencieron e incluso empezaron a mostrar su apoyo con carteles del sindicato. "Todos los días de la semana, esas personas se sentaron en su puerta y nos apoyaron", recuerda. "Eso es lo bueno de lo que hacemos", afirma Bowsky: "Se basa en los problemas. Se puede odiar al profesorado o tenerles miedo, pero una vez que la comunidad, las familias y los estudiantes se dieron cuenta de que había problemas, se pudo acabar con todo ese recelo y trabajar en resolverlos".

"Un día, la escuela primaria Curtis y otras cuatro más marcharon hasta el despacho de un concejal y montaron un piquete fuera; le exigían que dijera al alcalde que apoyaba al profesorado", recuerda Parker. Otro día, varias escuelas se reunieron para hacer un piquete junto a la autopista, donde hacerse visibles para los coches que pasaban. "Estábamos bastante unidos", cuenta Parker, "no solo con el profesorado de nuestro centro, sino también con los de otros de la zona".

"Montábamos importantes fiestas en nuestra línea", dijo Heenan. "Nuestro coro salía todos los días. Jóvenes en un todoterreno subían y bajaban por la calle tocando la bocina".

En total, el CTU calcula que alrededor del 95% de la afiliación participó en los piquetes escolares. Y casi ninguno cedió: apenas 15 esquiroles de un total de 27.000 miembros. Esto supone un 99,9% de participación en la huelga, una señal de lo eficaz que había sido la intensa campaña contractual del CTU. Los pocos esquiroles se enfrentaron más tarde a cargos internos y fueron expulsados del sindicato.

PIQUETES EN LOS CENTROS DE RETENCIÓN

El distrito no intentó mantener abiertas todas las escuelas. Designó 144 como centros de retención donde los estudiantes podían ir a por comida y supervisión por la mañana, entre las ocho y media y las doce y media. La policía permanecía en las entradas para vigilar a los pocos que acudían.

El coste fue de 25 millones de dólares y el sindicato dudaba de que el dinero estuviera bien gastado. Las instalaciones las dirigía el personal de la oficina central del distrito y algunos clérigos, personas sin experiencia en educación o en el cuidado de niños. Un manual para quienes trabajaban en estos centros de retención les instruía para jugar a cosas como *Simón dice* y el *Pictionary*.

Irónicamente, los manuales llamaban la atención sobre las mismas deficientes condiciones de los centros que preocupaban al profesorado. Se advertía a los empleados del distrito de que se vistieran pensando que en las aulas no había aire acondicionado y que no contaban con frigorífico ni microondas. La portavoz del CTU, Stephanie Gadlin, calificó el plan como "un equivalente a abrir un parque de bomberos sin bomberos o dar a un puñado de abogados, contables y oficinistas unas cuantas mangueras y botas de goma".

Tim Meegan fue uno de los diez cabecillas de la huelga en un centro de retención, Roosevelt High. Le impresionó el enfoque descentralizado y sin intervención del CTU para dirigir la huelga, y la eficacia con que funcionó. "Básicamente, recibí órdenes de avanzar desde el sindicato y decidí cómo aplicarlas en Roosevelt", dijo.

Meegan llegaba a las seis de la mañana para fotografiar todos los coches que entraban en el aparcamiento y asegurarse de que siempre hubiera alguien vigilando a los esquiroles (se suponía que los cabecillas de los piquetes no debían enfrentarse a los esquiroles, solo anotar sus nombres y denunciarlos). Roosevelt ocupa una manzana entera, por lo que vigilar todas las entradas del aparcamiento no era tarea fácil, y también había que cubrir una concurrida parada de transporte público a una manzana de distancia.

Los diez cabecillas de huelga, cada uno al frente de un equipo de entre ocho y diez miembros del sindicato, rotaron en turnos de dos horas por las distintas tareas: la línea de piquete principal, los puestos más alejados y la prospección del vecindario.

Los centros de retención no atrajeron a muchos estudiantes ni los retuvieron mucho tiempo. "Solo se presentaron una docena de jóvenes", dijo Meegan. "Se fueron al cabo de una hora más o menos porque estaban aburridos, salieron y se unieron al piquete con nosotros".

A mediados de semana, los dirigentes sindicales intentaron cambiar las cosas; pasaron de 600 líneas de piquete separadas a piquetes consolidados solo en los 144 centros de retención. Los miembros cuyas escuelas no ofrecían muchas oportunidades de contacto con el público lo preferían, pero para muchos la idea no fue tan popular. "A la gente le gustaba mucho estar en sus propias escuelas", dijo Norine Gutekanst, directora de organización. "Les gustaba relacionarse entre ellos".

EXPLOSIÓN DE ENTUSIASMO COMUNITARIO

No solo el profesorado se manifestó el 10 de septiembre, también lo hicieron los grupos comunitarios. "Hubo una explosión de actividad", contó Alex Han, organizador de Service Employees y Stand Up Chicago, que fue cedido para trabajar con la junta comunitaria (véase el capítulo 6) durante la huelga. "El consejo vecinal de Albany Park me llamaba y me decía: 'Nuestros padres marchan todos los días de una escuela a otra para unirse a los piquetes'".

"El profesorado forma parte de nuestra comunidad, aunque no vivan aquí", explica Raúl Botello, de la organización Albany Park, que el primer día reunió a 200 personas en la gran concentración del CTU en el centro de la ciudad. "Tuvimos un minimovimiento en nuestra propia comunidad. Asistimos unas 1.000 personas a cinco acciones distintas. Literalmente, celebrábamos marchas de solidaridad en apoyo de nuestros profesores cada dos días". En una ocasión, la organización se unió a los huelguistas para marchar ante el concejal Dick Mell y hacerle saber que no iban a permitir que el instituto Roosevelt se entregara a una empresa de concertadas. Otro día organizó un foro para familias, estudiantes y representantes del profesorado.

En el periodo previo a la huelga, el grupo de Botello y otros reunieron a sus miembros para hacer campaña entre sus vecinos. Después, durante la huelga, se unieron a los piquetes, repartieron folletos en sus barrios, fueron con el profesorado a las oficinas de los concejales, celebraron foros comunitarios, organizaron campamentos de día para niños no escolarizados, coordinaron autobuses para llevar a la gente a las concentraciones diarias y montaron sus propias concentraciones a favor de los docentes y actos de prensa independientes del sindicato.

La asociación de vecinos de Logan Square, al igual que muchos otros grupos formales e informales de la ciudad, organizó un campamento de la libertad para cuidar a los niños no escolarizados. Una semana de lecciones sobre los movimientos liderados por César Chávez y Martin Luther King Jr. culminó con una manifestación de familias y estudiantes en apoyo de los huelguistas. Enarbolando pancartas hechas a mano, los niños y niñas interpretaron el clásico de los derechos civiles *We Shall Not Be Moved* ("No nos moverán") ante la mirada entusiasta del profesorado.

"Fueron diez días muy intensos", dijo Rico Gutstein, miembro de la junta comunitaria. "Creo que los miembros de la comunidad que apoyaron la huelga estuvieron tan comprometidos y activos en la movilización de la gente como muchos docentes".

La junta comunitaria actuó como centro de coordinación de las acciones. El grupo se reunió tres veces durante la huelga y sus miembros se mantuvieron en contacto a diario por teléfono y correo electrónico para discutir las fechas y los planes de cada organización. "La mayor parte consistió en coordinar la actividad natural de los grupos comunitarios", explicó Han.

Los grupos comunitarios fueron importantes para mantener los temas de la huelga en primer plano. Los líderes sindicales tuvieron que actuar con cautela en cuanto a lo que decían en público, ya que el sindicato no podía declararse legalmente en huelga por cuestiones clave como el número de alumnos por clase y el plan de estudios. Los activistas vecinales podían ser más directos.

Cuando la KOCO envió a estudiantes y familias a hablar en los mítines de la huelga, "empezamos a llevar el mensaje, porque sabíamos que había cosas que el sindicato no podía sacar a la luz", dijo el organizador Jitu Brown. "Impulsamos el concepto de que la razón por la que nuestros docentes estaban en huelga era un sistema escolar roto. No era por dinero, sino por el cierre desenfrenado de escuelas y el despido masivo del profesorado, que desestabiliza la educación de los alumnos".

Voices of Youth in Chicago Education (VOYCE), un proyecto de organización de escuelas secundarias de toda la ciudad, celebró una protesta el 12 de septiembre contra los exámenes de alto nivel, en la que subrayó que los exámenes estandarizados tergiversan y castigan a estudiantes y docentes por igual. Más de 150 estudiantes, madres y padres se unieron al profesorado en el piquete del instituto Wells para denunciar el aluvión de exámenes estandarizados a los que se ven obligados a someterse. Sosteniendo una guirnalda tremendamente larga de 12.000 lápices —cada uno representaba una hora invertida en pruebas estandarizadas a lo largo de un año—, los estudiantes corearon: "Uno, dos y tres, ¡más que una nota de examen!".

A pesar de que los grupos empresariales de educación, que lanzaron anuncios televisivos sin parar contra el profesorado, aportaron mucho dinero —y a pesar de que la ciudad y el distrito escolar contaban con 30 empleados de comunicación, mientras que el CTU tenía solo tres—, la gente se puso de parte del sindicato. En palabras de la presidenta Karen Lewis: "Nos ataron las manos y aun así les pateamos el culo".

Este apoyo profundo y generalizado no surgió de la noche a la mañana, por supuesto. Años de trabajo habían conducido a este momento: la estrecha organización del CORE y el CTU con familias y activistas comunitarios, la lucha contra el cierre de escuelas y el desarrollo de la junta comunitaria[11].

HABLAR CON FRANQUEZA A LAS FAMILIAS

Se animaba a los miembros a recorrer los barrios a pie para llegar a las familias que no participaban, como parte habitual de las tareas

11. Lee sobre ello en los capítulos 3, 4, 6 y 7.

de recogida. Cuando le tocaba a su equipo, llevaban folletos, se dividían en parejas y caminaban en cuatro direcciones alejándose de la escuela con una lista de direcciones e información sobre las familias. Un puñado de padres y madres simpatizantes recorrieron las escuelas junto al profesorado. Los activistas habían recibido formación para escuchar las preocupaciones de los progenitores y establecer vínculos entre lo que oían y la huelga.

Estas conversaciones fueron una oportunidad para contrarrestar la propaganda municipal contra el profesorado. El aumento salarial propuesto por el sindicato (comparable a la prolongación de la jornada y el curso escolar que había planteado el alcalde) fue un gran objetivo de la prensa. Legalmente, los docentes solo podían hacer huelga por los salarios y las prestaciones, por lo que esa era su baza negociadora, pero tenían que asegurarse de que las familias entendieran que la huelga iba mucho más allá.

Aunque técnicamente "no podíamos hacer huelga por clases más reducidas, por una jornada escolar más corta, ni siquiera por tener arte, música y gimnasia, estos son los verdaderos temas de la huelga", dijo Vinson. El distrito también había suprimido programas de formación profesional que antes podían ofrecer las escuelas de barrio, como taller y dibujo.

Parker dijo que cuando le contaba a la gente la amenaza de cierre de escuelas, algunos se enfadaban: "Esto no es justo, está motivado políticamente. ¿Por qué os hacen esto?", exclamaban. "Les dijimos que luchábamos para que los niños tuvieran libros el primer día, para que todo el alumnado estudiara arte y música", explica. "Cuando yo crecí, disponíamos de todas esas cosas. Ahora no tienen arte ni música, ni siquiera un profesor de biblioteca".

Antes de la huelga, el profesorado temía ser demasiado crítico con los problemas de sus escuelas, incluso cuando hablaban con sus compañeros. "¿Y si te despiden por ser demasiado sincero?", se preguntaban. No querían hacer quedar mal a su centro, pero deseaban desesperadamente contar a la gente las verdaderas causas de los problemas de su escuela.

"Estamos en este sistema en el que nos sentimos atrapados y no podemos hablar con las familias", dijo Carlson. "Podrán estimarlo o sentirse evaluados... Las familias hacían suposiciones sobre el profesorado y viceversa. Ambos pensaban que el otro no lo entendería. Cuando empezamos a hablar de cosas que importaban a las familias, nos dimos cuenta de que lo ambos queríamos era el bien de las niñas y los niños".

Así que "durante la huelga, nos quitamos los guantes", dijo Meegan. "Por primera vez, el profesorado hablaba directamente a la comunidad de cosas que teníamos miedo de contar... Una vez superado ese miedo, hay un sentimiento de libertad y liberación". Ese sentimiento duró incluso después de que la huelga terminara. "Me niego a volver a tener miedo", dijo Meegan más tarde.

"Las familias nos hicieron seguir adelante", explica Sanders. "Nos hicieron sentir que lo nuestro no era solo un trabajo, sino que formábamos parte de una familia. Puedes decir lo que quieras en las noticias, pero los padres y las madres saben lo que está bien y lo que está mal... Al principio el alcalde era todo ladridos, pero después de que le pillaran unos cuantos padres dejó de hacerlo y ni siquiera ya se pronunciaba".

Dave Hernández, profesor de Social Justice High School, dijo: "Lo más valioso que he aprendido hasta ahora es la importancia de una conexión decidida entre las familias, el alumnado y el profesorado".

Tras la huelga, la junta directiva despidió a dos dirigentes sindicales de Social Justice High, junto con el director. Los miembros del CTU utilizaron rápidamente las relaciones que habían establecido y organizaron reuniones comunitarias con las familias y los estudiantes preocupados. Después de que estas desembocaran en un sondeo entre la comunidad y una sentada del alumnado en el interior de la escuela, los funcionarios de CPS cedieron y reincorporaron a los docentes, al director y los programas académicos que acababan de suprimir.

INFORME DEL MEDIODÍA

Todos los días, los 79 coordinadores de la huelga y los cinco líderes regionales se reunían en la sede de Teamsters Local 705 a mediodía, donde el sindicato tenía su base de operaciones. Las oficinas del CTU, en la cuarta planta de un edificio del centro de la ciudad, habrían sido demasiado pequeñas. Por suerte, el Local 705 ofreció su majestuoso espacio, con un hermoso mural que celebraba la huelga de 1997 contra UPS. Los huelguistas colgaron un enorme cartel ("Cuartel general de huelga del CTU") en la fachada del edificio.

Era el lugar perfecto para un centro de huelga, ya que ofrecía un amplio espacio interior y exterior para el ajetreo de la actividad en curso: cargar los carteles de los piquetes aquí, elaborar el boletín allá, los gráficos murales, el informe de campo... El Comité de Solidaridad con el profesorado de Chicago —formado por familias y activistas sindicales locales y de Occupy, con el educador sindical Steven Ashby entre sus líderes— se encargó de la dotación de personal del cuartel general. "Puedes aparcar con el coche encendido para recoger carteles y materiales desde las cinco de la mañana hasta las tres de la tarde el primer día, y de seis a tres todos los siguientes", anunciaba el cartel el día inaugural de la huelga. "Por favor, pásate por el Teamster Auditorium para ser voluntario, compartir tu comida con gente solidaria o enterarte de lo último sobre nuestra huelga".

Después de que los coordinadores de la huelga comieran algo, Gutekanst comenzaba la reunión pidiendo a los asistentes que compartieran algunas de las mejores anécdotas del día. "Las manos se alzaban en el aire", recuerda Ashby. Entre otras, dieron noticia de una marcha improvisada contra el concejal local y de una escuela en una comunidad mexicana donde las familias habían colocado mesas en la línea de piquete y cocinaban para el profesorado *in situ*. "¡Todos estábamos un poco celosos de aquello!", dijo Gutekanst.

Durante la reunión, los coordinadores también rellenaban un formulario diario en el que informaban de la participación y otros datos específicos de sus zonas. Los y las dirigentes sindicales les informaban de las novedades de la negociación, los hechos más destacados de las últimas 24 horas y los planes para la manifestación de esa misma tarde o el piquete del día siguiente. También repartían el nuevo ejemplar del pequeño boletín de huelga, con números de teléfono útiles (incluida una despensa de alimentos y un sindicato de crédito para préstamos; el sindicato no tenía fondo de huelga), información sobre el horario, sugerencias de cánticos, breves actualizaciones de la negociación, fotos de los piquetes e incluso caricaturas que ridiculizaban la situación.

SOLIDARIDAD LABORAL

El CTU había colaborado con Occupy Chicago desde su lanzamiento el otoño anterior, así que tenía todo el sentido cuando los activistas del grupo de trabajo laboral del movimiento crearon un Comité de Solidaridad con el profesorado de Chicago en junio de 2012 (véase el capítulo 7). Unas 110 personas acudieron a la primera reunión, y el equipo empezó a repartir folletos en los parques y a ponerse en contacto con grupos comunitarios y sindicatos para conseguir apoyo para la huelga prevista.

Era el tipo de trabajo de proximidad que podría hacer un consejo laboral local, dijo Ashby, pero la Federación del Trabajo de Chicago no lo hacía, porque muchos líderes sindicales locales no estaban dispuestos a enfrentarse al duro alcalde. Así que el Comité de Solidaridad se hizo cargo de la tarea y proporcionó a la sede central voluntarios y voluntarias comprometidos que llevaban a cabo una serie de tareas rutinarias.

Los sindicatos que más se implicaron fueron los que ya estaban inmersos en sus propias luchas. AFSCME distribuyó pegatinas de solidaridad a los bibliotecarios de toda la ciudad, que acababan de tener su propia lucha contractual. El sindicato del SEIU Healthcare Illinois-Indiana (HCII) estaba inmerso en las campañas contractuales de los empleados estatales de atención domiciliaria y cuidado de niños, al tiempo que se enfrentaba al cierre de hospitales de la red de seguridad. Prestó personal al profesorado para ayudar a organizar las acciones de la tarde y planificar las rutas de las marchas. HCII también organizó un banco telefónico al que se unieron 4.469 de sus miembros para hablar de la huelga, el racismo del consejo escolar y de su conexión a la causa como padres y sindicalistas.

Otros aliados clave fueron los trabajadores y trabajadoras estatales de AFSCME, los conductores de autobuses urbanos y Grassroots Collaborative. Llegaron donaciones de todo el país, más de 100.000 dólares, que se utilizaron para cubrir los gastos de la huelga.

Para cuando el profesorado se declaró en huelga, los otros sindicatos que representaban a los trabajadores de las escuelas (Operating Engineers, UNITE HERE y SEIU, cuyos miembros incluían a trabajadores y trabajadoras de mantenimiento, conserjes, empleados de cafetería, ayudantes de autobús, asistentes de educación especial y oficiales de seguridad) habían firmado sus contratos y seguían trabajando. Las primeras conversaciones sobre la coordinación de las campañas sindicales no prosperaron.

No obstante, los miembros de los demás sindicatos encontraron formas de mostrar su solidaridad, como vestirse de rojo antes y durante la huelga. Un puñado de conserjes del sindicato SEIU Local 1 organizó una huelga simbólica de un día, en la que renunciaron al sueldo para mostrar su solidaridad recorriendo las líneas de piquete con el CTU.

La relación entre los sindicatos mejoró en la campaña conjunta contra los cierres en el curso 2012-2013 (más información en el capítulo 11). "Creo que la huelga ayudó", dijo Mayle. "Creo que al principio la gente pensaba que estábamos locos, que quizá éramos un poco incompetentes, ingenuos... y una vez que lo conseguimos, cambió la percepción que se tenía de nosotros".

La Federación Estadounidense de Profesores, matriz del CTU, aportó dinero, personal de comunicación y organizadores. Lewis aceptó la ayuda siempre que estuviera bajo la dirección del sindicato local. El personal de la AFT trabajó en el apoyo a la huelga y no en las negociaciones. Una vez iniciada, la presidenta Randi Weingarten "no tenía muchas opciones", dice Debby Pope, coordinadora de la huelga. En un momento dado, Weingarten se pasó por allí para dar su apoyo; los funcionarios del CTU hicieron que se presentara a los negociadores de la junta, pero entonces tuvo que marcharse a un mitin.

RALLIES DE TARDE

Por las tardes, docentes y simpatizantes de toda la ciudad se reunían en marchas y concentraciones multitudinarias. El lunes, 35.000 personas —un "mar de gente", según *Substance News*— rodearon la sede de CPS en el centro de la ciudad, con camisetas rojas que llenaban las calles hasta donde alcanzaba la vista en cualquier dirección. En decenas de carteles hechos a mano, el profesorado, los estudiantes, las familias y los miembros de la comunidad proclamaban de qué iba la huelga:

"¡Mis alumnos necesitan pupitres!".
"Tengo 43 alumnos de guardería TODO EL DÍA".
"Mis libros de texto son de 1986".
"¡Solo el 24% de las escuelas de CPS imparten arte y música!".
"Los jóvenes necesitan la atención de cuatro maestros".
"Mantener las escuelas públicas a salvo de los monstruos corporativos privados".
"Enseño a mis alumnos a defenderse. Aquí está mi ejemplo de la vida real".
"Tus hijos se merecen lo mismo que los hijos de Rahm".
"Partido Demócrata, ¿dónde estás?".

El martes, la marcha comenzó de nuevo en la sede del distrito y luego se desplazó por los principales bulevares del centro de la ciudad para enfrentarse a las corporaciones que recibían TIF y exenciones fiscales. El miércoles, los miembros se dividieron para concentrarse en tres institutos y marcharon por los barrios. El jueves hubo un piquete dirigido por Grassroots Collaborative. Su objetivo era la multimillonaria Penny Pritzker, heredera de Hyatt, miembro del consejo escolar, y destacaron los cinco millones de dólares en fondos TIF que había recibido su nuevo hotel.

"Marchar con decenas de miles de personas fue muy emocionante. Es lo mejor que he sentido en toda mi carrera docente", dijo un profesor a un videobloguero, y puso el apoyo y el poder del sindicato a la vista de todo el mundo, incluso de los comerciantes del centro de la ciudad que quizá no lo vieran en sus propios barrios.

El viernes, en lugar de concentrarse, los profesores y profesoras volvieron a ir de puerta en puerta por los barrios de sus escuelas. El sábado hubo otra concentración masiva, que atrajo a autobuses llenos de simpatizantes —especialmente colegas del profesorado— de todo Illinois e incluso de fuera del estado: Madison, Milwaukee, Minneapolis y Dearborn (Míchigan).

LOS DELEGADOS Y DELEGADAS VOTAN A FAVOR DE CONTINUAR LA HUELGA

Mientras los afiliados y afiliadas de toda la ciudad hacían piquetes, el equipo negociador central seguía su propio horario agotador negociando casi sin parar y durmiendo pocas horas, cuando era posible. Correspondía a los líderes de fuera de la sala —miembros del gran equipo negociador, la junta ejecutiva, los coordinadores y cabecillas de la huelga— mantener el pulso con las bases y reunirse con los negociadores para comunicarles cómo estaban las cosas sobre el terreno.

El equipo central se acercó a un acuerdo provisional a finales de semana y empezó a hacer declaraciones públicas en ese sentido. Pero el sábado por la tarde, después de otro gran día de concentraciones, los dirigentes de primera línea se reunieron con los negociadores y argumentaron que la afiliación estaba demasiado excitada para que una reunión de delegados por sí sola pusiera fin a la huelga. Las bases querían tiempo para leer el acuerdo y tomar la decisión juntos.

Cuando los directivos salieron el domingo de una maratoniana sesión de 27 horas con una propuesta más o menos definitiva, apenas tuvieron tiempo de correr a casa y ducharse antes de la reunión prevista de la Cámara de Delegados. Allí, presentaron la oferta de contrato a los delegados, reconociendo francamente que era menos de lo que merecían, pero explicando por qué pensaban que era un acuerdo aceptable que evitaba lo peor del ataque. Advirtieron a los miembros de que el apoyo público disminuiría a medida que avanzara la huelga y que May o Emanuel probablemente solicitarían una orden judicial para detenerla.

En efecto, los delegados y delegadas querían mantener la huelga. No les pareció justo tomar una "decisión tan trascendental" sin contar con la opinión de las bases, explicó Jen Johnson. "No es solo una votación sobre el contrato", dijo. "Estamos en huelga y es un contrato diferente. La gente estaba muy interesada en tener un poco de tiempo para hablar con sus afiliados".

VICTORIA AGRIDULCE

"Hubo como seis ovaciones puestos en pie", dijo Debby Pope, durante la alegre reunión en la que volvieron a verse por fin tras dos días de deliberaciones. Los delegados y delegadas rebosaban un sentimiento de "tremenda hermandad y fraternidad".

Sin embargo, para Pope hubo un momento agridulce, después de que Kristine Mayle explicara una nueva disposición del contrato que podría sonar minúscula a una persona ajena al tema. Decía que "el profesorado podía hacer su programación de clase en cualquier formato o fuente siempre que la presentara antes", dijo Pope.

"Eso fue lo que provocó la primera ovación porque los docentes han vivido amedrentados, han sido desprofesionalizados... Esa declaración que no costó ni un dólar a la junta fue muy significativa para la gente".

Los oficiales aceptaron rápidamente. "Fue una prueba de liderazgo", dijo Ashby. "Algunos dirigentes podrían decir: 'Me habéis elegido, tenéis que confiar en mí', pero, después de todo, la dirección del CTU había declarado una y otra vez que los afiliados dirigían el sindicato. Y lo decían en serio".

Los delegados y delegadas decidieron por abrumadora mayoría continuar la huelga dos días más y volver a votar el martes por la noche, después de que los 27.000 afiliados hubieran tenido tiempo de leer y debatir el contrato. En el pasado, las bases habían sentido que les hacían tragar con los contratos a toda prisa. "Habíamos activado a la gente hasta el punto de que no querían votar hasta haberlo leído todo", dijo Mayle. "La gente quería asimilarlo".

LOS DIPUTADOS SOPESAN EL ACUERDO

Lewis lo llamaría más tarde su "momento de mayor orgullo". Durante los dos días siguientes, en las aceras y plazas de toda la ciudad, en lugar de hacer piquetes, el profesorado se sentaba en círculos a leer y discutir el acuerdo. Los cánticos fueron sustituidos por murmullos y preguntas mientras los docentes se apiñaban en grupos de tres y cuatro para leer los resúmenes del contrato.

En Emmet Elementary, "nos sentamos ese lunes y leímos aquel enorme documento", dijo la delegada Tammie Vinson. "Cada escuela decidió si quería que su delegado volviera y votara para aceptarlo. Pudimos hacer preguntas y esas preguntas fueron atendidas".

Los agentes no salieron a promocionar el acuerdo. Se quedaron de nuevo en la sala de negociación corrigiendo las partes incompletas del texto; además, no era su decisión. "No voy a decirles que esto es lo mejor desde la invención del pan rebanado e intentar vendérselo. No soy un comercial", afirma Lewis. "Nuestra gente sabe leer, sabe echar cuentas y entiende estas cosas".

Ashby, que ese día se ofreció voluntario para ayudar a repartir los boletines de la huelga en los piquetes, se sintió conmovido al ver los improvisados círculos de estudio. "Piensen qué porcentaje de los miembros de un sindicato medio ha leído todo el contrato", dijo. "Es minúsculo. Ahora vivimos una situación en la que el 99% de los afiliados y afiliadas de un sindicato lee cada palabra del contrato. Y lo debaten: '¿Conseguimos lo suficiente para las familias? ¿Y para nuestros alumnos y alumnas? Si nos mantenemos en huelga, ¿conseguiremos más?'. Fue un ejercicio total de democracia".

Al cabo de dos días, los delegados y delegadas volvieron a reunirse. En una votación a viva voz, decidieron por abrumadora mayoría suspender la huelga y devolver el contrato a las bases para su ratificación. Lo hicieron dos semanas después, con un 79% de votos a favor.

El presidente del consejo escolar de Emanuel, Jean-Claude Brizard, se echó las manos a la cabeza; cuando terminó la huelga dimitió. Un año después dijo en una entrevista: "Subestimamos gravemente la capacidad del Sindicato del Profesorado de Chicago para liderar una campaña masiva de base contra nuestra administración. Es una lección para todos nosotros en la comunidad reformista".

LECCIONES

- El CTU no pidió a las familias y al público que apoyaran la huelga como un hecho aislado. El sindicato dejó claras todas las batallas (por una jornada escolar mejor, por más dinero para las escuelas, contra el cierre de centros, la campaña de contratos) y que estas y la huelga formaban parte de la misma lucha por la educación pública y los derechos de los trabajadores.
- Meses antes de que comenzara la huelga, el CTU reclutó y formó a una red de cabecillas y coordinadores de huelga que cubrían cada escuela. La experiencia de los miembros en actividades de divulgación y protestas antes de la huelga les ayudó a prepararse para las actividades diarias durante esta.
- Los líderes sindicales lograron un equilibrio, asegurándose de que unas pocas actividades esenciales de la huelga, como el pase de lista de los piquetes, el informe diario y las concentraciones masivas se organizaron de forma coordinada en toda la ciudad, dejando margen para que los miembros improvisaran actividades en sus escuelas y barrios. Los huelguistas y simpatizantes hicieron suyo el parón aportando creatividad, problemas propios y un toque local a sus líneas de piquete.

- En lugar de asignar días diferentes, el CTU pidió a todos los miembros que estuvieran en las líneas todas las mañanas y se unieran a la gran manifestación de cada tarde. La alta participación ayudó a los huelguistas a mantenerse unidos y animados.
- El inmenso apoyo de la comunidad a la huelga fue fruto de años de colaboración. Aun así, parte del trabajo de los piquetes fue sondear a las familias en los barrios, para seguir recabando apoyos, y combatir los mensajes antisindicales procedentes de los políticos, la junta y los medios de comunicación.
- El CTU se aseguró de que la ayuda del sindicato nacional llegara sin condiciones y mantuvo el control local de la negociación.
- Los huelguistas experimentaron nuevos niveles de poder y se liberaron del miedo, fortaleciendo permanentemente su participación en la unión.
- Los delegados y delegadas decidieron invitar a todos la afiliación a participar en la decisión del fin de la huelga. Este proceso garantizó que los miembros se sintieran partícipes del acuerdo, incluidos sus compromisos.
- El CTU enseñó a sus miembros que la huelga era solo una batalla en una guerra más larga por la educación pública. Esto ayudó a evitar que se sintieran perjudicados cuando la huelga no solucionó todos sus problemas y cuando CPS cerró 47 escuelas al año siguiente.

10. LO QUE GANARON

Todo el mundo está de acuerdo en que el CTU ganó la huelga de 2012. Las tácticas de mano dura del alcalde Rahm Emanuel fueron contraproducentes y tuvo que retirarse, transigir y luego hacer campaña para salvar la cara. En un extraño giro, el alcalde sacó un anuncio de televisión posterior a la huelga para convencer al público de lo que había conseguido. El anuncio, que costó un millón de dólares, lo pagó el grupo antiprofesores Education Reform Now.

El CTU ganó en el tribunal de la opinión pública, que afirmó no solo el derecho del sindicato a defender las condiciones del profesorado, sino también todo el planteamiento del sindicato para defender la educación pública. El sindicato articuló tan bien lo que iba mal en las escuelas de Chicago —y exactamente cómo se podía arreglar— que muchos observadores pensaron que la huelga se debía principalmente a la reducción del número de estudiantes en las clases.

En cierto sentido, lo era, junto con todas las demás mejoras que necesitaban los alumnos y alumnas. Como se describe en el capítulo 9, el profesorado de Chicago podía negociar legalmente sobre temas obligatorios (el salario y las prestaciones), pero sobre temas permitidos, como el tamaño de las clases, solo si el consejo de educación estaba de acuerdo. El sindicato no podía declararse en huelga legalmente por un tema permitido.

Jackson Potter, coordinador de personal, afirmó: "Debimos tener cuidado a la hora de explicar los motivos de la huelga. Podíamos decir 'queremos que esto cambie', pero no 'estamos en huelga por esto', pues el distrito intentaba preparar el terreno para una orden judicial si la necesitaba, es decir, para detener la huelga si podían demostrar ante un juez que esta se debía a un tema permitido".

"Era un tira y afloja constante", dijo Potter, "que limitaba nuestra capacidad de articular las razones para luchar tanto".

Sin embargo, esa desventaja no era tan evidente para los habitantes de Chicago, a quienes las acciones del CTU durante los dos años anteriores habían convencido de que el sindicato se preocupaba por las condiciones del alumnado.

Al final, el distrito accedió a hablar del tamaño de las clases, calificando el lenguaje existente de "anticuado", pero lo que el sindicato consiguió, dijo Potter, "no fue suficiente". Los tres últimos acuerdos incluían directrices sobre el número máximo de alumnos por aula, que se mantuvieron en 28 para los niveles de preescolar a quinto, y 31 para los superiores. También se logró mantener un grupo de control formado por directores y docentes jubilados que podía investigar los centros con clases exageradamente numerosas. El grupo podía, a su vez, recomendar cambios en la programación de la escuela o en la distribución del alumnado para equilibrar el tamaño de las clases, e incluso disponía de medio millón de dólares para contratar más personal.

Pero una vez que se acabara ese dinero, el sindicato no tendría forma contractual de obligar al distrito a resolver el problema de las clases superpobladas. El contrato de 2012 añadió un punto según el cual un padre elegido por el consejo escolar local se añadiría siempre al comité de las escuelas que estuvieran bajo investigación. "Nos ayudará a exponer el problema", dijo la secretaria financiera Kristine Mayle, "pero no necesariamente a solucionarlo".

En lo que respecta a otros aspectos de las condiciones de trabajo, los docentes de todo el país se alegraron de ver que alguien se resistía a la oleada de concesiones empresariales que el profesorado había aceptado en los últimos años, en particular la remuneración por méritos y las evaluaciones basadas en los resultados de los exámenes de los alumnos (véase el apéndice).

Los líderes sindicales afirman que una gran parte de su victoria se debió simplemente a que se mantuvieron firmes en los aspectos más antiguos de su contrato y evitaron las concesiones. Al principio, el consejo propuso un contrato de 24 páginas (el anterior tenía 300). Y los líderes estaban orgullosos de su victoria en la ampliación de la jornada escolar (capítulo 7), que consiguió 512 puestos de trabajo adicionales y se firmó dos meses antes de la huelga.

Por lo demás, el acuerdo no rebosaba de grandes mejoras. Más bien, en muchos aspectos, el CTU consiguió victorias defensivas:

el consejo escolar tuvo que dar marcha atrás en propuestas agresivas que había conseguido en otras ciudades, o conformarse con la mitad.

El contrato supuso una victoria para el alumnado, ya que ayudaría al profesorado experimentado a seguir en el aula, en lugar de permitir a los directores despedirlos a su antojo. Pero no abordó —porque no podía hacerlo— muchas cuestiones que afectan directamente a los alumnos, en particular el cierre de escuelas. El sindicato tuvo que luchar por esos temas de otras maneras y, como demostró el curso escolar 2012-2013 (véase el capítulo 11), muchas de las conquistas conseguidas podían anularse en la práctica mediante cierres masivos y despidos.

LO QUE GANARON

Retribución por méritos

La junta quería una remuneración por méritos vinculada a las evaluaciones en lugar del sistema de antigüedad y niveles que premiaba la longevidad y los títulos avanzados con una mayor remuneración. El pago por méritos era uno de los principales objetivos de Emanuel (y de los intereses de las empresas educativas de todo el país). El CTU mantuvo los niveles (basados en la formación) y la antigüedad, y evitó completamente el pago por méritos.

Evaluaciones

La junta quería exigir que el 45% de cada evaluación se basara en los resultados de los exámenes de los alumnos y alumnas, el máximo permitido por la ley estatal. El profesorado afirma que este método forma parte de la estrategia de culpar al docente como chivo expiatorio del lamentable estado de la educación pública. Estas calificaciones pueden ser irregulares, mostrando la eficacia de un profesor alta un año y baja al siguiente, y pueden tener altos márgenes de error. Y, por supuesto, no es posible aislar la aportación individual de un docente de todos los demás factores que afectan al rendimiento del alumnado, como el nivel de ingresos, la situación familiar, la salud o incluso el estado de ánimo del niño el día del examen.

Además, el sindicato siempre había tenido problemas con las evaluaciones que hacían los directores. "Muchos las utilizan para deshacerse del profesorado que los desafía", dice el profesor de estudios sociales Bill Lamme, "o para contratar a su cuñado. Hay muchos malos directores que creen que su trabajo consiste en purgar a los docentes con experiencia. Esos son los que más se opondrán a los nuevos planes. Los directores quieren profesorado más joven y maleable. La masacre de docentes experimentados no es solo cuestión de dinero, sino de memoria institucional".

El CTU ha mantenido el porcentaje de cada evaluación basado en los resultados de los exámenes en el 25%, el mínimo exigido por la ley de Illinois, y lo ha aumentado al 30% en el último año de contrato. El otro 70% de la evaluación correrá a cargo de los directores o de quienes ellos designen. Pero el profesorado ahora podrá apelar sus evaluaciones, un derecho que no tenían antes. Las evaluaciones a mitad de curso, que los directores solían usar para expulsar a los docentes, no estaban permitidas.

El sindicato confía en que el nuevo marco de evaluación, el sistema Charlotte Danielson, sea más objetivo que las antiguas listas de control.

Derechos de despido

Antes del plan Renacimiento 2010, los despidos eran poco frecuentes y el profesorado despedido no tenía derecho a ser recontratado. Ahora, debido a la ola de cierres de escuelas de Emanuel, los despidos son rampantes. El nuevo texto dice que, si una escuela cierra, los docentes —por una combinación de antigüedad, calificación de la evaluación y sus áreas de especialización— pueden seguir a los estudiantes a sus nuevas escuelas. Este derecho podría ayudar a frenar la pérdida de profesores negros, los más afectados por el cierre de escuelas negras. En una situación de no cierre, un profesor despedido tiene derecho durante diez meses a volver a su misma escuela.

A cambio, el sindicato ha renunciado a algunas retribuciones y derechos de los despedidos. Antes, podían pasar 40 semanas como sustitutos asignados a una escuela, con sueldo completo y prestaciones. Ahora, tendrán 20 semanas en esa situación y otras 20 como suplentes diarios, enviados a distintos centros, con prestaciones, pero con un salario inferior.

El profesorado con la calificación de insatisfactorio (o la de mejorable) será despedido antes que aquellos con calificaciones más altas, aunque los docentes interinos irán primero. CPS ya había aplicado unilateralmente este cambio en 2010 y los tribunales le habían dado la razón.

Derechos de recontratación

Cuando los directores contratan para el año siguiente, al menos la mitad de los nuevos contratados deben proceder de la reserva de profesores cesados. Si para un determinado puesto se presentan al menos tres docentes de la reserva, el director debe contratar a uno de ellos o justificar su decisión.

Sin embargo, la nueva bolsa de contratación tiene puntos débiles. El profesorado calificado de excelente o competente entrará automáticamente en la bolsa, pero los de calificación inferior deben obtener dos cartas de recomendación de personas que los hayan visto enseñar y mantener una entrevista con un administrador. A los recién licenciados les resultará más fácil entrar en la lista que al profesorado con calificaciones insatisfactorias.

El otoño de 2013 habría sido el periodo de prueba del nuevo fondo común y de los derechos de seguimiento de los alumnos, pero la magnitud de los cierres y despidos (véase el capítulo 11) dificultó la implantación del nuevo sistema.

Contratación de profesores negros y latinos

La junta se comprometió a elaborar un plan de búsqueda y contratación de profesores racialmente diversos, a formar a los directores y administradores sobre el plan y a compartir los datos con el CTU. Esta cláusula se diseñó para abordar el efecto desproporcionado de los cierres de escuelas y los despidos del profesorado negro en particular.

Aumentos

Los docentes ganaron un 3% el primer año (un 4% para paraprofesionales) y un 2% en cada uno de los dos últimos años del contrato.

Disciplina

El CTU ha mejorado el procedimiento, eliminando las suspensiones no remuneradas. Por primera vez, un proceso de mediación-arbitraje permitirá a un tercero neutral pronunciarse sobre cuestiones disciplinarias y la decisión de este tercero será vinculante. El sindicato también ha conseguido por primera vez que se apliquen disposiciones de justa causa.

Prestaciones sanitarias

Los afiliados y afiliadas no experimentaron aumentos en las primas ni en los copagos, pero se introdujo un impopular programa de bienestar, parte de una tendencia nacional diseñada para trasladar los costes de los seguros de las empresas a los empleados. Los afiliados y los cónyuges cubiertos deben pasar una evaluación y someterse a cinco pruebas biométricas gratuitas, como la del colesterol. En función de los resultados, se les asigna un preparador.

Los afiliados también deben ganar puntos cada mes conectándose a una web de bienestar para leer artículos o ver vídeos durante 15 minutos. Si no lo hacen o no se someten a las pruebas biométricas, se les impone una multa de 50 dólares al mes, pero no hay multas por no alcanzar los objetivos de bienestar fijados por el preparador.

Educación especial

Las infracciones de la legislación estatal o federal en materia de educación especial —como superar los límites de estudiantes por clase o no contar con un asistente— son frecuentes. Ahora se pueden reclamar.

Médicos

Las enfermeras y los trabajadores sociales consiguieron derechos básicos como espacio privado para reuniones, armarios cerrados con llave y acceso a impresoras.

Otros

Se garantiza que el alumnado reciba sus libros el primer día de clase y un reembolso de 250 dólares al profesorado por material, frente a los 100 anteriores. Además, de tiempo de descanso para las madres lactantes y permiso de paternidad, el consejo acordó contratar a más trabajadores sociales, orientadores, psicólogos y enfermeras escolares, pero solo si se encontraban nuevas fuentes de ingresos, algo que, como era de esperar, no ha sucedido.

Otra conquista

Este acuerdo es para tres años en lugar de cuatro. "Así habrá que revisarlo cuando el alcalde intente presentarse a la reelección", señaló la supervisora de distrito Andrea Parker.

El organizador comunitario Jitu Brown, que había trabajado con dirigentes del CTU desde los tiempos del CORE, puso la huelga y el contrato en perspectiva. "Esta lucha no se iba a ganar en los siete días del parón de profesores", dijo. "Lo que sí conseguimos fue activar a un gigante dormido. Ahora tenemos al CTU en alerta y un sindicato con la capacidad de aprovechar a sus bases. Y esas bases no están deprimidas, no están dispersas. Organizaron a la afiliación para moverse. Eso es algo que sin duda salió de ahí".

Después de la huelga, Debby Pope se dedicó a atender las numerosas peticiones de conferencias de sindicatos —y no solo de docentes— de todo el país. Vio de primera mano lo mucho que otros querían aprender de la experiencia del CTU y lo inspirados que estaban.

Pope colabora en la aplicación del contrato como miembro del personal del Departamento de Reclamaciones, por lo que ha visto sus aciertos y defectos. "Hemos conseguido algunos avances en algunas áreas, hemos perdido algunas cosas en otras, pero en general, disponemos de un acuerdo mejor por la huelga", dijo. "E incluso si no tuviéramos un acuerdo significativamente mejor, tendríamos un sindicato mucho mejor".

Después de firmarlo, la dirección y las bases del CTU apenas tuvieron tiempo de respirar antes del siguiente acto de agresión del alcalde y el consejo escolar. En el capítulo 11 se resume cómo el sindicato, recién fortalecido, afrontó los siguientes retos.

LECCIONES

- El CTU presionó al máximo en los temas permitidos y usó todos los foros disponibles además de la mesa de negociación para conseguir mejoras en áreas que la dirección no estaba legalmente obligada a negociar.
- El CTU mantuvo un principio sindical básico contra el favoritismo de la dirección al rechazar la remuneración por méritos.
- El CTU se adelantó a los cierres de escuelas que claramente se avecinaban y apuntó a proteger a los miembros con un nuevo acuerdo sobre derechos de retirada.
- El contrato en sí fue un poco heterogéneo, pero el sindicato y sus aliados comunitarios ganaron en el tribunal de la opinión pública, y la huelga los fortaleció para las batallas venideras.

11. MANTENER EL IMPULSO

En el punto álgido de la huelga, el CTU contaba con miles de personas en las calles de Chicago, un mar de camisas rojas que marchaban por el centro de la ciudad, y toda la atención nacional. Pero el acuerdo contractual en sí mismo fue desigual.

Las concesiones podrían haber desinflado a unos afiliados que se habían sentido increíblemente poderosos al cerrar el sistema escolar durante nueve días y poner su política educativa en primera plana. Y después de que el profesorado volviera a las aulas, el sindicato seguía enfrentándose a los inminentes cierres de escuelas, al crecimiento de las concertadas y a todos los agresivos ataques contra la educación pública. ¿Cómo mantendrían su activismo los profesores y profesoras de Chicago cuando volvieran a los centros?

En un acto de información sobre la huelga, el coordinador de personal Jackson Potter describió la importancia del periodo posterior a esta que, según él, definiría "si conseguimos más victorias o nos caemos de bruces. Realmente tenemos que conocer los próximos pasos para no permitir que este momento se disipe".

La secretaria financiera, Kristine Mayle, atribuye al propio proceso de ratificación el mérito de mantener a los afiliados y afiliadas comprometidos y leales al sindicato en el periodo posterior a la huelga. "Antes de que la afiliación ratificara el acuerdo, celebramos un montón de reuniones escolares", explica. Esos encuentros contrastaban con la forma en que los dirigentes habían tratado los acuerdos anteriores. "Antes eran reuniones en las que se intentaba vender el contrato. Ahora tuvimos una conversación sincera: 'Esto es lo bueno que hemos conseguido y esto lo que no es tan bueno'. Algunos se enfadaron, nos gritaron, pero en general la gente lo entendió".

NO A LA DEFENSIVA

La voluntad de escuchar de los delegados y delegadas y de otros dirigentes —y la capacidad de la afiliación para hacerse oír y producir soluciones democráticas— se puso en juego en el instituto Curie en la primavera de 2013. Allí el profesorado estaba furioso porque el texto del contrato sobre la baja por maternidad no era tan bueno como los funcionarios les habían hecho creer. El lenguaje era vago, sin detalles, y CPS no estaba siendo ni franco ni claro. Los detalles no se habían publicado hasta que algunas mujeres ya habían decidido su calendario para quedarse embarazadas.

El delegado de Curie organizó una conferencia telefónica con Jackson Potter y Kristine Mayle. Tras una primera reprimenda por parte de los afiliados, la dirección admitió que sus preocupaciones eran bastante válidas. El profesorado quería una declaración del sindicato en el plazo de dos semanas en la que explicara las disposiciones sobre el permiso de maternidad.

Potter sugirió: "¿Por qué no lo hacemos juntos? Así está sin publicar y sigue sin ser adecuada". El profesorado estuvo de acuerdo y se elaboró conjuntamente una declaración minuciosa y precisa que se colgó en la web del CTU.

Los líderes sabían que tendrían que mantener tanto la lucha en la escuela como en todo el distrito. Mayle dijo que no fue fácil. "La gente estaba agotada", recordó en el verano de 2013. "El año pasado fue muy duro: la huelga, los preparativos, pero también la jornada más larga, Rahm... los comités escolares internos se apagaron un poco, pero los delegados y delegadas siguen informados y sabiendo lo que pasa".

Para mantener la presencia del sindicato en las escuelas, la dirección animó a los afiliados y afiliadas a seguir vistiendo de rojo los viernes, y a los miembros de los Comités de Acción Contractual a permanecer activos en sus escuelas. Un año después de la huelga, Kimberly Bowsky, delegada del sindicato, declaró: "La mayoría de los educadores de mi centro visten de rojo todos los viernes... Incluso los niños me preguntan: '¿Dónde está su rojo, señora Bowsky?'. Las dos veces que lo olvidé, mis colegas me lo hicieron pasar muy mal. Eran personas que antes no se veían a sí mismas como sindicalistas".

La dirección también trabajó para reforzar los PPC elegidos (véase el capítulo 5), que ayudan a los delegados y se reúnen mensualmente con los directores para resolver los problemas, de modo que la afiliación pueda utilizarlos para hacer cumplir ellos mismos el nuevo contrato en sus centros.

Los organizadores fueron a las escuelas para ayudar a crear los PPC y desarrollar una agenda para tratar con el director. "Lo ideal es que se pongan menos quejas pequeñas", dijo Norine Gutekanst, directora de organización, "para que el director dé marcha atrás".

"El gran cambio en lo que respecta a los delegados", afirma Mayle, "es que la gente está empezando a orientar a sus posibles sustitutos antes de abandonar. Antes, simplemente dimitían y dejaban un desastre tras de sí, y las escuelas se quedaban con un nuevo delegado que aún no estaba formado ni preparado. Ahora, los delegados salientes traen a sus sustitutos potenciales a las reuniones de la Cámara y les enseñan los entresijos del trabajo. También se han mostrado más abiertos a permitir que el profesorado más joven tome las riendas".

Los comités sindicales han crecido, incorporando miembros que no participaban antes de la huelga. En el comité de educación especial, dijo Mayle, "algunos son más jóvenes, pero la mayoría, un número sorprendente, son profesores y profesoras mayores que habían perdido la esperanza y parece que la han recuperado algo".

LUCHA CONTRA EL CIERRE DE ESCUELAS

Más allá del cumplimiento de los contratos, el profesorado sabía que se enfrentaban a una lucha mayor que nunca sobre el futuro de los centros públicos, con Emanuel decidido a debilitar y reducir el sindicato, cerrar escuelas y ampliar las concertadas. Así que un segundo objetivo de los delegados y comités era entrar en las campañas contra el cierre.

VICTORIA CONTRA LA TRANSFORMACIÓN

Cuando la escuela primaria Clara Barton fue incluida en la lista de transformaciones de CPS en 2013, la profesora de guardería Phyllis Trottman, que era delegada y supervisora del distrito, y la madre Sonya Williams, presidenta del consejo escolar local, entraron en acción.

Se pusieron en contacto con organizaciones comunitarias y con su representante estatal, su senador estatal y su concejal. Recaudaron dinero para fletar dos autobuses y enviar a las familias a hablar en una reunión del consejo escolar en el centro de la ciudad, con camisetas de Barton School.

Cuando la junta celebró una audiencia sobre el cambio (aunque no asistió nadie de la junta), 200 padres, madres y estudiantes llenaron la sala. "Traje a un niño de preescolar para que leyera *Chicken Little*", dijo Trottman. "Les hicimos saber que Barton no es el tipo de escuela que necesita una transformación". El CTU patrocinó autobuses para una segunda reunión de la junta. Y cuando esta emitió su lista final de transformaciones y cierres, Barton se salvó.

Una vez resuelto el contrato, empezaron a correr rumores de que el consejo cerraría hasta 100 escuelas. La nueva directora ejecutiva, Barbara Byrd-Bennett, retrasó la inevitable confrontación prorrogando hasta marzo el plazo del 1 de diciembre para anunciar los cierres. El distrito dijo al público que celebraría una gran ronda de cierres y luego se comprometería a no clausurar ninguna escuela en cinco años.

Pero el CTU pidió una moratoria. El sindicato siguió formando a los delegados para que adoptaran un enfoque global y, a lo largo del curso escolar 2012-2013, hizo de los cierres una lucha a escala de toda la ciudad, en lugar de una batalla escuela por escuela. Dedicó la mayor parte de su Departamento de Organización a la campaña y llevó a cabo un plan masivo de instrucción de los afiliados y afiliadas, con envíos postales, llamadas y visitas. Se convocaron reuniones escolares y vecinales para implicar a las familias y los grupos comunitarios; los lazos con los padres y madres forjados antes y durante la huelga se trasladaron a las protestas por toda la ciudad y a las audiencias organizadas por el distrito.

En noviembre de 2012, los activistas hicieron una sentada en el ayuntamiento para protestar por los posibles cierres; diez de ellos fueron detenidos cuando se negaron a marcharse sin que se les permitiera hablar con el alcalde. El CTU ni siquiera tuvo que tomar la iniciativa; la acción fue organizada por Teachers for Social Justice, Action Now, el consejo vecinal de Albany Park y la KOCO.

El Departamento de Investigación del CTU publicó un informe a finales de noviembre, continuación del anterior *The Schools*

Chicago's Students Deserve. Detallando la marcada desigualdad racial en las escuelas, *The Black and White of Education in Chicago's Public Schools* ("El blanco y negro de la educación en las escuelas públicas de Chicago") exponía cómo, desde 1995, las empresas reformadoras habían sustituido las escuelas públicas por concertadas, habían hecho más hincapié en los exámenes, habían desplazado al profesorado afroamericano y habían privado a las escuelas de recursos. El resultado, según el CTU, fue el aumento del número de alumnos por clase, la segregación racial, el desplazamiento de estudiantes y una disciplina punitiva. Las medidas de la junta habían reducido las oportunidades de un aprendizaje conceptual más profundo, habían agotado las escuelas estables de los barrios afroamericanos en particular y habían promovido la falta de respeto y el mal trato al profesorado culpándolos del bajo rendimiento de los centros.

El informe se presentó en una acalorada rueda de prensa en la que, según Mayle, el sindicato acusó directamente a la junta de racismo. "Es algo que todo el mundo sabe en Chicago", dijo, "pero el CTU lo respaldó con investigaciones. No pueden negarlo".

INTENSIFICACIÓN DE LA LUCHA EN TODA LA CIUDAD

En marzo, la ciudad anunció un asombroso número de clausuras, el mayor en un solo año en Chicago o en cualquier otra ciudad de Estados Unidos: 54. "Lo único que se le parece es el huracán Katrina", dijo el vicepresidente Jesse Sharkey sobre la posible devastación, "salvo que esto se está haciendo a propósito".

Casi todos los cierres se produjeron en escuelas negras y latinas, y afectaron a unos 30.000 estudiantes. 50 estaban en las zonas sur y oeste, en barrios pobres. En verano, los despidos de empleados escolares habían alcanzado la cifra de 3.000.

Los funcionarios utilizaron reuniones escolares y presentaciones de PowerPoint para intentar convencer a las familias de que apoyaran el cierre de sus escuelas. Casi medio millón de dólares de la fundación benéfica de Walmart, la Walton Family

Foundation, pagó a una agencia de publicidad para que creara una campaña de promoción.

Pero en muchas audiencias, obligatorias por ley, los funcionarios no pudieron ejecutar sus planes. Los miembros de la comunidad que asistieron a las más de 40 que hubo expresaron una oposición abrumadora. El CTU calcula que hasta 20.000 personas, entre familias y docentes, acudieron a las audiencias y a actos relacionados para insistir en que no querían que se cerraran escuelas.

Una celebrada en febrero de 2013 en el barrio de Pilsen, por ejemplo, se vio desbordada por los gritos y las protestas de las familias. Se negaron a participar en las sesiones por separado y prefirieron hablar en el gran auditorio. Escenas similares tuvieron lugar en los barrios de Logan Square y Uptown.

"Las familias están abriendo el camino", afirma Brandon Johnson, organizador del CTU. "Se está extendiendo como la pólvora". Pero "el reto al que nos enfrentamos es que los que realmente toman las decisiones están aislados de la toma democrática de decisiones", señaló Sharkey.

Nadie lo evidenció más que el alcalde Rahm Emanuel, que estaba de vacaciones esquiando cuando se anunciaron los cierres. Byrd-Bennett se sumó a la respuesta sorda; dijo que había "un increíble apoyo" para los cierres en las comunidades afectadas e incluso explicó que su plan era una prueba de que los funcionarios de CPS "realmente escuchaban a las familias".

El 27 de marzo, miles de docentes y activistas comunitarios acudieron al ayuntamiento. La concentración fue multitudinaria y animada, aunque no llegó a igualar las cifras del año anterior, en plena campaña por los contratos. En mayo, una marcha de tres días recorrió casi 30 kilómetros a través de las zonas sur y oeste; 100 personas participaron en cada una de las diversas etapas que recorrían las comunidades hasta llegar a la plaza Daley; 26 personas fueron detenidas en una sentada en el ayuntamiento, donde bloquearon los ascensores y profirieron canciones de protesta del movimiento por los derechos civiles.

Al final, las movilizaciones solo detuvieron cuatro cierres y aplazaron tres, con lo que se clausuraron 47 escuelas. Las fuerzas desplegadas contra el CTU resultaron demasiado poderosas para vencerlas aquel año. Pero el sindicato demostró a la élite de

Chicago que "nadie se iba a callar y desaparecer", dijo Johnson. "Vais a ver lo mismo que el año pasado: más protestas que serán más grandes, más charlas de formación, caravanas más grandes para presionar en nombre de la justicia educativa".

"La gente vive despreocupada: mientras mi familia o mi comunidad estén bien, no me importa la de los demás", dijo Tammy Vinson, que ahora da clases en Oscar DePriest Elementary tras el cierre de su escuela. "Pero creo que el CTU demostró que no puedes despreocuparte. No se pueden contener las cosas. Si no crees que las comunidades desfavorecidas y hambrientas van a afectarte a ti y a tu comunidad, no tienes ni idea. No se puede esconder a la gente debajo de la alfombra y no creer que va a salir a la luz".

"Si construimos un movimiento lo suficientemente grande", dijo Sharkey, refiriéndose a las tácticas de protesta del movimiento por los derechos civiles y la década de los sesenta, "podemos provocar un verdadera crisis política en la ciudad. Entonces el alcalde tendrá que pensar qué va a hacer".

Mientras seguían luchando contra la privatización de la educación, los miembros del CTU también apoyaban a otra organización frente a sus antagonistas, los operadores de las concertadas. Desde 2008, el profesorado de 12 de estas escuelas se había afiliado a un sindicato local especial de concertadas de la Federación Estadounidense de Profesores y crearon así la posibilidad de unir a dos grupos de trabajadores habitualmente enfrentados.

El profesorado de otros 13 centros de la red de escuelas concertadas UNO se afilió al sindicato en 2013. El CTU proporcionó un organizador para la campaña y estableció un comité de base de docentes para apoyar la organización de las concertadas. Al parecer, la huelga polarizadora del CTU no había alejado al profesorado no sindicado del movimiento obrero; de hecho, tal vez lo inspiró.

MANTENER ACTIVO EL CORE

Tras la huelga, el grupo del CORE creció. Sus citas mensuales de 2013 llegaron a reunir a 100 personas. "El CORE contribuyó decisivamente a que miles de familias y docentes acudieran a las reuniones de cierre de las escuelas", afirma Nate Rasmussen, profesor de primaria.

El CORE patrocinó una conferencia nacional en agosto de 2013 para crear una red de docentes que quisieran hacer de sus sindicatos "instrumentos en la lucha por la justicia social". Se invitó a profesoras y profesores tanto de la AFT como de la NEA (Asociación Nacional de Educación) a acudir en delegaciones de tres a seis personas, para aplicar mejor en sus países las lecciones aprendidas.

Como grupo, el CORE podía llegar tanto a los funcionarios locales como a los afiliados, a los titulares y a los opositores, sin preocuparse por las relaciones formales o informales que el CTU tuviera con otros sindicatos locales. En la conferencia se debatió cómo crear sindicatos locales democráticos a través de las actuales estructuras de liderazgo o de nuevos *caucus*, cómo crear alianzas entre las familias y la comunidad y cómo luchar en cuestiones educativas como los exámenes de alto nivel. En los talleres se trataron los aspectos básicos de la organización (cómo implicar a las madres y los padres, cómo hablar con los compañeros de trabajo, cómo presentarse a las elecciones) y la cuestión fundamental: "Cómo combinar las cuestiones sindicales con la justicia social y la justicia educativa".

Uno de los talleres trató sobre la investigación. Resultó que media docena de grupos de profesores estaban trabajando en informes similares a "Las escuelas que merecen los alumnos de Chicago".

En mayo, el CORE se enfrentó a la reelección de los principales cargos del CTU. "No queríamos dar nada por sentado", afirma Sarah Chambers, miembro del comité directivo, que dirigió la campaña de captación de votos. Por ello, el CORE empezó por reunir 10.000 firmas, un número muy superior al necesario para presentar una candidatura.

El comité de campaña dividió el distrito en cinco áreas, con un líder a cargo de cada una. A cada activista del CORE se le pidió que repartiera folletos en tres escuelas. Recaudaron dinero para los envíos postales y el material de campaña y crearon un comité de medios de comunicación para los correos electrónicos, la web y el diseño de carteles y folletos.

Continuando el modelo de su campaña original para los cargos sindicales (y su experiencia con la votación de la huelga), los activistas hicieron un seguimiento riguroso de su apoyo por cada centro educativo y cada región hasta el día de las elecciones[12].

"Una gran parte de estas campañas", dijo Chambers, "consiste en encontrar y formar líderes. Algunos de los líderes regionales serán parte del comité directivo del CORE. Estamos formando a gente del segundo y tercer rangos del CORE". Tras la votación, las reuniones siguieron siendo multitudinarias, incluso durante el verano, y el *caucus* comenzó de nuevo los encuentros regionales para permitir una mayor participación.

"Que tengamos algunas personas en la dirección de las oficinas del sindicato no es motivo para confiarnos", dijo Bowsky. "Esto no ha terminado y no está ganado... Una de las cosas de las que tenemos que preocuparnos es de hacer balance de nuestras fuerzas, de asegurarnos constantemente de que la gente participa, de que nuestras filas crecen".

IMPACTO NACIONAL

La huelga de profesores de Chicago fue una inyección de moral para los docentes de todo el país, un ejemplo de resistencia en una época en la que los sindicatos del sector público estaban en retroceso.

En particular, la huelga fue contraria a los dos sindicatos nacionales de profesores. En los últimos años, la AFT ha promovido relaciones conciliadoras con distritos escolares urbanos como el de Chicago. En New Haven, Newark, Cleveland y Baltimore, el sindicato ha acordado importantes concesiones, como el pago por méritos, y ha promovido lo que su presidenta, Randi Weingarten, denomina sindicalismo basado en soluciones. La NEA también ha colaborado con reformistas empresariales como Bill Gates en cuestiones como el cambio de la evaluación de los docentes y la aplicación de las normas básicas comunes.

En Chicago, sin embargo, la fuerza de la organización local obligó al sindicato nacional a respetar la autonomía del CTU y a apoyar la huelga, e incluso le llevó a subirse a la ola de popularidad

12. Véase el capítulo 4 para más detalles sobre la primera campaña del CORE y algunos consejos de su campaña de reelección de 2013.

posterior, a pesar de que la estrategia del CTU era muy diferente de la que la AFT apoyaba en otras ciudades.

El efecto dominó de la huelga fue inmediato. Ese otoño, siete distritos de la zona de Chicago convocaron sus propios parones. Antes de la huelga del CTU, solo un distrito escolar de la zona la había declarado desde 2004.

El CTU también mostró a otros trabajadores del sector público cómo ejercer el poder de forma distinta a la tradicional de los grupos de presión y los apoyos políticos. Los trabajadores y trabajadoras estatales de AFSCME Illinois, que nunca habían hecho huelga, se inspiraron en el CTU. De repente, los dirigentes del sindicato prepararon a sus miembros para la posibilidad de llevarla a cabo, aunque la evitaron con un acuerdo de última hora.

Los líderes del CORE también trabajaron informalmente con profesores de Filadelfia, Saint Paul, Seattle y otra docena de distritos para compartir estrategias sobre la movilización de los miembros y la comunidad.

SUBLEVACIONES DE PROFESORES

En Newark y Nueva York han surgido asambleas inspiradas en Chicago con la esperanza de enfrentarse a líderes estancados y atrincherados, con una alternativa al enfoque de control de daños y a la negociación a puerta cerrada.

Un año después de que los titulares negociaran un contrato que incluía el pago por méritos, el grupo Newark Education Workers ("Trabajadores de educación de Newark", NEW por sus siglas en inglés) hizo campaña contra las concesiones y se comprometió a construir un sindicato modelo CTU. NEW ganó la mayoría de los puestos del comité ejecutivo y estuvo a punto de hacerse con la presidencia, pero perdió por nueve votos. Los activistas de Massachusetts formaron la coalición estatal Educators for a Democratic Union ("Educadores por un sindicato democrático") después de que la Massachusetts Teachers Association ("Asociación de Profesores de Massachusetts") cooperara con los legisladores demócratas para aprobar una ley que debilitaba la seguridad laboral del profesorado. Convocaron una conferencia estatal, con un dirigente del CORE como orador invitado, para debatir planes con los que presentar una lista en las siguientes elecciones.

En Hawái, el profesorado de un instituto de las afueras organizó una protesta contra un contrato impuesto. A través de las redes sociales y la promoción popular, la acción se extendió por todo el estado, con la participación de más de 100 escuelas. El apoyo de las familias y de la comunidad dio fuerza negociadora a los funcionarios del sindicato; los afiliados dirigían desde el fondo de la sala, como antaño hacía el CORE. En Portland (Oregón), el profesorado siguió de cerca la campaña del CTU y se reunieron con sus dirigentes. Cuando llegó el momento de negociar, su propuesta incluía el texto *The Schools Portland Students Deserve* ("Las escuelas que merecen los alumnos de Portland"), con clases más reducidas y más recursos en los centros con altos índices de pobreza, así como un rechazo a los exámenes estandarizados.

En Los Ángeles, docentes, familias y grupos comunitarios formaron una coalición llamada The Schools Los Angeles Students Deserve ("Las escuelas que merecen los alumnos de Los Ángeles"). Protestaron contra un costoso plan para dar a los alumnos iPads preprogramados con material de examen y se organizaron contra las pruebas excesivas y por un mejor uso de la tecnología.

En enero de 2013, el profesorado de base de una escuela secundaria de Seattle anunció que boicotearían una prueba estandarizada obligatoria del distrito llamada MAP, que según ellos era arbitraria y contraproducente para los estudiantes. Su campaña Scrap the MAP generó atención y apoyo a escala nacional. Los docentes planearon su acción sin contar con la dirección de su sindicato local, pero después de hacerla pública, el sindicato local y la NEA nacional decidieron apoyar el boicot. Al principio, el distrito amenazó con castigar al profesorado, pero finalmente se echó atrás y decidió que el examen fuera opcional para los alumnos de secundaria.

En octubre de ese año, las familias de la escuela primaria Castle Bridge de Nueva York se opusieron a un nuevo examen obligatorio del estado para los alumnos de preescolar de segundo de primaria. Uno de los padres era activista de un grupo de docentes que seguía el modelo del CORE, y el profesorado participó en el esfuerzo mientras las familias se ponían al frente. Cuando el 80% de las madres y los padres se negaron a que sus hijos e hijas —de tan solo cuatro años— hicieran el examen, el director lo canceló, alegando que, además de ser malo para los estudiantes, era una medida injusta para sus profesores.

Al igual que los huelguistas de Chicago, el profesorado antipruebas de Seattle y Nueva York alteró la agenda corporativa como trabajadores y como educadores. Destacaron cómo los exámenes estandarizados, que cada vez se utilizan más para atacar el salario y la seguridad laboral de los docentes, también son perjudiciales para el aprendizaje de los alumnos. En noviembre de 2013, tras el liderazgo del profesorado y las familias que ya estaban presionando sobre el tema, el CTU retomó la lucha contra los exámenes con la campaña *Let Us Teach!* ("¡Déjanos enseñar!").

Las organizaciones nacionales AFT y NEA han introducido cambios en parte influidas por el modelo del CTU. Observando el éxito del trabajo comunitario del CTU, la AFT empezó a instar a otros sindicatos locales a encontrar socios comunitarios; a veces ha enviado personal para ayudar en los esfuerzos locales. En Filadelfia, donde el sindicato se enfrentaba a ataques tan graves como los de Chicago, la AFT apoyó el trabajo con la Philadelphia Coalition Advocating for Public Schools ("Coalición de Filadelfia en Defensa de las Escuelas Públicas"). Ambos sindicatos celebraron conferencias nacionales en las que los líderes comunitarios podían elaborar estrategias con los sindicatos locales de docentes.

DESAFIAR LA AGENDA DE LOS MULTIMILLONARIOS

Antes, durante y después de la huelga, el desafío del CTU a la agenda educativa corporativa nacional se ha afianzado. Aunque los grupos respaldados por multimillonarios y sus aliados políticos son tan agresivos como siempre, ahora hay otro relato disponible sobre el fracaso de las escuelas —y cómo arreglarlas— para cualquiera que quiera oírlo.

El CTU ha desenmascarado, cuando no detenido, los oscuros intereses corporativos invertidos en la privatización y monetización de la educación pública —el American Legislative Exchange Council (ALEC), los fondos de cobertura, Democrats for Education

Reform— y los propios intereses corporativos que hay detrás de autodenominados benefactores como Stand for Children[13].

Los malos han recibido algunos golpes en la opinión pública; por ejemplo, el CTU publicó un cínico vídeo de Jonah Edelman, de Stand for Children, en el que se jactaba de la legislación contra el profesorado, lo que resultó vergonzoso y obligó a Edelman a disculparse. En las audiencias de cierre de escuelas de CPS, los reporteros de Chicago identificaron a participantes pagados a favor del cierre que finalmente fueron vinculados al alcalde Emanuel a través de su longeva empresa de consultoría política.

El sindicato también ayudó a hacer público un escándalo de corrupción en la cadena de escuelas concertadas UNO —dirigida por el asesor de Emanuel, Juan Rangel— que implicaba negocios propios y contratos a familiares. El hecho ayudó al sindicato local de escuelas concertadas de la AFT a conseguir normas básicas de organización para el profesorado de todas las escuelas de la cadena. Los 13 campus se sindicaron.

Incluso a nivel nacional, la promesa de que el cierre de centros aumentará milagrosamente los resultados de los exámenes se ve con más escepticismo, al menos en algunos círculos. Cada vez más gente sabe que los resultados de las concertadas no superan a los de las públicas. El largometraje *Won't Back Down*, sobre familias de escuelas públicas que luchan contra un sindicato de profesores corrupto, fue un fracaso de taquilla.

Dicho esto, la ofensiva empresarial no ha disminuido. Sin dejarse intimidar por los escándalos o las estadísticas, los partidarios de una privatización rentable siguen presionando al CTU, mientras el sindicato refuerza sus alianzas para la siguiente ronda.

REELECCIÓN

Los medios de comunicación de Chicago acudieron en masa a cubrir la carrera de los candidatos de la oposición en las elecciones del CTU de mayo de 2013, prediciendo que la corriente Coalición para Salvar Nuestro Sindicato podría plantar cara a Karen Lewis y

13. Para más información sobre todos estos grupos, véase el apéndice.

a la lista del CORE. En lugar de ello, los líderes fueron reelegidos con un rotundo 80% de los votos.

Las elecciones fueron un referéndum sobre los esfuerzos del CORE por aumentar las expectativas del profesorado y resistir el ataque a la educación. La oposición afirmó que los líderes del CORE habían gritado mucho en las calles en lugar de ser inteligentes en la mesa de negociación. Criticaron las concesiones hechas en el contrato y difundieron el mensaje de que habían azuzado a la bestia: que la militancia del CTU provocaba represalias en forma de cierres de escuelas.

Sin embargo, la prueba revitalizó al CORE. Los dirigentes no querían limitarse a ganar por los pelos, sino que aspiraban a obtener una victoria contundente de una amplia base. Los resultados fueron un respaldo, no solo a los líderes populares, sino a una visión de lo que debe ser un sindicato y a una estrategia de lo que debe hacer. Como dijo Gutekanst: "Demostró que los afiliados quieren un sindicato luchador".

LECCIONES

- El CTU no se dio por satisfecho tras la huelga, sino que aprovechó el momento para luchar contra el cierre de escuelas.
- El CTU no impuso una agenda a los socios comunitarios. En cada escuela amenazada de cierre, el profesorado se reunió con las familias y los miembros de la comunidad para idear estrategias juntos.
- La dirección no se puso a la defensiva ante las deficiencias del contrato, sino que implicaron a los afiliados descontentos en la solución de los problemas.
- Los miembros del CORE buscaron una gran victoria en la reelección como mandato para continuar su trabajo; en el proceso, revitalizaron el CORE y formaron nuevos liderazgos.
- El CORE se reunió con profesores y profesoras activistas de otras ciudades para compartir las lecciones de Chicago y ayudar a encender la batalla contra el corporativismo reformista a escala nacional.

12. LECCIONES

Ha ocurrido una y otra vez: los reformistas toman las riendas del sindicato. Están hartos de ver cómo la dirección se encierra en su local, así que preparan una lista y un plan para movilizar a los afiliados. Cuando funcionan, los reformistas pueden transformar locales inactivos, canalizar el poder sindical hacia las bases y poner sobre aviso a la dirección.

Pero con demasiada frecuencia fracasan. O bien no logran mucho y son expulsados, o bien logran algo, pero no implican a las bases y, aun así, los echan. Demasiados no saben cómo salirse del camino de menor resistencia, por lo que se deslizan por los surcos trillados de sus predecesores, y la afiliación no ve suficientes cambios.

Le preguntamos a dos profesores que habían estado con CORE desde el principio cómo el CORE y los nuevos líderes lograron implicar a tantos miembros. ¿Por qué la experiencia del CORE fue diferente a la de otros reformistas que querían movilizar a los afiliados y afiliadas para enfrentarse a la dirección, pero no lo consiguieron? Por otra parte, ¿por qué el apoyo recibido fue mucho mayor que el de otros empleados públicos que se han declarado en huelga para defender sus condiciones?

Al Ramírez, profesor de primaria, dijo que el CORE contrarrestó una "tormenta perfecta". "En primer lugar, teníamos al villano ideal: Rahm Emanuel. En segundo, a un montón de gente inteligente y trabajadora. Y tercero: el profesorado se desempeñaba en condiciones horribles y llegaron al punto de ebullición".

Por supuesto, muchos comités están formados por gente inteligente y hay un montón de villanos de la gestión por ahí que crean condiciones horribles. Ramírez continuó: "Intentamos construir una base dentro de cada centro y un Comité de Acción Contractual. Siempre empezamos con una pregunta: ¿cuáles son nuestros problemas en esta escuela?, y los relacionamos con la lucha por el contrato.

"Además, creamos muchas oportunidades para que la gente se involucrara". Los miembros podían elegir su nivel de participación. "Podían repartir folletos o hacer un piquete informativo en su comunidad. Y se esperaba que la gente se pusiera en contacto con las familias".

Norine Gutekanst, que se convirtió en directora de organización del CTU, añadió: "Les dimos información para que la utilizaran con las familias sobre por qué lo que quería el consejo era malo para los estudiantes. A los miembros a los que no les importaba tanto el sindicato, sí les importaban los niños. Ahora el sindicato también podía ser una forma de luchar por ellos".

"Y hablamos de lo racista que era el sistema escolar. Cualquiera que trabajara en una comunidad negra o mulata lo sentía o lo sabía, pero no se le había dado voz antes".

"Nuestros afiliados y afiliadas siempre se enfrentaban al sistema. Lo que hicimos les permitió decir: 'A mis hijos y a mí nos están perjudicando, y el problema es el sistema'".

Merece la pena añadir que el CORE no se organizó principalmente como vehículo electoral ni en torno a un único candidato. La crítica del CORE a la dirección del sindicato surgió de sus críticas a la dirección y a todo el sistema educativo de Chicago. Al poner en práctica esas ideas incluso antes de asumir el cargo, el CORE fue capaz de convertir las elecciones sindicales en un referéndum sobre estrategia y competencia, en lugar de en un apolítico "¿quién puede hacer que los trenes lleguen a su hora?".

La experiencia del CTU nos permite decir:

Es posible hacer frente a la agenda de austeridad

Los empleados públicos de una ciudad tras otra han sido víctimas del grito de los políticos de apretarse el cinturón. Pero en lugar de aceptar la idea de que no hay alternativa a la austeridad, el CTU fue a por los que tienen los bolsillos llenos.

Con sus aliados comunitarios, utilizó la acción directa y las tácticas creativas para enfrentarse a las empresas y al 1%, para demostrar con palabras y hechos que hay mucho dinero para las escuelas, solo que está en las manos equivocadas. En el momento de la huelga, las bases y las familias no se dejaron convencer por el argumento de que "no hay alternativa a los recortes". Estaban del lado del CTU.

Es posible enfrentarse a los demócratas de Wall Street

La presidenta Karen Lewis ha dicho: "En educación, no tenemos aliados políticos con los que podamos contar. Es un lugar en el que demócratas y republicanos pueden estar de acuerdo".

El tipo de confrontación que representa la huelga no debía producirse. Rahm Emanuel llegó a la alcaldía como una fuerza de la naturaleza. La mayoría de los líderes sindicales de Chicago temían ser aplastados por el antiguo jefe de Gabinete del presidente Obama.

También era año de elecciones presidenciales. Una huelga sería un duro golpe para el presidente, le reprochaban los enemigos del sindicato, y podría costarle la reelección. Pero el CTU se enfrentó a las instituciones demócratas de la ciudad, el estado y el país, en un tema que une a los políticos demócratas (y republicanos) de hoy casi unánimemente: la reforma escolar. Cuando terminaron, Emanuel se había extralimitado y parecía desesperado, y las implicaciones no eran un problema para Obama.

El CTU consiguió casi por sí solo poner patas arriba el sentido común sobre la reforma escolar. El debate ya no versaba sobre la remuneración por méritos y la eliminación de los "malos profesores", sino sobre el aire acondicionado y los libros para los alumnos el primer día de clase, el acceso a profesores de arte y lenguas extranjeras, y sobre por qué todas las escuelas que se pretendía cerrar estaban en barrios negros y latinos.

Hablar del *apartheid* educativo tocó la fibra sensible

El CTU no evitó hacer de la huelga un tema de justicia racial, llegando incluso a calificar el sistema de CPS como prueba del *apartheid* educativo. Al dar voz a una verdad tácita que muchos padres conocían, posicionaron al sindicato como un apasionado defensor del interés público, no como un defensor del *statu quo*. El resultado fue que las familias creyeron más en el profesorado que en el alcalde, porque los docentes decían las cosas como eran.

Los líderes confiaron en que los miembros crecerían a través de sus experiencias

Plantear la dramática pérdida de profesorado afroamericano y el racismo de las escuelas en general podría haber sido controvertido entre los miembros blancos del CTU. Llevó tiempo, pero el apoyo a esta cuestión fue creciendo. Los líderes sabían que la acción abre las mentes y querían concienciar y crear un núcleo común de creencias. La organización del sindicato en favor de la justicia racial tuvo un impacto tan grande en sus propios miembros como en el conjunto de la comunidad.

Es posible luchar al mismo tiempo por lo esencial y por lo global

El sindicato dejó claro, no solo en el momento del contrato sino durante los dos años anteriores, que sus miembros luchaban por los estudiantes, no solo por sus propias condiciones. Y lo que es igual de importante, el CTU probó que el hecho de prescindir del profesorado y de convertir las aulas en una puerta giratoria para docentes sin experiencia empeoraría la situación del alumnado.

El CTU demostró que luchar contra las concesiones contractuales y por las reivindicaciones de la comunidad eran dos caras de la misma moneda. Ambas cuestiones fueron impuestas a estudiantes y docentes por las mismas fuerzas empresariales y por las mismas razones. En un momento en que se decía a todo el mundo que los sindicatos codiciosos eran la causa de los problemas presupuestarios, en cambio se convenció a los aliados de la comunidad de que un sindicato fuerte era parte de la solución.

El mensaje del sindicato a sus bases y aliados fue claro: el profesorado y los estudiantes no compiten entre sí por los recursos y el dinero. Ambos compiten con los banqueros, los multimillonarios y los políticos que impulsan y se benefician del programa de austeridad.

Es posible aumentar las expectativas y apuntar alto

Demasiados líderes sindicales han pasado los últimos 30 años gestionando el declive laboral y rebajando las expectativas de las bases. Siempre han apuntado demasiado bajo, tanto a la hora de estimar lo que estas son capaces de hacer como a la hora de calcular lo que podrían ganar. Los dirigentes del CTU sabían que los afiliados y afiliadas podían organizarse si se les daban las herramientas y el visto bueno. Y se negaron a negociar contra sí mismos haciendo concesiones preventivas.

Los dirigentes reconocieron que las bases podían cambiar si se elevaban sus expectativas. Hace unos años, CTU no era un sindicato de miles de miembros militantes y activistas. La mayoría no estaba necesariamente de acuerdo con todos los argumentos de los líderes del CORE (tácticas que daban miedo, temas que parecían demasiado radicales, estrategias no probadas como las alianzas de padres). Pero esos líderes defendían una visión clara y se sumergieron en un debate democrático sobre el camino a seguir, con fe en que las bases llegarían a las mismas conclusiones que ellos.

Poner en marcha el poder popular requiere una verdadera organización, no solo movilización

Los dirigentes consiguieron que el 90% de la afiliación votara sí a la huelga, con cientos de piquetes autoorganizados por toda la ciudad —atravesados por un número minúsculo de esquiroles—, porque no se limitaron a hacer campaña. Pasaron dos años dando a los afiliados las herramientas, las estructuras y el espacio para que lo hicieran ellos mismos. Los afiliados y afiliadas hicieron el trabajo duro: establecer relaciones con compañeros de trabajo y familias, determinar sus puntos fuertes y débiles y, en última instancia, poner a sus compañeros en acción.

La verdadera organización requiere mucho más trabajo en la fase inicial, que los nuevos dirigentes del sindicato iniciaron inmediatamente después de tomar posesión. Pero requiere mucho menos trabajo de personal en la fase final y amplía exponencialmente lo que el sindicato puede lograr.

La educación pasa por la acción

Las bases aprendieron no solo a través de documentos de posición sindicales o foros públicos, sino participando en luchas y experiencias que les dieron la confianza para exigir más, soñar más, asumir riesgos.

La democracia sindical marcó la diferencia

La dirección del sindicato se había formado a través de una lucha de bases para convertirse en la organización que querían que fuera. El hecho de ser un grupo disidente garantizó mucho el debate e incluso la discordia, antes y después de ser elegidos. Una vez en el cargo, no dijeron a todo el mundo que se fuera a casa y les dejara manejar las cosas: impulsaron la participación, el debate y la discusión. A veces, el debate era duro. A veces llevaba mucho tiempo.

Pero los líderes reconocieron que, si quieres que la gente asuma grandes riesgos y haga grandes cosas, tienen que ser dueños de las decisiones. Sabían que los afiliados y afiliadas eran adultos, y los adultos saben cuándo están al mando y cuándo no. La insistencia de la afiliación en prolongar la huelga dos días más para poder revisar las propuestas (véase el capítulo 9) demostró que las bases se daban cuenta de que algo había cambiado.

Los dirigentes también sabían que se verían sometidos a muchas presiones para moderarse: malos consejos de otros líderes sindicales, amenazas de la dirección, cultura sindical perdurable, temores legítimos a intentar algo grande y fracasar. Los dirigentes del CTU sabían que necesitaban que las bases fueran exigentes para mantener sus propios instintos audaces.

Es posible desobedecer a la central sindical

En cuanto a los exámenes, las evaluaciones y la remuneración por méritos, la AFT nacional iba en una dirección distinta a la del CTU. Sin embargo, el CTU pudo hacer la huelga que quería, con la política que quería, porque el sindicato local era muy fuerte. La presidenta de la AFT, Randi Weingarten, sabía, cuando estaba en el escenario frente a 7.000 miembros enardecidos en mayo de 2012, que no quería interponerse en su camino. Los líderes del CTU no se limitaron a criticar a los superiores, sino que demostraron que tenían una estrategia alternativa que pudiera mover a los miembros y conseguir victorias.

Una huelga aún puede tener poder

No era una huelga simbólica. Estaba muy lejos de los paros de un día que sirven más como protesta que como arena en los engranajes. Los afiliados cerraron completamente las escuelas e interrumpieron el funcionamiento cotidiano de una gran parte de los residentes de la ciudad, creando una crisis política que el poder no podía ignorar.

A primera vista, puede parecer que el profesorado de los colegios públicos no tienen ninguna ventaja económica. Cuando se retiran, el distrito ahorra dinero y las familias de la clase trabajadora son las perjudicadas. Pero lo más importante —gracias al historial del CTU— es que las familias culparon de la crisis al alcalde, no a los docentes, y eso la convirtió en una crisis para él.

Los empleados públicos pueden ganarse al público

Puede que el profesorado esté mejor situado que la mayoría para ganarse el apoyo de los ciudadanos, pero todos los empleados públicos son conscientes de que sus servicios están infravalorados por la patronal, los políticos y los intereses empresariales. La experiencia del CTU demuestra que exigir un sistema mejor y utilizar el poder de los trabajadores y trabajadoras con derechos de negociación colectiva para luchar contra la pobreza y la exclusión social no es solo una opción viable por el interés público, es una estrategia verdaderamente viable. Hacer causa común con los usuarios de los servicios públicos y posicionar a los empleados sindicados como guardianes del interés general gana apoyos, mucho más que intentar pasar desapercibido y esperar que nadie se fije en los sueldos y pensiones de los trabajadores públicos.

Es posible arriesgarse y ganar

Después de que los negociadores del CTU llegaran a un acuerdo para que 512 docentes volvieran a trabajar para cubrir las horas extra creadas por la prolongación de la jornada escolar —una gran victoria que Emanuel había convertido en su tema estrella—, podrían haber resuelto el contrato sin huelga. Habría sido más seguro. Pero los líderes sabían que, a largo plazo, tenían que enfrentarse de forma mucho más directa a la estructura de poder de la ciudad. Tenían que emprender una estrategia más audaz y abordar cuestiones más arriesgadas si querían una última victoria.

Es un maratón, no un esprint

El CTU educó a sus miembros en que ganar la batalla por la educación pública requeriría mucho más que una huelga. Y es algo bueno, porque Rahm Emanuel no huyó del escenario con el rabo entre las piernas. Pasó el año siguiente cerrando la cifra récord de 47 escuelas, la mayor oleada de la historia del país.

Los cierres se diseñaron para desmoralizar y desorientar a las familias y al profesorado de la ciudad, pero estos abrazaron su nueva militancia y reeligieron a la lista del CORE por un margen de cuatro a uno. La votación demostró que Emanuel no había conseguido que los docentes se arrepintieran de su huelga; solo les había mostrado la necesidad de un sindicato con espíritu de lucha y un plan para ganar.

APÉNDICE

COMPRENDER EL ASALTO A LAS ESCUELAS Y AL PROFESORADO

El profesorado estadounidense se enfrenta hoy a un panorama político increíblemente hostil.

El enfrentamiento de Chicago confrontó al sindicato de docentes de la ciudad con una poderosa red nacional de multimillonarios y políticos de ambos partidos, que han invertido décadas y enormes sumas en amontonar leyes contra el profesorado y convertir la idea de culparlos en el argumento convencional.

En este apéndice examinamos por qué los educadores son objeto de tanta animosidad y analizamos las tácticas legislativas y retóricas nacionales contra ellos por parte de republicanos, demócratas, fundaciones, empresas privadas y un conjunto de grupos de defensa.

ENFRENTAR A LOS CIUDADANOS CON EL SECTOR PÚBLICO

Los trabajadores del sector público han sido el blanco de los políticos conservadores durante décadas, pero desde el colapso financiero de 2008 también se han convertido en un cómodo chivo expiatorio de lo que aqueja a la economía.

Desgraciadamente, los votantes han estado demasiado dispuestos a creer que los bibliotecarios y los camareros —y sus modestas pensiones— son responsables de la oleada de números rojos en la que están sumidas ciudades y estados. Como resultado, la mayoría de los Gobiernos estatales y locales han recortado sus presupuestos en lugar de reevaluar dos generaciones de exenciones fiscales que han concedido a las empresas y a los ricos.

Los ataques contra los empleados públicos sindicados alcanzaron su punto álgido en 2010, justo cuando los reformistas del CORE se hicieron con el control del CTU. Los políticos de todo el espectro pasaron esa temporada electoral haciendo campaña contra los empleados públicos, especialmente contra cualquiera que tuviera un carné sindical en el bolsillo. Hicieron un llamamiento contundente y feo a los trabajadores enfadados por la caída en picado de los niveles de vida en el sector privado: "Si no tenéis pensión o asistencia sanitaria, ¿por qué debería tenerlo el que te saca el tique en la autopista?".

Aprovechando la ola de inseguridad y resentimiento provocada por el Tea Party, los conservadores se hicieron con el control de los parlamentos y los palacios gubernamentales de todo el país. No tardaron en convertir en leyes sus promesas electorales de acabar con los sindicatos.

Transcurridos dos meses de 2011, 18 estados habían introducido medidas diseñadas para recortar a los empleados del sector público, proponiendo desde la eliminación de las pensiones de prestación definida hasta límites constitucionales a todos los trabajadores. Catorce habían introducido leyes de derecho al trabajo, diseñadas para debilitar a los sindicatos al permitir que los empleados de un lugar de trabajo sindicalizado no paguen cuotas ni una tarifa de participación justa. El gobernador de Maine llegó a retirar los murales de historia laboral de los centros estatales, calificándolos de "antiempresariales". Los nuevos gobernadores republicanos John Kasich, en Ohio, y Scott Walker, en Wisconsin, acapararon los titulares nacionales con sus campañas para derogar los derechos de negociación colectiva de los empleados públicos. Pero los vigorosos contraataques en Wisconsin y Ohio marcaron el inicio de la resistencia a la agenda conservadora, que los nuevos dirigentes del CTU estaban decididos a acoger y ampliar.

EL PROFESORADO COMO CULPABLE

En todo el escrutinio centrado en los trabajadores del sector público, los docentes son los que más lo han padecido. Se les culpa de todos los males de la educación pública.

Los legisladores estatales han escogido al profesorado para un aluvión de medidas que van más allá del recorte de las pensiones y los salarios. Su objetivo ha sido sustituir las escuelas públicas tradicionales por concertadas y facilitar el despido de los profesores y profesoras de las escuelas públicas que quedan. Esto ha supuesto socavar la seguridad laboral y vincular las evaluaciones del profesorado a los resultados de los exámenes de sus alumnos, así como introducir la competencia a través de la remuneración por méritos. Los sindicatos docentes son vistos como los obstáculos que impiden que esta sana competencia entre escuelas se desarrolle sin problemas.

Como detallamos a continuación, la reestructuración radical del funcionamiento de las escuelas es la culminación de un ataque coordinado contra la educación pública que lleva 20 años gestándose por parte de una coalición de multimillonarios e ideólogos.

DE LA GUERRA CONTRA LA POBREZA A LA GUERRA CONTRA EL PROFESORADO

En la década de los sesenta, como parte de la guerra contra la pobreza de Lyndon Johnson, el papel del Gobierno federal en la educación se definió como garantía de la igualdad de acceso a las oportunidades educativas. El dinero de los impuestos federales se destinó a reducir las diferencias de rendimiento entre los alumnos pobres y los que no lo eran, derivadas principalmente del legado de la segregación. Eso significaba contratar a más docentes para reducir el número de estudiantes por clase en las comunidades pobres, pero significaba mucho más. El gasto escolar era solo una parte de un programa global de lucha contra la pobreza que incluía la creación de empleo público, la financiación de viviendas asequibles y la intensificación de los esfuerzos para erradicar el hambre.

Junto con Head Start, los programas de desayunos y almuerzos escolares y la desegregación, estas iniciativas tuvieron un impacto impresionante. La diferencia de rendimiento entre blancos y negros se redujo considerablemente en los años setenta y ochenta, hasta que la reacción contra estos programas y, en general, contra un sector público activo, provocó recortes presupuestarios.

A partir de entonces, los avances en la reducción de las diferencias de rendimiento se estancaron.

Aunque los políticos criticaban con frecuencia a las escuelas públicas, no fue hasta 1994 cuando se introdujeron los requisitos federales de evaluación. El Gobierno de Clinton vinculó las ayudas a las escuelas con altos índices de pobreza al requisito de que los estados empezaran a evaluar anualmente a los alumnos de tercero a octavo curso en matemáticas y lectura. Para entonces, los programas sociales y económicos eran un recuerdo lejano. El Gobierno ya no hacía mucho por mejorar la vida de los pobres, excepto, supuestamente, a través de la educación.

Los requisitos de los exámenes se dispararon en 2001 con la aprobación de la ley "Que ningún niño se quede atrás" (NCLB, por sus siglas en inglés), impulsada por la Administración Bush con apoyo bipartidista. Enmarcada como una iniciativa de derechos civiles para garantizar una educación de calidad para todos, la NCLB aumentó la frecuencia de los exámenes y exigió a los estados que desglosaran los resultados de los estudiantes por raza, sexo y estatus socioeconómico, con el objetivo de que todos fueran competentes en las asignaturas evaluadas de lectura, matemáticas y ciencias para el curso escolar 2013-2014. Los distritos escolares debían elaborar un boletín de calificaciones para cada centro basado en los resultados, y los centros que no lograran un progreso anual adecuado se exponían a sanciones cada vez más duras.

Así, la NCLB puso patas arriba los éxitos de los años setenta. En lugar de reactivar la fórmula que había producido un progreso educativo constante —una amplia red de programas destinados a reducir la pobreza—, el nuevo régimen asumió que la pobreza no era en absoluto el problema. En su lugar, el problema era lo que George W. Bush, durante la campaña electoral de 1999, denominó "el fanatismo blando de las bajas expectativas". Dijo que a los niños pobres simplemente no se les exigían "estándares rigurosos".

Este endeble análisis se convirtió rápidamente en la doctrina que guiaría a los reformadores educativos proempresariales durante las siguientes décadas. "La pobreza no es el destino", declara la web de Teach For America hoy. "Debemos ayudar a los niños que crecen en la pobreza a vencer la cultura de las bajas expectativas".

Así que la NCLB ignoró deliberadamente la pobreza. En lugar de ello, hizo recaer directamente en el profesorado la responsabilidad de superar la brecha de rendimiento, al tiempo que les ofrecía pocas herramientas, recursos o apoyos nuevos para hacerlo, y más presión. Después de que una escuela no alcanzara sus objetivos en los exámenes estandarizados durante cinco años, el distrito estaría obligado a contratar a una empresa de gestión para dirigir el centro, despedir a todo el personal (o a la mayor parte) o convertir la escuela pública en una concertada.

La NCLB solo puede imponer estas sanciones a las escuelas que reciben fondos del Título I, que es lo que queda de la guerra contra la pobreza de Johnson. Esos fondos se destinan a escuelas en las que más del 40% de los alumnos proceden de familias con escasos recursos. En otras palabras, la gran espada se cierne sobre las cabezas de los estudiantes y el profesorado de las zonas obreras, no sobre las ricas.

En 2006, casi el 30% de las escuelas del país no lograban un progreso anual adecuado. En 2012, más de la mitad de los centros no alcanzaban los puntos de referencia de la NCLB. Los críticos argumentan que estos resultados ofrecen poca orientación sobre lo bien o mal que los estudiantes están aprendiendo realmente. En Massachusetts, por ejemplo, solo el 18% de los centros obtuvieron resultados adecuados en 2011, frente al 74% de Alabama. Pero los resultados se invierten si nos fijamos en la Evaluación Nacional de Progreso Educativo, la encuesta comparativa que hace el Departamento de Educación cada dos años. En casi todas las dimensiones, Massachusetts ocupa el primer puesto en la clasificación por estados, mientras que Alabama cae al último lugar de la lista.

Aunque el enfoque de la NCLB, basado sobre todo en los exámenes, ha demostrado ser un mal criterio para medir el rendimiento de los estudiantes, se convirtió en una herramienta poderosa para los administradores que querían expulsar de las aulas al profesorado veterano.

Familias y docentes criticaron duramente la NCLB. Su atención exclusiva a los exámenes de alto nivel desviaba la atención y el tiempo de clase de otras asignaturas, según argumentaban. Los administradores, temerosos de ver sus escuelas tachadas de fracasadas, ordenaban enseñar para el examen, a costa de la música, las artes, la historia y las lenguas extranjeras. Los exámenes NCLB eran de formato único, sin tener en cuenta las necesidades de los alumnos de educación especial o de los que aprendían inglés por primera vez. Lo mucho que estaba en juego también generó atajos: surgieron escándalos en Nueva York, Washington D. C. y Atlanta, donde altos cargos de la administración sancionaron los intentos de amañar los exámenes para frenar la avalancha de suspensos.

Lejos de dar marcha atrás en la receta de sus predecesores de "examinar y castigar" para arreglar las escuelas, el presidente Obama y su secretario de Educación, el ex director general de las escuelas de Chicago Arne Duncan, adoptaron sus principios centrales. En 2009 introdujeron Race to the Top, la iniciativa educativa significativa de Obama, que obligó a los estados afectados por la recesión a competir por 4.300 millones de dólares en fondos federales discrecionales.

Para poder optar a los fondos, los estados deben vincular las evaluaciones del profesorado a los resultados de los exámenes de los estudiantes y ampliar el uso de la remuneración por méritos (tradicionalmente, los aumentos de sueldo de los docentes se han basado en la antigüedad combinada con la obtención de títulos superiores). Además, los estados deben eliminar cualquier límite al número o porcentaje de escuelas concertadas permitidas.

Las opciones para los centros que fracasaban se redujeron: cerrarlos, convertirlos en concertados o despedir al director y, al menos, al 50% del profesorado y el personal para mantenerlos abiertos. Race to the Top también creó incentivos para adoptar el llamado tronco común, un currículo estándar que ahora se utiliza en 45 estados, y amplió drásticamente el apoyo oficial a las escuelas concertadas.

PRIVATIZACIÓN DE LAS ESCUELAS PÚBLICAS

Todo este aumento de la presión sobre las escuelas públicas impulsó la campaña para privatizarlas, que ya estaba en marcha. En el periodo previo a la NCLB, Bush promovió los vales escolares, que también habían sido una prioridad de Reagan. Presentado como una "opción escolar" para los alumnos con bajos ingresos, el sistema de vales permite a las escuelas privadas desviar una parte de los fondos públicos en forma de matrícula. Milwaukee fue la primera ciudad en probarlo, en 1990. En 2012, una docena de estados y el distrito de Columbia contaban con programas de vales (aunque algunos solo se aplicaban a estudiantes con determinadas discapacidades).

En el nuevo milenio, sin embargo, el empuje privatizador se ha centrado sobre todo en las concertadas, no en los vales. El impulso a estas escuelas se disparó con la NCLB y Race to the Top. En la actualidad hay más de 6.000 concertadas en Estados Unidos, casi tres veces más que hace una década (hay unos 98.000 centros públicos).

Las concertadas ocupan una incómoda zona gris: financiación pública, pero gestión privada. La idea surgió a finales de los ochenta y principios de los noventa como una forma de ayudar a los alumnos y alumnas con dificultades en los grandes distritos urbanos. El modelo consistía en escuelas centradas en el estudiante y dirigidas por docentes que pudieran evitar las burocracias de los distritos y tuvieran flexibilidad para experimentar. Las organizaciones comunitarias, desesperadas por ayudar a los niños y niñas que fracasaban a menudo, apoyaron las concertadas, y algunos estados aprobaron leyes para promoverlas.

Pero el impulso a estos centros pronto se transformó en algo muy diferente. Como explicaba recientemente la revista *Rethinking Schools*, "en la última década, el carácter del movimiento de las escuelas concertadas ha cambiado radicalmente. Ha pasado de ser un esfuerzo local basado en la comunidad e iniciado por los educadores, diseñado para ofrecer enfoques alternativos a un pequeño número de estudiantes, a ser un movimiento financiado a nivel nacional por fundaciones, inversores y empresas de gestión educativa para crear un sistema escolar paralelo más privatizado".

Una concertada puede ser gestionada por una cadena con ánimo de lucro, como EdisonLearning, o por una organización sin ánimo de lucro, como la UNO Charter School Network de Chicago (incluso las organizaciones sin ánimo de lucro, por supuesto, pueden ser bastante gratificantes económicamente para sus administradores). A escala nacional, las empresas con ánimo de lucro gestionan el 35% de las escuelas concertadas, según el National Education Policy Center (hasta ahora, en Illinois solo se permiten las escuelas concertadas sin ánimo de lucro).

Los distritos escolares suelen asignar aproximadamente la misma cantidad por estudiante a una escuela concertada que a una pública, aunque puede haber deducciones por servicios que la concertada no está obligada a ofrecer. Muchas de estas también reciben bastante dinero extra en forma de donaciones de empresas o patrocinadores adinerados.

Las concertadas son el remedio favorito de ambos partidos para lo que se supone que aflige a las escuelas estadounidenses. A los políticos de todas las tendencias les gusta declarar que la elección del centro de estudios es la solución infalible a la brecha de rendimiento racial: pedir a las familias insatisfechas que vayan como de compras a elegir escuela, en lugar de luchar por la equidad entre ellas.

Según los medios de comunicación, como la serie de la NBC *Education Nation* o el sonado documental de Hollywood *Waiting for Superman*, las escuelas concertadas pueden triunfar donde las públicas fracasan, ofreciendo a los niños pobres —especialmente en los barrios negros y latinos de las grandes ciudades— un camino hacia la universidad y un billete para una vida mejor. Tras el huracán Katrina, Nueva Orleans sustituyó casi todas sus escuelas públicas por concertadas, y estos centros han explosionado en Detroit a raíz de la absorción del distrito escolar por un gestor de emergencia nombrado por el Estado.

Los partidarios de las concertadas argumentan que su ventaja es la innovación, tanto por parte de los administradores como del profesorado, algo sofocado en las escuelas públicas por la burocracia gubernamental y los poderosos sindicatos. Los sindicatos de profesores han sido el coco recurrente en el debate sobre las escuelas concertadas, y no es de extrañar que prácticamente ninguno de los operadores concertados esté sindicado y trabajen duro para que siga siendo así.

NO SE CREA LO QUE DICEN

Aunque las concertadas funcionan con menos restricciones y mucha menos supervisión que las escuelas públicas tradicionales, su historial no está a la altura de las expectativas.

Según los datos más completos disponibles —un estudio de 2013 hecho por un instituto de investigación de la Universidad de Stanford a favor de las concertadas—, aproximadamente la mitad de estas escuelas obtuvieron resultados equivalentes a los de los centros públicos tradicionales, medidos por las pruebas de lectura y matemáticas exigidas por la NCLB. Solo el 17% obtuvo mejores resultados y el doble los obtuvo peores.

Y ello a pesar de que las concertadas seleccionan a los estudiantes (ya sea de antemano o expulsándolos más tarde) y evitan a los niños y niñas con necesidades especiales, a los que no hablan inglés como lengua materna, a los que tienen malas notas o asisten poco a clase, y a los que tienen problemas de conducta. Se trata de un modelo de gestión frío y corporativista que deja a las escuelas públicas con menos fondos estatales y menos recursos para educar a los estudiantes más difíciles, ya que las concertadas se han quedado con los alumnos de menor coste.

Los sonados escándalos de corrupción en Florida, Pensilvania, Illinois, Ohio y Nueva Jersey —por nombrar solo algunos casos recientes— también han puesto de relieve lo fácil que es convertir las escuelas concertadas en virtuales cajeros automáticos para operadores sin escrúpulos que buscan llenarse los bolsillos a costa de los contribuyentes.

UNO, de Chicago, y Green Dot, de Los Ángeles, son algunas de las grandes operadoras, y sus adquisiciones son bastante explícitas: las escuelas públicas cierran y las nuevas concertadas abren simultáneamente, a veces utilizando el mismo centro. En otros lugares, las concertadas empiezan como ubicaciones conjuntas, ocupando parte del espacio de una escuela pública e incluso desplazándola después.

Ahora, algunos estados permiten incluso las ciberaulas, en las que los alumnos tienen un ordenador gratis y reciben educación a distancia desde casa, mientras la empresa recauda del estado miles de dólares por alumno en concepto de matrícula. Como era de esperar, las tasas de abandono escolar son altas y los resultados de los exámenes bajos, pero los beneficios se disparan.

Dados sus escasos resultados y su vulnerabilidad ante el fraude y la especulación, ¿por qué es tan fuerte la presión a favor de las concertadas?

LA AGENDA EMPRESARIAL

La respuesta es que las escuelas concertadas son solo una pieza de una estrategia mucho más amplia para revisar cómo se imparte la educación. La estrategia también incluye la sustitución de educadores experimentados por reclutas del tipo Teach For America, el desmantelamiento de la titularidad y de los sindicatos de profesores, la imposición de pruebas de alto riesgo, planes de estudios estandarizados y retribución por méritos, y el diseño de formas de evaluar al profesorado que faciliten su despido.

Durante casi dos décadas, los filántropos conservadores que se han beneficiado del capitalismo —encabezados por los Walton, Bill Gates y Eli Broad— han invertido miles de millones en este esfuerzo. Sus motivaciones son materiales, políticas e ideológicas.

En primer lugar, la educación es un gran negocio. Los ejecutivos de las empresas salivan ante la perspectiva de hacerse con una parte de los 525.000 millones de dólares de dinero público que se gastan cada año en las escuelas K-12 —un montante casi tan grande como el presupuesto del Pentágono— y su éxito inicial solo ha despertado un apetito aún mayor.

Casi dos tercios de esa suma —322.000 millones de dólares— se destinan a la enseñanza en las aulas, principalmente a los salarios y prestaciones del profesorado y el personal de apoyo, por lo que no es de extrañar que los educadores se hayan convertido en objetivo. Los operadores de las concertadas pueden ganar dinero pagando salarios baratos y ofreciendo escasas prestaciones, a diferencia de sus homólogos sindicados.

Incluso cuando no dirigen una escuela entera, las empresas pueden ganar dinero privatizando diversas partes de la operación. Pensemos en los 22.000 millones de dólares que se gastan en transporte, los 20.000 millones en servicios de alimentación, los 29.000 millones en servicios de apoyo (bibliotecarios, especialistas multimedia, enfermeras, logopedas) y los 10.000 millones en administración y funciones administrativas. En Chicago, el transporte en autobús y algunos servicios de conserjería son privados. Por no hablar de los 56.000 millones de dólares que ya van a parar a las constructoras y los 18.000 millones de deuda que Wall Street ayudaría a "gestionar" a los distritos escolares, a cambio de elevadas comisiones, por supuesto.

Según la Oficina General de Contabilidad, la elaboración y administración de los exámenes estandarizados de la NCLB ha costado a los estados más de 1.000 millones de dólares al año y las escuelas concertadas se han convertido en una industria de casi

20.000 millones. Hace 60 años, los intereses corporativos se fusionaron con el Pentágono; hoy, los titanes de la industria pretenden hacer lo mismo con la educación.

LUEGO ESTÁ LA POLÍTICA

En segundo lugar, los sindicatos son una de las pocas instituciones no corporativas que todavía pueden tener peso para los demócratas en época electoral. Aunque no es una lucha justa, pues las empresas superaron en gasto a los sindicatos en una proporción de 15 a 1 en el ciclo electoral de 2012, los que mueven los hilos siguen viendo una razón para debilitar a los sindicatos como fuerza política. El sector público está formado en un 36% por sindicatos, y los docentes son su baluarte. Las profesiones relacionadas con la educación, la formación y la enseñanza representan el 24% de todos los afiliados a los sindicatos. Por tanto, cualquier estrategia de reforma educativa que debilite a los sindicatos de profesores es una bendición a largo plazo para los republicanos. Por supuesto, muchos demócratas también piensan que pueden obtener mayores contribuciones de los PAC corporativos que de los sindicatos.

En tercer lugar, la NCLB y Race to the Top representaron un importante reajuste político. El nuevo enfoque "sin excusas" del Departamento de Educación sobre la rendición de cuentas dio a los conservadores una forma de reivindicar la superioridad moral sobre la persistente brecha de rendimiento racial en los exámenes estandarizados, y de pintar a los liberales como defensores de un *statu quo* inaceptable. Algunos republicanos etiquetaron esa brecha de rendimiento como "el problema de derechos civiles de nuestra generación". Su programa para acabar con ella (rendición de cuentas, no dinero) encajaba perfectamente con la agenda conservadora.

En cuarto lugar, al 1% le molesta que se hable demasiado de desigualdad. Prefieren un chivo expiatorio para el hecho de que los ricos sean cada vez más ricos y los pobres sigan siendo pobres, y el profesorado encaja perfectamente. Culparlos de los problemas de los centros escolares y de la sociedad puede atenuar cualquier posible presión de los votantes para que se suban los impuestos a las empresas y a los ricos, cuyos ingresos podrían destinarse a las escuelas (los impuestos a las empresas y a los ricos están ahora en su punto más bajo en más de 50 años).

A través de su red de *think tanks* y organizaciones de defensa, los multimillonarios gastan a manos llenas para alinear a la opinión pública y a los políticos en apoyo de esta ideología.

LOS DEMÓCRATAS SE VUELVEN CONTRA EL PROFESORADO

El nombramiento de Arne Duncan como reformador en jefe y la puesta en marcha de Race to the Top fueron solo dos de los pasos que la Administración Obama usó para señalar su independencia del profesorado y de los sindicatos docentes. Cuando el presidente expuso sus planes iniciales para reformar la educación en 2009, eligió a un alumno de octavo curso de una escuela concertada para presentarlo. Tanto Obama como Duncan despertaron la ira al elogiar el despido masivo de profesores en el instituto Central Falls de Rhode Island en 2010.

Todo, desde los símbolos hasta las propuestas de política nacional, reforzaba el giro que el profesorado y sus sindicatos estaban sufriendo por parte de sus propios políticos demócratas locales.

Quizá la señal más clara de este cambio sea Democrats for Education Reform, un comité de acción política con sedes en 12 estados.

¿CUÁL ES LA HISTORIA QUE PREGONAN LOS MULTIMILLONARIOS REFORMISTAS DE LA EDUCACIÓN?

Ya sea por dinero o porque creen que realmente les importa, los reformadores de la educación de hoy utilizan una lógica común para justificar públicamente sus políticas. Parte de la premisa de que la clave para sacar a la gente de la pobreza es la educación. Dicen que, si todos fueran a la universidad, podrían salir adelante por sí mismos.

Este mito de Horatio Alger ignora a su conveniencia el hecho de que nuestra economía está organizada con solo una fina capa de buenos empleos, que necesitan un título, y un número mucho mayor de malos empleos que en su mayoría requieren la capacidad de presentarse y seguir órdenes.

El mejor indicador de la posición que ocupará una persona en la jerarquía de ingresos de Estados Unidos es su lugar de nacimiento. Pero aquellos a los que les tocó la lotería siguen afirmando que, si se les da la oportunidad, los luchadores individuales pueden superar la desigualdad sistémica.

En segundo lugar, estos filántropos están enamorados de la competencia y del sector privado, lo que no es de extrañar, ya que estos sistemas les han funcionado muy bien. Sin duda, dicen, la magia del mercado puede lograr lo que los mandatos burocráticos no consiguieron.

Del mismo modo que cerraríamos una fábrica que sistemáticamente no obtuviera beneficios, tenemos que cerrar las escuelas públicas que no rindan. Y del mismo modo que hacemos responsables a los directivos de la calidad de los artilugios que producen, el profesorado debe ser responsable de la calidad de sus estudiantes.

Eso exige una batería de resultados de los exámenes de los alumnos y alumnas para revelar qué docentes suspenden, y los suspensos deben ser expulsados: sin excusas, sin oportunidad de mejorar.

Por supuesto, esto presupone que el fracaso de un estudiante con dificultades solo puede deberse a un profesor deficiente, nunca a un aula abarrotada, a la falta de un libro de texto o de un orientador, a la violencia vecinal, la falta de motivación o el estómago vacío.

También hay un doble rasero. Los evangelistas de la reforma educativa no someten a sus propios hijos al régimen que pregonan para los jóvenes de clase trabajadora, sino que los envían a escuelas privadas carísimas, con clases reducidas, planes de estudios ricos y un énfasis en el pensamiento crítico en lugar de en los exámenes estandarizados. Así que es difícil creer que incluso ellos se crean la retórica que sueltan.

Pero, sincera o no, la cacareada eficiencia del sector privado es un tema de conversación terriblemente cómodo que desvía las conversaciones más profundas sobre lo que haría falta para reducir la desigualdad o mejorar la educación. Más dinero para las escuelas no puede ser la respuesta, según ellos, porque los gestores responsables se las arreglan con menos y, además, hay que evitar a toda costa subir los impuestos a las empresas y a los ricos en cualquier caso.

El principio de mercado introducirá la competencia entre las escuelas, haciéndolas más parecidas al sector privado. Y la competencia dentro de la mano de obra puede lograrse mediante la remuneración por méritos.

Estos reformistas de mentalidad empresarial se salen con la suya llamando "intereses atrincherados que preservan el *statu quo*" a cualquiera que se interponga en el camino de esta agenda, sobre todo a los sindicatos de profesores.

En su mundo al revés, un filántropo de fondos de cobertura es un héroe que lucha contra la burocracia. Y medidas como los consejos escolares designados y el control de los distritos escolares por parte de los alcaldes son estrategias para aislar a los centros de los más interesados: los profesores.

El DFER pretende que el Partido Demócrata se derechice aún más en materia de educación. El grupo presiona a los funcionarios y respalda a los candidatos que están por el cierre de más escuelas, y apoyan las concertadas, el control de los alcaldes, el fin de la titularidad del profesorado y un mayor énfasis en los exámenes. La mayoría de los miembros del consejo de DFER trabajan en fondos de alto riesgo.

Entre ellos se encuentra el alcalde de Los Ángeles, Antonio Villaraigosa, un antiguo organizador sindical docente de Los Ángeles que se alejó de sus raíces para convertirse en uno de los defensores acérrimos de la agenda educativa corporativa. En un editorial de 2010, calificó a los sindicatos de profesores de "obstáculo inquebrantable para la reforma". Firme defensor de la privatización, presentó un informe *amicus curiae* en una demanda que vinculaba las evaluaciones del profesorado a los resultados de los exámenes de los estudiantes.

El exalcalde de Newark, Cory Booker, ahora senador de Estados Unidos, ha calificado de "venenosa" la titularidad del profesorado y ha afirmado que el ataque generalizado del gobernador republicano Chris Christie contra esta no fue lo suficientemente lejos. El alcalde de Denver (ahora gobernador de Colorado), John Hickenlooper, respaldó una ley en su estado para debilitar la titularidad y obligar a que la mitad de las evaluaciones se basaran en los resultados de los exámenes de los estudiantes. El gobernador de Massachusetts, Deval Patrick, apoyó en 2012 una ley impulsada por Stand for Children (y aceptada por el sindicato de profesores del estado) que recortaba los derechos de antigüedad de los docentes.

Villaraigosa y Booker ocuparon un lugar destacado en la Convención Nacional Demócrata de 2012, que tuvo lugar pocos días antes de la huelga del CTU. Como para enfatizar la postura de la administración sobre la reforma educativa, el primer día de la convención se proyectó la película antisindical *Won't Back Down*, patrocinada por DFER.

Pero nadie ha encarnado tanto el ataque demócrata al profesorado como Rahm Emanuel, jefe de Gabinete de Obama durante dos años antes de dimitir para presentarse a la alcaldía de Chicago. Como candidato, hizo del debilitamiento del sindicato de docentes uno de los principales pilares de su plataforma y sus políticas antiestudiantes fueron las que empujaron al CTU a la huelga.

PRINCIPIOS DE LA REFORMA EMPRESARIAL

Atacar la titularidad

La titularidad en el sistema K-12 es mucho menos estricta que en el sistema del mismo nombre en la enseñanza superior. Significa simplemente un proceso justo antes de que un docente pueda ser despedido, lo que en la mayoría de los sindicatos se conoce como causa justa. Normalmente, el profesorado en prácticas pueden optar a la titularidad después de tres o cuatro años en un distrito.

No obstante, el grupo Stand for Children ha liderado la lucha contra la titularidad de los docentes en muchos estados, con medidas legislativas y electorales que insisten en el mensaje fácil de transmitir de que el rendimiento debe primar sobre la antigüedad a la hora de despedir al profesorado.

Atacar a los sindicatos

Atacar a los sindicatos de profesores es un corolario obvio al dogma de los malos docentes, ya que los sindicatos son vistos como los defensores de los malos profesores.

Los ataques legislativos estatales siguen haciendo retroceder los derechos de negociación colectiva de los docentes. Solo en 2011, Wisconsin, Idaho e Indiana limitaron al profesorado a negociar únicamente la remuneración; Míchigan y Nevada crearon lagunas jurídicas "de emergencia" para permitir a los estados anular o reabrir por la fuerza los contratos; Tennessee y Oklahoma retiraron por completo los derechos de negociación de los docentes. Según las últimas cifras de la Asociación Nacional de Educación, solo 34 estados conceden al profesorado el derecho legal a negociar. La mayoría les prohíbe hacer huelga.

La verdad es que Massachusetts, Nueva Jersey y Connecticut, donde el profesorado está muy sindicado y los salarios son muy superiores a la media nacional, son los estados que obtienen sistemáticamente los mejores resultados en los exámenes. Los sindicatos de profesores son buenos para la educación.

¿Por qué? En primer lugar, los mejores salarios y prestaciones negociados por los sindicatos animan a los docentes a quedarse, y un profesor con más experiencia es mejor profesor. En las escuelas concertadas mal pagadas, la rotación es espantosa. "Si todos se van al segundo año", dice Kristine Mayle, secretaria financiera del CTU, "los niños siempre tienen malos docentes".

IMPULSORES DE POLÍTICAS

El grupo de defensa de la política Stand for Children ("Representa a los niños") —o, como lo llaman algunos profesores activistas, *Stand on Children* ("Defiéndete de los niños")— existe desde 1999, aunque fue más benigno en sus primeros años. Su rostro público es su cofundador, Jonah Edelman. Stand for Children ejerce presión y apoya a candidatos a cargos públicos a nivel estatal y local, presionando sobre todo a favor de evaluaciones del profesorado más rigurosas y basadas en exámenes. El grupo reivindica victorias legislativas en nueve estados; una de ellas fue el proyecto de Ley 7 del Senado de Illinois en 2011 (véase el capítulo 7), la ley que supuestamente haría imposible la huelga del CTU.

Michelle Rhee fundó Students First ("El alumnado primero") en 2010, después de dimitir como jefe de Educación de Washington D. C. Al igual que Stand for Children, el grupo es partidario de atacar la titularidad y basar las evaluaciones del profesorado en los resultados de los exámenes.

El American Legislative Exchange Council (ALEC) es una red de legisladores estatales conservadores (en su mayoría republicanos) y grupos de presión empresariales que elaboran proyectos de ley modelo para promover "la libre empresa de mercado, el gobierno limitado y el federalismo" en una amplia gama de temas. ALEC afirma que consigue promulgar unos 200 de estos proyectos como leyes estatales cada año. El grupo operó en silencio durante décadas, pero ha ganado notoriedad en los últimos tiempos a medida que activistas y periodistas han sacado a la luz su participación en leyes controvertidas como Stand Your Ground ("Mantente firme") y el ataque de Wisconsin a la negociación colectiva. Han sido especialmente agresivos en la promoción de leyes de activación de las familias.

Si el problema son los malos docentes, la solución es sencilla: sustituirlos. Teach For America (TFA), fundada en 1990, recluta a recién licenciados universitarios para un curso intensivo de cinco semanas y luego una estancia de dos años en aulas de escuelas pobres. El programa comenzó como una forma de cubrir la escasez de profesores y profesoras en los colegios más necesitados, pero se ha transformado en una sala de contratación *de facto* para los distritos escolares y las redes chárter, que cobran miles de dólares por cada plaza (independientemente de si el docente termina el curso escolar).

El planteamiento de TFA procede directamente del manual de gestión ajustada: la experiencia es un pasivo más que un activo. "Necesitamos gente que piense con originalidad", dicen los promotores de TFA, dando por sentado que la buena enseñanza no requiere habilidades especiales, solo inteligencia y entusiasmo. Los nuevos docentes también son sustitutos convenientemente baratos de los profesores sindicalizados con experiencia, incluso cuando se tienen en cuenta las tasas de colocación. Además de ganar el salario más bajo de un recién contratado, no permanecen el tiempo suficiente para cobrar una pensión o recibir un costoso seguro médico de jubilación.

TFA ha enviado a 32.000 docentes a las escuelas. La mayoría de estos jóvenes, bienintencionados, pero mal preparados para enfrentarse a las difíciles realidades del trabajo, acumulan una credencial en su currículum y pasan rápidamente a otra carrera laboral. El efecto inmediato es que una parte cada vez mayor de los profesores y profesoras son temporales, en lugar de profesionales de carrera.

Pero TFA tiene un enorme impacto en la política educativa, mucho más allá del número de puestos de enseñanza que cubre. Aunque tres cuartas partes de sus reclutados abandonan las aulas en un plazo de cinco años, suelen seguir formando parte de la poderosa red de antiguos alumnos de TFA, impulsando su agenda y garantizando que el grupo siga siendo una potencia política. De este grupo, TFA prepara y canaliza a sus favoritos hacia puestos en el Congreso, superintendencias (con formación de un preparador ejecutivo personal), escuelas concertadas y organizaciones sin ánimo de lucro. Su filial política, Liderazgo para la Igualdad Educativa, impulsa también las campañas de los antiguos alumnos de TFA para cargos electos.

Los cientos de millones de dólares que han afluido a las arcas de TFA no solo proceden de empresas y financiadores como la Fundación Walton, sino también del propio Departamento de Educación.

Un artículo en el periódico satírico *The Onion* lo resumía perfectamente, contrastando la perspectiva de un exalumno ficticio de Teach For America ("Mi año de voluntariado como profesor ayudó a educar a una nueva generación de niños desfavorecidos") con el punto de vista de un alumno de primaria ficticio: "¿Podríamos tener, por una vez, un profesor de verdad?".

En segundo lugar, los sindicatos negocian otras condiciones que ayudan al profesorado a enseñar, como descansos, tiempo de preparación y clases más reducidas. Si la ley lo permite, también pueden negociar recursos como bibliotecas, laboratorios, enfermeras, consejeros y trabajadores sociales. En tercer lugar, un docente sindicado tiene protección para hablar con el director y demás superiores sobre las condiciones que son malas para los niños, como los problemas de seguridad o las clases demasiado grandes, y resistirse al último plan de estudios de moda o a normas absurdas. Esto incluye oponerse a los exámenes estandarizados.

Pruebas estandarizadas

La estandarización es uno de los pilares de la ideología de los reformadores de la educación corporativa. Según ellos, el rendimiento de las escuelas y del profesorado debe medirse en función de los resultados de los exámenes estandarizados.

Pero a pesar de los cientos de millones de dólares invertidos en investigación y desarrollo, las pruebas son incoherentes y sus resultados sospechosos: el mismo profesor es calificado de eficaz un año e ineficaz al siguiente. Un estudio tras otro demuestra que los resultados están más estrechamente ligados a la situación socioeconómica del alumnado que a cualquier otro factor bajo el control del docente. Y como los exámenes se puntúan para producir una distribución normal de los resultados, siempre habrá alguien que suspenda.

Al profesorado tampoco le gusta los exámenes porque le roba un tiempo muy valioso. Algunos estudiantes de Chicago hacen hasta 30 exámenes estandarizados al año.

No obstante, los resultados de las pruebas proporcionan estadísticas que los reformistas pueden utilizar para atacar a los docentes siempre que la política lo exija.

Plan de estudios común

El plan de estudios se estandarizó en todo el país a través de la Common Core State Standards Initiative ("Iniciativa sobre las normas estatales comunes"), financiada en gran medida por la Fundación Gates, que establece lo que los estudiantes deben saber y hacer en cada grado.

Un plan de estudios común facilita el camino para que los exámenes estandarizados sean cada vez más homogéneos en todos los estados y distritos escolares y también encaja con el espíritu de una fábrica: la calidad es igual a precisión y uniformidad, cada producto del mismo tamaño y forma. En el profesorado se han mostrado escépticos respecto a los estándares básicos comunes debido a su fácil asociación con los exámenes y a la presión para adaptar todos los planes de clase a ellos. Muchos también creen que impide la creatividad y dificulta que las lecciones sean relevantes para sus alumnos.

Por supuesto, la mayoría de los estados ya tenían normas antes de la Common Core, por lo que los docentes sospechan que el impulso de las normas nacionales proviene de los fabricantes de exámenes y los editores de libros de texto deseosos de vender libros y exámenes. En Los Ángeles, por ejemplo, el distrito distribuyó iPads de 800 dólares que contenían planes de estudio y tareas preestablecidas, vinculadas a los estándares comunes, de Pearson, una de las principales empresas de *software* educativo.

Evaluaciones: ¿VAM o farsa?

"Toda la parte sobre las evaluaciones que se utilizan para ayudar a la gente a mejorar su enseñanza ha salido de la ecuación", dijo Gene Bruskin, que trabaja con el sindicato nacional de profesores. "Ahora solo se trata de cómo castigar a la gente".

Tradicionalmente, el profesorado ha sido evaluado, a menudo por su director, mediante la observación de su trabajo en el aula. Pero Race to the Top favorece a los distritos que usan los resultados de los exámenes, a menudo a través de modelos de valor añadido (VAM, por sus siglas en inglés) que califican a los docentes midiendo la mejora o no de los estudiantes a lo largo del tiempo.

Además del hecho de que juzgar al profesorado en función de los progresos de sus alumnos y alumnas no tiene en cuenta todas las influencias externas en la vida de estos, los líderes del CTU y otros sindicalistas de la enseñanza afirman que el modelo de valor añadido conduce a calificaciones incoherentes e inexactas. En Chicago, dice Kristine Mayle, al profesorado ni siquiera se le permite conocer el algoritmo del valor añadido: está patentado.

El Sindicato del Profesorado de Nueva York perdió una batalla de dos años con el Departamento de Educación de la ciudad en 2012, cuando esta hizo públicos unos controvertidos informes de datos del profesorado, que calificaban a los docentes de primaria y secundaria en una escala de 0 a 100 según el rendimiento de sus estudiantes en los exámenes estandarizados estatales. Los tabloides neoyorquinos no tardaron en vocear en titulares sobre los "peores profesores de la ciudad".

Las calificaciones eran "erróneas y humillantes", escribió la profesora de primaria Sarah Levine para Labor Notes después de que se publicaran las suyas y las de más de 18.000 estudiantes. Su propio informe estaba lleno de fallos: la mitad de los alumnos y alumnas no figuraban en la lista, sus dos mejores lectores fueron rechazados porque habían hecho el examen con un par de días de retraso y daba un margen de error absurdamente amplio (dijeron que la puntuación podía oscilar entre 15 y 90, sobre 100). Pero, además, según Levine, las medidas de valor añadido pueden provocar un conflicto entre el sustento del profesorado y las necesidades de los alumnos. En su escuela, la prueba dio lugar a una tendencia a trabajar solo con los estudiantes que estaban oficialmente en su lista, para mejorar sus puntuaciones, aunque ella trabajaba en equipo con otros estudiantes también. El incentivo es enseñar en función de los exámenes.

CUERDAS ATADAS

Como solía decir el cantante popular Utah Phillips: "Un bandido Robin Hood reparte en privado lo que roba en público, mientras que un filántropo... Bueno, ya te lo imaginarás". Al igual que los barones ladrones de antaño, los magnates empresariales de hoy en día son grandes filántropos, y todos los grupos que impulsan la reforma educativa son los mayores beneficiarios de su generosidad.

Los tres grandes financiadores, a los que la historiadora de la educación Diane Ravitch llama el club de los chicos multimillonarios, son las fundaciones Broad, Gates y Walton. Dado que su fuerte es el beneficio, no la enseñanza, no es de extrañar que presenten sus soluciones escolares en lenguaje empresarial: competencia, innovación y espíritu emprendedor.

La Fundación Eli y Edythe Broad, con un patrimonio de 2.100 millones de dólares, se centra en "el espíritu empresarial para el bien público en la educación, la ciencia y las artes". Eso significa escuelas concertadas y poner a ejecutivos de empresas al frente de distritos escolares. Su labor se lleva a cabo a través de subvenciones (ejemplos de beneficiarios: Teach For America, el operador de escuelas concertadas Green Dot, la película contra el sindicato de profesores *Waiting for Superman*) y de una academia para superintendentes y directores (ejemplo de alumno: Jean-Claude Brizard, director general de las escuelas públicas de Chicago en el curso 2011-2012).

Sam y Helen Walton, fundadores de Walmart, son los artífices de la Walton Family Foundation, con un patrimonio de 1.700 millones de dólares. La reforma educativa es una de sus tres áreas de interés. "Nuestra estrategia principal es infundir presión competitiva en el sistema educativo de Estados Unidos, aumentando la cantidad y la calidad de las opciones escolares a disposición de las familias, especialmente en las comunidades de bajos ingresos". Esto se traduce en el fomento de las concertadas y los vales, el cierre de escuelas y los cambios en la evaluación-compensación del profesorado, así como en la subvención de Teach For America.

La Fundación Bill y Melinda Gates, con un patrimonio de 38.300 millones de dólares, tiene una influencia desmesurada porque es muy rica. Los Gates se pasaron años presionando para dividir las escuelas más grandes en otras más pequeñas; finalmente, admitieron que eso no funcionaba y se subieron a un nuevo carro: la retribución por méritos, las reformas y muchos exámenes. La fundación es una gran defensora de la estandarización —fue la impulsora de los estándares nacionales Common Core— y, gran sorpresa, de la tecnología en las aulas.

Retribución por méritos

Estrechamente vinculada a los exámenes, las evaluaciones y las cláusulas de permanencia en el puesto está la presión a favor de la remuneración por méritos —vincular la remuneración del profesorado a los exámenes y las evaluaciones, supuestamente para crear un incentivo que les haga mejorar—, aunque los estudios demuestran que no funciona. Un estudio de Nashville ofreció a un grupo de docentes 15.000 dólares a cada uno si conseguían mejorar sus resultados en tres años. A otro grupo de control no se le ofreció tal recompensa, pero esos profesionales obtuvieron los mismos resultados, porque, por supuesto, ambos grupos enseñaban lo mejor que sabían, con los recursos de que disponían. "No es que el profesorado se siente a impartir sus mejores lecciones esperando una bonificación", como dijo la historiadora de la educación Diane Ravitch.

Leyes de activación parental

El grupo secreto y conservador American Legislative Exchange Council (ALEC) ha sido un gran impulsor de las leyes de activación parental. También lo ha hecho una organización sin ánimo de lucro llamada Parent Revolution. La película de Hollywood *Won't Back Down* (que fracasó, afortunadamente) era un anuncio del activador parental.

En 2010, California fue el primer estado en aprobar una ley que permite a las familias solicitar el cambio de su escuela pública a una concertada, u otros cambios como forzar la salida de un director. Le siguieron Connecticut, Indiana, Luisiana, Misisipi, Ohio y Texas.

La iniciativa de las concertadas solo se ha intentado unas pocas veces, todas en California hasta ahora, con una gran participación de Parent Revolution. Aunque se forman sindicatos de padres para llevar a cabo las campañas de petición, el personal remunerado de Parent Revolution se encarga en gran medida de la recogida de firmas. En las primeras campañas, las familias se sintieron engañadas y presionadas (de ahí el apodo de "padres estafados"). Muchos intentaron revocar sus firmas, lo que dio lugar a batallas judiciales hasta que un juez dictaminó que las firmas eran irrevocables. Las dos primeras escuelas concertadas activadas en virtud de estas nuevas leyes abrieron en California en 2013.

COMPRA DE VOTOS

¿Cómo se salen con la suya los reformistas favorables a las empresas? Su opción preferida es el control de las escuelas por el alcalde, pero si existe un consejo escolar electo, se puede emplear dinero para colocar a sus candidatos. Por ejemplo, Students First, la Broad Foundation, la California Charter Schools Association y el alcalde de Nueva York, Michael Bloomberg, invirtieron casi cuatro millones de dólares en candidatos a tres puestos en el consejo escolar de Los Ángeles en 2013. A pesar de todo ese dinero, los que llevaban las de perder consiguieron ganar dos de las tres elecciones. Pero lo más frecuente es que prevalezca el dinero.

Apenas unos meses después de que la lista del CORE ganara el liderazgo del CTU en 2010, Stand for Children se abalanzó sobre Illinois para conseguir más de medio millón de dólares en donaciones de última hora para nueve campañas legislativas estatales. Seis de sus candidatos ganaron, ayudando a preparar el terreno para la aprobación de la ley antisindical 7 del Senado. El grupo volvió a aportar cerca de medio millón de dólares para las elecciones de 2012 y arrasó: sus 14 candidatos vencieron.

Otro método popular para imponer la agenda corporativa en ciudades con problemas de liquidez es el soborno a la antigua usanza. Como rectora de las escuelas de Washington, Michelle Rhee consiguió más de 64 millones de dólares de las fundaciones Broad, Walton y otras para financiar primas al profesorado, con condiciones que le daban un mayor control sobre su evaluación y su despido. El sindicato aceptó el trato. Cuando el compromiso trienal de las fundaciones llegó a su fin, gran parte de la financiación se agotó y dejó a las escuelas en la obligación de pagar el programa de bonificaciones.

El dinero manda. El fundador de Facebook, Mark Zuckerberg, donó la friolera de 100 millones de dólares a las escuelas de Newark en 2010 para que lo gastaran en el pago por méritos (la mayor parte sigue sin tocarse: en el último ciclo, solo el 5% del profesorado recibió la bonificación). Una subvención de 430.000 dólares de la Fundación Broad a Nueva Jersey para la educación pública vino con la condición de que el gobernador republicano Chris Christie siguiera en el cargo. Y una serie de contribuciones de la Fundación Wasserman al distrito escolar de Los Ángeles se han destinado a fines específicos; por ejemplo, un millón de dólares en 2011 se destinó al programa para concertadas Elección de Escuela Pública.

LOS SINDICATOS OFRECEN CONCESIONES Y MIENTEN

A nivel nacional, tanto la Federación Estadounidense de Profesores (AFT, por sus siglas en inglés) como la Asociación Nacional de Educación (NEA, por sus siglas en inglés) no estaban preparadas para la oleada de críticas que ha recibido el profesorado en la última década.

Ante la tormenta, los dos sindicatos oscilaron entre la dura crítica a los reformadores de la educación y un tímido abrazo. La AFT —de la que el Sindicato del Profesorado de Chicago es el sindicato local 1— adoptó un enfoque más conciliador y pidió solo un asiento en la mesa de la reforma presionando a sus sindicatos locales para que hicieran concesiones en nombre de la colaboración entre el profesorado y la dirección. En su convención de 2010, Bill Gates fue el orador principal.

La NEA adoptó una postura más dura al principio; presentó una demanda contra el Departamento de Educación para tratar de bloquear la aplicación de la ley "Que ningún niño se quede atrás", pero este enfoque legalista no tenía un componente de organización de los miembros. No había una estrategia real para tener éxito.

Las trayectorias de ambos sindicatos son paralelas a las de la mayoría de los sindicatos del sector público, que históricamente han recelado de los votantes y han querido mantenerse al margen de la opinión pública. En las últimas décadas, los líderes han intentado obtener beneficios para las bases a través de sus relaciones con los políticos, especialmente los demócratas, en lugar de aliarse con el público o movilizar a sus miembros. Han optado por pasar desapercibidos y esperar que los salarios y las prestaciones de los empleados públicos no se convirtieran en temas de debate público, sobre todo después de que las empresas del sector privado empezaran a desmantelar los sindicatos en la década de 1980.

Así, los sindicatos de empleados públicos, durante gran parte de su historia, no lideraron la batalla para mejorar los servicios públicos, y los sindicatos de profesores no emprendieron una lucha para reformar las escuelas, por miedo a suscitar críticas contra sus miembros. La posición por defecto de los líderes pasó a ser el compromiso preventivo.

En el profesorado empezaron a aceptar concesiones importantes, a menudo a instancias de los responsables nacionales de la AFT. En Pittsburgh, por ejemplo, el sindicato local aceptó en 2010 un acuerdo que introducía el pago por méritos para los nuevos contratados y aumentaba el número de años para obtener la titularidad. Cuando los miembros de Baltimore rechazaron un contrato similar en 2010, la cúpula de la AFT se abalanzó para presionar a los miembros para que cambiaran su voto. Después de que el acuerdo se aprobara en una segunda votación, una mayoría sin precedentes de profesores de Baltimore recibió evaluaciones insatisfactorias a mitad de año, en lo que, según el profesorado, fue un intento deliberado de evitar los aumentos por méritos. Desde entonces, los docentes de Newark y New Haven también han aceptado el pago por méritos, con el respaldo de la AFT.

El acuerdo de 2010 entre el profesorado de San Luis diluyó la titularidad, lo que permitió a los directores considerar ineficaces incluso a los docentes con más experiencia y ponerlos en una vía rápida para el despido. El plan de San Luis ha despedido a 100 docentes, pero la presidenta de la AFT, Randi Weingarten, todavía lo promociona como un modelo.

Incluso en el bastión sindical de Massachusetts —donde los resultados de los exámenes de los alumnos son los más altos del país— la filial de la NEA perdió los nervios cuando Stand for Children se presentó con millones de dólares de empresas para atacar la titularidad. Los recolectores de firmas pagados por el grupo no tardaron en presentar un referéndum en las urnas en 2012 para que la evaluación del profesorado se impusiera a la antigüedad. En lugar de defenderse, el presidente de la Asociación de Profesores de Massachusetts optó por negociar a puerta cerrada, lo que llevó a un compromiso de concesiones en el que Stand for Children retiró la medida.

Por desgracia, las concesiones preventivas parecieron de sentido común a los maltratados profesores. "Me alegro de que cediéramos; si no lo hubiéramos hecho, la paliza habría sido mucho mayor", afirma un docente de Massachusetts.

En vista de las fuerzas que se oponen al profesorado, no es difícil entender cómo una persona podía sentirse así. Sin embargo, pocos meses después, el CTU dio un golpe de efecto que atrajo las miradas de todo el país y transformó lo que parecía imposible para los docentes de cualquier sitio.

CRONOLOGÍA

1995	La asamblea legislativa de Illinois aprueba un proyecto de ley que sustituye el consejo escolar electo de Chicago por un consejo nombrado por el alcalde. Se priva al sindicato de profesores de su derecho legal a negociar el tamaño de las clases, los horarios escolares y las escuelas concertadas.
2004	El alcalde Richard M. Daley y el director general de Escuelas Arne Duncan presentan la iniciativa Renaissance 2010 (Renacimiento 2010) para cerrar las escuelas "que fracasan" y abrir escuelas concertadas. Los activistas docentes que más tarde fundarán el CORE, junto con organizaciones comunitarias, comienzan a organizarse contra el cierre de escuelas.
2007	Los futuros miembros del CORE Jackson Potter y Al Ramírez se unen para producir *Renaissance 2010: On the Front Lines*, un documental de una hora que examina los esfuerzos por acabar con el sindicato de profesores y corporativizar la educación.
Primavera 2008	Se funda el CORE.
Otoño 2008	Nace el Movimiento Educativo de Base (GEM, por sus siglas en inglés), formado por el CORE, Parents United for Responsible Education, Designs for Change, Blocks Together, Kenwood Oakland Community Organization, Pilsen Alliance y Teachers for Social Justice, entre otros.
Invierno 2008-2009	Se anuncian 22 cierres de escuelas (finalmente se redujeron a 16 entre los cerrados y los transformados). Arne Duncan, director general de CPS, es nombrado secretario de Educación de la Administración Obama. El CORE celebra una cumbre a la que asisten 500 personas entre docentes, familias y estudiantes para luchar contra el cierre de escuelas.
Otoño 2009	EL CORE presenta candidatos a la junta de pensiones de CPS. Jay Rehak y Lois Ashford obtienen puestos.
Invierno 2009-2010	Se anuncian 14 cierres de escuelas (finalmente reducidos a ocho entre los cerrados y los transformados). Los activistas del CORE asisten a todas las vistas. El CORE celebra otra cumbre, en la que anuncia una lista de candidatos a la dirección del sindicato, a la que asisten 400 personas.
Primavera 2010	El CORE organiza la concentración "Salvemos nuestras escuelas" y presiona con éxito a los líderes del CTU para que la respalden. Asisten 5.000 personas. La lista el CORE es elegida para dirigir el CTU.

Verano 2010	El CTU rechaza la propuesta del distrito de abrir el contrato y renunciar a un aumento del 4%. Se anuncian despidos.
Otoño 2010	Los nuevos líderes del CTU comienzan su primer año de escuela en el cargo. Crean un Departamento de Organización y ponen en marcha un programa de captación, formación y activación de delegados y supervisores de distrito. El alcalde Daley anuncia que no volverá a presentarse. Rahm Emanuel se presenta. Un juez dictamina que 749 de los 1.300 despidos en el verano fueron improcedentes porque infringían las normas de antigüedad. El distrito apela. Dimite Ron Huberman, director general de CPS; se nombra a Terry Mazany director general interino.
Invierno 2010-2011	Los líderes del CTU luchan contra la asamblea legislativa por las pensiones y evitan grandes recortes. Se anuncia el cierre, la reconversión, la consolidación o la supresión gradual de ocho centros escolares (finalmente se aprueban seis). Rahm Emanuel es elegido alcalde. Activistas del CTU se unen a la ocupación de un concesionario de Cadillac para protestar por el mal uso de los fondos TIF.
Primavera 2011	Emanuel elige a Jean-Claude Brizard director general de CPS. Se aprueba el proyecto de Ley 7 del Senado, que exige que al menos una cuarta parte de la evaluación de un profesor se base en el rendimiento de los alumnos, otorga al distrito escolar el derecho unilateral de prolongar la jornada escolar y exige el voto del 75% de los miembros del CTU para autorizar una huelga. Emanuel toma posesión de su cargo y convierte la prolongación de la jornada escolar en su primera cuestión educativa.
Verano 2011	Stand Up Chicago y el CTU protestan en una reunión de directores financieros de empresas, en un hotel del centro de la ciudad, para llamar la atención sobre el mal uso de los fondos TIF que podrían destinarse a las escuelas; asisten 3.000 personas. El CORE organiza una conferencia para profesores activistas de 15 estados. El distrito pide al CTU que acepte una jornada escolar más larga con un aumento del 2%, sin un plan para contratar más personal docente. El CTU rechaza la oferta y aboga por una "jornada escolar mejor".
Otoño 2011	El CTU inicia su campaña de contratos. Esta incluye la celebración de grandes reuniones para preparar las reivindicaciones de la negociación, la contratación y la formación de un Comité de Acción Contractual en cada escuela y actividades en el puesto de trabajo para recabar apoyos. Emanuel y CPS burlan al sindicato y consiguen que algunas escuelas renuncien al contrato y acepten una jornada escolar más larga. Más tarde, un juez dictamina que esta medida viola los derechos de negociación colectiva del profesorado. Como parte de la coalición Stand Up Chicago, el CTU protesta contra la Asociación de Banqueros Hipotecarios.
Invierno 2011-2012	Se anuncia el cierre-transformación-eliminación gradual de 17 escuelas, además de 6 reubicaciones con escuelas concertadas (las 23, finalmente, se llevan a cabo). Un seminario

	del CTU reúne a familias, docentes y organizaciones comunitarias para elaborar estrategias con las que luchar contra el cierre de escuelas anunciado para el 1 de diciembre. Las familias examinan al consejo escolar, que huye a una sesión ejecutiva. Concentraciones y vigilias contra el cierre de escuelas. Las familias ocupan la escuela Piccolo. El CTU publica el informe "Las escuelas que merecen los alumnos de Chicago". Los delegados comienzan a hacer votaciones improvisadas sobre la huelga en sus colegios.
Primavera 2012	El CTU obtiene 21.000 votos afirmativos, más del 80% de los afiliados, en una votación de huelga práctica. 7.000 miembros del CTU llenan un auditorio para celebrar una gran concentración que desborda las calles. La multitud marcha por el centro de la ciudad. El CTU obtiene 24.000 votos afirmativos —el 90% de los afiliados— en su votación sobre la huelga real.
Verano 2012	Expira el contrato del CTU. El distrito y el sindicato rechazan el informe de un árbitro y preparan el terreno para una huelga. El CTU y el distrito llegan a un acuerdo para alargar la jornada escolar y contratar a más profesores para suplir las carencias. El sindicato organiza piquetes informativos en las escuelas que abren temprano. Se forma a directores y coordinadores de huelga.
10-18 de septiembre	Huelga de nueve días del profesorado del CTU, con la participación casi unánime en los piquetes y en las grandes concentraciones en el centro de la ciudad. Los huelguistas reciben una avalancha de apoyo de la comunidad; las encuestas muestran que la mayoría de los votantes y las familias los respaldan. Tras dos días de lectura de un acuerdo provisional, los afiliados piden a los delegados que pongan fin a la huelga.
Otoño 2012	Los miembros votan con un 79% a favor de ratificar el contrato. Dimite Brizard, director general de CPS, sustituido por Barbara Byrd-Bennett, la directora general del distrito escolar de Cleveland. El CTU publica otro informe, "El blanco y negro de la educación en las escuelas públicas de Chicago", que muestra las repercusiones negativas de las políticas del distrito en los estudiantes negros, latinos y con bajos ingresos. En colaboración con Teachers for Social Justice y Action Now, el profesorado organizan una sentada en el ayuntamiento para pedir una moratoria en el cierre de escuelas. Diez son detenidos.
Primavera 2013	El CTU celebra una concentración en el centro de la ciudad contra los cierres de escuela. El CTU celebra una marcha de tres días por la justicia educativa desde el sur y el oeste de Chicago hasta el centro de la ciudad. Después de anunciar el cierre de 54 escuelas primarias, el distrito sigue adelante con 47 de ellos antes del curso 2013-2014. La lista del CORE es reelegida.
Verano 2013	El CORE organiza otra conferencia sobre sindicalismo por la justicia social. Asisten profesores de todo el país.
Otoño 2013	El CTU lanza su campaña "¡Dejadnos enseñar!" contra el exceso de exámenes.

GLOSARIO

Albany Park Neighborhood Council (consejo vecinal de Albany Park): grupo comunitario de la zona noroeste aliado con el CTU.

Asociación Nacional de Educación (NEA, por sus siglas en inglés): el mayor de los dos sindicatos nacionales de profesores. El CTU está afiliado al otro, AFT.

Cámara de Delegados: órgano de 800 delegados del CTU que se reúne mensualmente.

Caucus of Rank-and-File Educators (CORE): grupo formado en 2008 para luchar contra el cierre de escuelas, que consiguió el liderazgo del CTU en 2010.

Chicago Public Schools (CPS): el distrito escolar.

Comité de Acción Contractual: red de afiliados del sindicato en cada centro escolar usada para comunicarse y movilizarse durante la campaña contractual previa a la huelga.

Comité de Asuntos Profesionales (PPC, por sus siglas en inglés): comité elegido en cada escuela, formado por entre tres y cinco miembros, establecido por contrato y dirigido por el delegado, que se reúne mensualmente con el director para resolver problemas antes de que se conviertan en quejas.

Consejo escolar local (LSC, por sus siglas en inglés): órgano en cada escuela de Chicago compuesto por dos representantes del profesorado, seis padres, dos representantes de la comunidad y el director, además de un representante de los estudiantes en las escuelas secundarias. En 2011 se añadió a los LSC un trabajador escolar no docente. Votan el presupuesto del centro y pueden contratar y despedir al director.

Control del alcalde: cuando el consejo escolar es nombrado por el alcalde en lugar de ser elegido por los votantes. Nueva York y Chicago tienen distritos gobernados por alcaldes.

Delegado: afiliado y representante electo de un centro educativo en la Cámara de Delegados del sindicato. La mayoría de los centros tienen un delegado, los centros más grandes tienen más; algunos delegados son elegidos por agrupaciones de afiliados de toda la ciudad. Los delegados del CTU también dirigen los PPC de sus centros.

Escuela concertada: escuela que recibe fondos públicos, pero está gestionada por una organización privada, con o sin ánimo de lucro.

Federación Estadounidense de Profesores (AFT, por sus siglas en inglés): sindicato matriz del CTU. La AFT es uno de los dos sindicatos nacionales de docentes; el otro es la NEA.

Financiación del incremento de los impuestos (TIF, por sus siglas en inglés): fondo de dinero procedente del aumento de los impuestos sobre bienes inmuebles que el alcalde puede utilizar para proyectos de desarrollo en zonas deterioradas de la ciudad.

Junta comunitaria: coalición de grupos comunitarios creada por el CTU en 2010. La mayoría de sus miembros habían formado parte de un grupo similar llamado GEM que trabajó con el CORE antes de que el *caucus* ganara el liderazgo del sindicato. Esta junta comunitaria volvió a llamarse formalmente GEM en 2012.

Kenwood Oakland Community Organization (KOCO): grupo comunitario de la zona sur estrechamente implicado con el CTU en la lucha por mejores escuelas públicas.

Movimiento por la Educación de Base (GEM, por sus siglas en inglés): coalición de grupos comunitarios que colaboran con el CORE y, más tarde, con el CTU.

Paraprofesionales y personal relacionado con la escuela (PSRP, por sus siglas en inglés): oficinistas, asistentes de enseñanza, intérpretes, asistentes de servicios sociales y examinadores auditivos y visuales. Son miembros del CTU.

ProActive Chicago Teachers (PACT): grupo reformista que dirigió el CTU de 2001 a 2004.

Profesionales médicos: enfermeros escolares, psicólogos, logopedas, orientadores, trabajadores sociales, terapeutas ocupacionales, fisioterapeutas. Son miembros del CTU.

Red: término de CPS para denominar una zona geográfica de la ciudad.

Renacimiento 2010: plan de 2004 del alcalde Richard M. Daley y el director general de escuelas Arne Duncan para cerrar las "escuelas que fracasan" y abrir escuelas concertadas que compitan con las escuelas públicas tradicionales.

Sindicato del Profesorado de Chicago (CTU, por sus siglas en inglés): AFT local. Entre sus miembros hay docentes, paraprofesionales y clínicos.

Substance News: revista impresa y en línea que informa sobre las escuelas de Chicago y otros asuntos educativos nacionales.

Supervisor de distrito: cargo designado por el CTU, responsable del contacto con los delegados de entre 9 y 23 escuelas.

Temas de negociación permitidos: temas que el consejo escolar no está obligado a negociar, como el número de alumnos por clase (compárese con los temas obligatorios).

Temas obligatorias de negociación: temas que el consejo escolar está obligado a negociar, como los salarios (compárese con los temas permitidos).

Teach For America: organización que recluta y forma a licenciados universitarios para que trabajen dos años en escuelas pobres. Su filosofía es que el profesorado con experiencia es parte del problema.

Teachers for Social Justice (TSJ): organización de educadores de Chicago con una perspectiva activista y antirracista. Trabajan para mejorar la educación dentro y fuera de las aulas.

Transformación: plan del distrito para rejuvenecer una escuela despidiendo a todo el personal; los miembros pueden volver a solicitar sus puestos.

United Progressive Caucus (UPC): *caucus* que dirigió el CTU durante 37 años del periodo 1970-2010.

AGRADECIMIENTOS

Este libro, al igual que la organización que relata, ha sido un esfuerzo de grupo. Sin docenas de personas que compartieron generosamente su tiempo y sus conocimientos y toleraron nuestras incesantes preguntas, no habríamos podido escribirlo.

En primer lugar, el libro se basa en los meticulosos informes de Paul Abowd, Theresa Moran y Howard Ryan, antiguos colaboradores de Labor Notes, que relataron la crónica de la historia del profesorado de Chicago antes de la huelga y durante esta. Nos hemos basado en sus trabajos publicados e inéditos.

Las personas con las que hemos hablado para el libro son Steven Ashby, Xian Barrett, Raul Botello, Kimberly Bowsky, Jitu Brown, Michael Brunson, Gene Bruskin, Carol Caref, Anne Carlson, Jim Cavallero, Sarah Chambers, Emily Gann, Alix González Guevara, Norine Gutekanst, Rico Gutstein, Alex Han, Adam Heenan, David Hernández, Brandon Johnson, Jen Johnson, Katelyn Johnson, Wendy Katten, Bill Lamme, Karen Lewis, Matthew Luskin, Kristine Mayle, Veronica McDaniel, Tim Meegan, Margo Murray, Andrea Parker, Debby Pope, Jackson Potter, Al Ramírez, Nate Rasmussen, Charlotte Sanders, Jesse Sharkey, Kenzo Shibata, Jerry Skinner, Phyllis Trottman, Tammie Vinson, Latoya Walls y Latrice Watkins. Muchas gracias a todos.

Merecen un agradecimiento especial Jennifer Berkshire, Carol Caref, Norine Gutekanst, Karen Lewis, Matthew Luskin, Kristine Mayle, Debby Pope y Jackson Potter, que aportaron comentarios perspicaces sobre el manuscrito. Sus contribuciones han fortalecido el libro.

Son muchas las fuentes que han enriquecido nuestros conocimientos, demasiadas para citarlas aquí, pero tenemos una deuda especial con Kenzo Shibata y los demás colaboradores del blog CORE Teachers, con George Schmidt y los demás colaboradores de *Substance News*, con Steven Ashby, que compartió una ponencia presentada en una conferencia de la United Association for Labor Education, y con el trabajo de Diane Ravitch. Cualquier error, por supuesto, es exclusivamente nuestro.

Por último, damos las gracias a la intrépida editora y correctora Hanna Metzger, a Stacey Luce, que diseñó la portada, a Sarah-Ji (loveandstrugglephotos.com), que compartió sus maravillosas fotografías, y a Jen Johnson, que escribió el prólogo perfecto. Nuestra Jenny Brown diseñó y maquetó el interior del libro.